盾构隧道结构

横向大变形试验与治理技术研究

王如路 柳 献 李家平 闫静雅 著

上海科学技术出版社

内 容 提 要

本书详细阐述了轨道交通隧道横向收敛大变形的变形机理,分析了近20项试验工况的足尺模型试验成果,提出了基于性能的结构服役安全评价方法,介绍了微扰动注浆和内张钢圈加固的轨道交通隧道结构修复与治理成套工艺和装备,对智慧运维的前景提出了一些前瞻性想法和展望。本书技术内容可系统解决隧道结构横向大变形的识别、评估、治理问题。

本书既适合从事轨道交通建设和运维管理的技术人员借鉴参考,也可作为高等院校相关专业研究生的专业参考书。

图书在版编目(CIP)数据

盾构隧道结构横向大变形试验与治理技术研究 / 王如路等著. -- 上海:上海科学技术出版社,2023.1
ISBN 978-7-5478-5828-8

Ⅰ.①盾… Ⅱ.①王… Ⅲ.①地铁隧道-隧道施工-盾构法-变形-研究 Ⅳ.①U231.3

中国版本图书馆CIP数据核字(2022)第152392号

盾构隧道结构横向大变形试验与治理技术研究
王如路 柳 献 李家平 闫静雅 著

上海世纪出版(集团)有限公司
上海科学技术出版社　出版、发行
(上海市闵行区号景路159弄A座9F-10F)
邮政编码 201101　www.sstp.cn
上海中华商务联合印刷有限公司印刷
开本 787×1092　1/16　印张 11.25
字数 230千字
2023年1月第1版　2023年1月第1次印刷
ISBN 978-7-5478-5828-8/U·131
定价:105.00元

本书如有缺页、错装或坏损等严重质量问题,请向印刷厂联系调换

序

近20年,伴随我国城市轨道交通的大量投入运营,其区间隧道结构重大病害时有发生,尤其是周边近距离加卸载工程诱发的隧道结构横向变形病害问题非常突出。典型的加卸载工程有地面绿化堆土、建筑垃圾废弃、新建建筑加载、填埋河道、地面堆山造景,以及邻近轨道交通隧道的深大基坑施工。这些大面积工程活动既会对地层产生扰动,也会对赋存于地层内的轨道交通隧道结构带来明显影响。

隧道大变形是如何发生的? 如何恰当地对隧道大变形进行安全评估? 如何快速对隧道重大病害进行抢险和治理? 这些问题关系到隧道的安危,因此极有必要开展足尺模拟试验和理论分析研究。

2004年,上海轨道交通1号线某隧道区段发生了明显的横向收敛变形。以此为工程背景和契机,王如路研究团队全面启动了轨道交通隧道结构变形的探索性研究工作。通过梳理分析最常见、最危险的工程案例,研究团队筛选了20多种工况,进行了长达10年的足尺模拟试验,获得了大量珍贵资料,揭示了通错缝隧道的变形机理和规律,建立了隧道极限荷载作用下的受力与变形关系;结合理论分析、室内与现场试验、工程监测对比分析等手段,研究了隧道治理技术,提升了"检、评、治"装备技术能力,率先制定了一整套"外控内治"隧道整治方案,即通过"上卸载、侧纠偏、内加固"技术保证隧道安全,并编制了隧道保护标准、技术要求、检修规程、工作制度等一系列应用指导文件。

目前,全国轨道交通运营城市已达到49座,运营里程超8500 km,在建线路超7000 km,其中大量隧道是采用盾构法建造的。因此,有关隧道大变形治理技术的研究至关重要。该书出版恰逢其时,对指导隧道修复和安全维护具有重要的指导意义。该书作者从事轨道交通建设运营工作20多年,在软土隧道运维中积累了丰富实践经验,做出了诸多创新性工作,相信这些工作成果对我国城市轨道交通事业的发展具有极为重要的理论与实用价值。

朱合华

2022年10月于上海

前　言

北京轨道交通1号线于1969年通车，至此我国轨道交通建设发展的序幕拉开了。上海轨道交通1号线南段和广州轨道交通1号线分别于1993年、1997年建成试通车。21世纪以来，随着城市化进程加快、经济迅速发展、城市人口迅速膨胀，城市轨道交通得到跨越式革新，呈现出加速发展的态势。截至2021年9月，全国开通城市轨道交通的城市已达49座，运营线路里程已超过8 500 km，在建线路规模超7 000 km。轨道交通运营总规模已达世界第一，建设强度前所未有。

轨道交通快速建设的同时，其运营安全的关键性日益凸显，隧道结构安全问题日益受到关注。隧道常见病害可分为隧道渗漏水、管片破损、隧道变形、耐久性问题四大类，它们之间相互影响并促使结构安全状态恶化。一般来讲，诱发隧道变形的因素多且复杂，但往往是与技术缺乏、管理经验不足等问题紧密相关的。隧道的横向收敛变形容易被忽视，但其对结构的危害性极大。在过往案例中，有数起大变形事件经及时发现和紧急处置后，未造成严重后果，但其对隧道长期承载力和耐久性的影响却无法消除。

2004年，上海轨道交通1号线一段盾构隧道发生了明显的横向收敛大变形，相关人员对隧道变形的原因进行了分析，并采取了地面卸载和隧道内加固措施以控制结构恶化，并自此开始了隧道收敛变形方面的研究和治理工作。受限于当时的研究条件，场地试验条件和治理装备技术缺乏，最初的研究只能从接头试验和理论计算分析开始，研究工作进展相对缓慢。

2011年，上海申通地铁集团有限公司与同济大学联合开始进行足尺整环试验研究，在理论计算分析、试验装置研发与试验、治理技术装备研发、治理方法及治理标准研究等多方面进行了持续十余年的探索实践。针对通缝拼装隧道，研究人员在理论上提出了以"拼缝转动"为主的收敛变形分析模型；在试验研究上，涵盖了通缝隧道、错缝隧道、双圆隧道、类矩形隧道等形式，考虑了加卸载工况、不同侧向应力系数、不同加固参数（如钢板厚度、宽度、局部加强）等，研究人员提炼出近20项试验工况，并进行系统性、破坏性试验，从试验方案设计到试验变形-受力过程直至试验破坏结果的全过程中获得了许多量化成果；在装备研发方面,研究人员首创轨道交通隧道结构修复与治理成套工艺和装备,研发微扰动注浆和内张钢圈加固工艺,可有效修复和治理隧道结构大变形,提高受损结构的承载力和耐久性；研究人员还探索了更科学的治理方法,形成了一套结构加固治理工艺,并建立了一整套系统性的隧道治理工艺工法、规范标准等。

近年来,各地轨道交通建设速度快、强度高,由此带来的结构安全后果却没有引起足够重视,隧道收敛变形现象更容易被忽视,不少城市因而发生了多起成段隧道大变形事件,亟须这方面的研究和治理技术。基于此,笔者便萌生出编写《盾构隧道结构横向大变形试验与治理技术研究》的念头,将这方面的成果贡献给更多的城市,帮助其解决相关的隧道问题。

本书系统介绍了轨道交通盾构法隧道结构的横向收敛大变形机理分析、隧道结构极限承载力试验研究及隧道结构修复和治理成套技术等内容,可系统解决隧道结构横向大变形的识别、评估、治理问题,在保障城市轨道交通结构安全方面可供同行借鉴。

本书共分5章,第1章由王如路、李家平、闫静雅执笔,第2章、第3章由柳献执笔,第4章、第5章由王如路、李家平、闫静雅、唐涛执笔。在编写过程中得到不少业内前辈和专家、学者与同仁的真诚指导和相助,在此对各位的支持和帮助谨表诚挚的谢意。

衷心感谢朱合华院士为本书作序,并在编写过程中给以诸多指导和帮助。

由于时间和水平有限,书中难免有错误和疏漏之处,也难免会存在一些不成熟的见解,还需要更多的工程实践来检验,敬请广大读者不吝指正。

作　者
2022年10月于上海

目 录

第1章 绪论 ·· 1
  1.1 盾构隧道结构安全问题 ··· 1
  1.2 隧道结构承载性能研究现状 ··· 3
  1.3 隧道结构安全评估现状 ··· 5
    1.3.1 隧道结构变形监测与检测 ··· 5
    1.3.2 隧道结构安全评估方法 ·· 6
  1.4 隧道横向收敛大变形治理技术发展 ·· 9

第2章 盾构隧道结构破坏机理分析及试验研究 ··································· 11
  2.1 盾构隧道结构试验加载设计 ·· 11
  2.2 通缝拼装盾构隧道结构试验分析 ·· 14
    2.2.1 试验概况 ·· 14
    2.2.2 试验设计 ·· 14
    2.2.3 试验结果 ·· 15
    2.2.4 试验分析 ·· 22
    2.2.5 无环向螺栓、有环向螺栓盾构隧道结构对比分析 ··················· 23
  2.3 错缝拼装盾构隧道结构试验分析 ·· 24
    2.3.1 试验概况 ·· 24
    2.3.2 试验设计 ·· 24
    2.3.3 试验结果 ·· 27
    2.3.4 试验分析 ·· 37
    2.3.5 通缝、错缝拼装盾构隧道结构对比分析 ······························· 40
  2.4 双圆盾构隧道结构试验分析 ·· 40
    2.4.1 试验概况 ·· 40
    2.4.2 试验设计 ·· 41

2.4.3 试验结果 ·· 46
2.4.4 试验分析 ·· 52
2.5 类矩形盾构隧道结构试验分析 ··· 53
2.5.1 试验概况 ·· 53
2.5.2 试验设计 ·· 54
2.5.3 试验结果 ·· 55
2.5.4 试验分析 ·· 63
2.5.5 双圆、类矩形盾构隧道结构对比分析 ·· 63
2.6 内张钢圈加固盾构隧道结构试验研究 ·· 66
2.6.1 试验概况 ·· 66
2.6.2 试验设计 ·· 66
2.6.3 试验结果 ·· 70
2.6.4 试验分析 ·· 79
2.7 粘贴复合型材加固盾构隧道结构试验研究 ··· 81
2.7.1 试验概况 ·· 81
2.7.2 试验设计 ·· 82
2.7.3 试验结果 ·· 85
2.7.4 试验分析 ·· 95

第3章 盾构隧道结构服役安全分析 ·· 98
3.1 基于性能的盾构隧道结构评价 ··· 98
3.1.1 结构性能水平划分 ·· 98
3.1.2 量化指标的确定 ·· 100
3.2 盾构隧道结构性能影响因素分析 ·· 101
3.2.1 结构性能影响因素参数及其敏感性分析方法 ··· 101
3.2.2 结构性能敏感因素及工程措施 ·· 102

第4章 盾构隧道结构大变形机理及治理技术 ··· 105
4.1 隧道结构收敛变形现象及机理分析 ··· 105
4.1.1 隧道结构收敛变形现象 ·· 105
4.1.2 隧道横向收敛变形机理分析 ·· 109
4.2 隧道结构变形监控、评估与整治要求 ·· 122
4.2.1 隧道结构变形监控 ·· 122
4.2.2 隧道结构安全状态评估与整治要求 ·· 141
4.3 隧道结构横向大变形治理技术 ··· 143

4.3.1　微扰动注浆工艺 ··· 143
　　　4.3.2　内张钢圈加固工艺 ··· 145
　4.4　隧道结构横向大变形治理工程案例 ································· 147
　　　4.4.1　虹桥机场停机坪收敛变形治理 ································· 147
　　　4.4.2　龙华中路—东安路区间收敛变形治理 ······················· 150
　　　4.4.3　祁华路—上海大学区间错台变形治理 ······················· 151
　　　4.4.4　陈太路出入库线收敛变形治理 ································ 153

第 5 章　展望 ··· 158
　5.1　智能感知 ··· 158
　5.2　预警 ·· 161
　5.3　维修 ·· 164

参考文献 ·· 166

第 1 章 绪 论

截至 2021 年 9 月,全国已有 49 座城市开通轨道交通,开通运营里程达 8 553.4 km,建设规模庞大。可以说,轨道交通的发展程度代表了城市的建设与现代化水平。在规模如此巨大的轨道交通网络之下,其运营安全面临着巨大的考验。结构安全是轨道交通运营安全的基础,其中结构形式占比较大的盾构隧道的结构安全问题近年来日趋受到关注。采用盾构法施工的轨道交通隧道遍及全国各地,盾构隧道已成为地下空间开发的重要组成部分。

本章简要总结了目前轨道交通盾构隧道面临的主要结构问题,阐述了其变形机理,调研了国内外对盾构隧道结构问题的研究成果,并提出了针对性的治理原则。

1.1 盾构隧道结构安全问题

盾构隧道拼装结构接缝多,隧道外环境复杂多变,加之受多种因素影响,易使隧道结构产生漏水、大变形、管片开裂破损等严重结构病害,进而影响隧道结构安全。尤其是沿江沿海城市或靠近江河湖城市,其地质条件多为沉积性软弱地层,具有明显的"强度低、变形大、灵敏度高"等特点,地层一经扰动,土体变形大、强度降低多、变形延续时间长,因此建设在该类环境中的盾构隧道结构问题尤为严峻。

一般来讲,引起隧道变形的原因比较复杂,但其主要原因通常是上部压载和侧方卸载。且往往由于缺乏认识及管理经验,隧道横向收敛变形常被忽视,从而造成一些结构的重大风险。自 2004 年,对上海轨道交通 1 号线人民广场—黄陂南路区间检测发现隧道发生了明显的横向收敛大变形,而后几年中上海轨道交通陆续出现了几起隧道横向收敛大变形事件,如 2 号线东延伸创新中路区段、7 号线祁华路区段、7 号线船厂路区段等。后来,南京、宁波、杭州、武汉、深圳、哈尔滨、郑州、昆明等地多条线路都发生了较大范围的隧道变形。

从隧道服役的过程来说,隧道投入服役之后其结构有着较低的失效风险,同时也有着较高的可靠性水平。随着服役过程的开展,其失效风险将不断增加,同时其可靠性水平将逐渐降低,隧道结构服役的可靠性水准线将偏离原来设计时候的水准。如果不对隧道结构实施有效的维护措施,其服役性能将不断恶化,而且这种恶化的速度随时间推移呈现加速的状态。在这种纯粹的自由服役状态下,隧道结构的各个组成部分将很快失效,继而导致隧道结构的整体失效,致使设计时预定的功能无法继续完成。图 1-1 所示为隧道结构在自由状态下的服役过程。

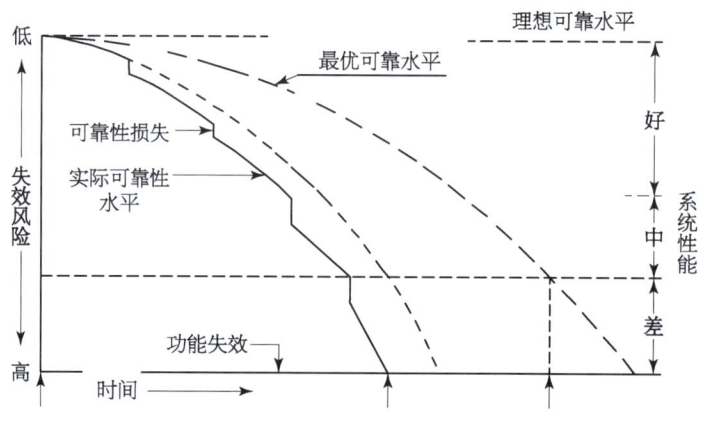

图 1-1　结构在自由状态下的服役过程

实际上,隧道结构在服役的过程中并不是处于完全自由状态的,更重要的是不能让结构的服役处于自由服役状态。对隧道的检修养护工作在隧道服役期内是必不可少的,如果在适当的时候对结构实施治理或大修等措施,甚至可以让结构服役性能即结构的可靠性水平,恢复到理想状态,如图 1-2 所示。

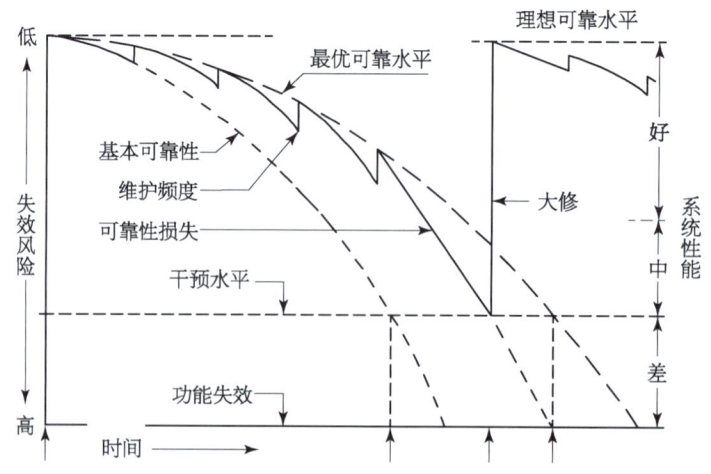

图 1-2　结构在维护干预状态下的服役过程

对轨道交通盾构隧道而言,分析引起隧道大变形的影响因素,研究隧道横向大变形的机理,监测和检测结构变形和病害发展,评估隧道结构安全状态,采取合理有效的维护治理措施,是解决隧道横向大变形危害、保证轨道交通结构安全的重要工作,也是编写本书的目的。

1.2 隧道结构承载性能研究现状

盾构隧道的不同结构形式与拼装方式决定了不同的服役效果与破坏机制。例如,在外部加卸载扰动时,通缝拼装隧道多表现为较大的结构变形和接缝渗漏水,结构损伤损坏更多地发生在接缝处,其破坏机制相对简单;而错缝拼装盾构隧道的变形较小,开裂、变形分布在管片和接缝处,通常管片会发生纵向贯穿裂缝,结构破坏更多发生在管片本体,破坏机制相对复杂。

目前研究表明,衬砌结构受力性能不仅取决于单环性能,还受环间相互作用的影响。在环间相互作用下,衬砌结构的内力将受到相邻环的影响,管片本体承担弯矩增加,接缝承担弯矩减少,宏观上表现为相邻环间的"弯矩传递",减小结构变形,但会增大管片本体裂缝,所以需要提高配筋量,这就是错缝拼装管片含钢量高的原因。目前结构设计中对环间相互作用的考虑主要体现在修正惯用法的参数选取上,日本隧道规范建议 η 取 0.8、ζ 取 0.3,但该参数是在试验研究基础上的回归,与施工等密切相关,对不同的结构形式或构造不具有通用性,对结构环间、环内的协同作用亦考虑不充分。

对环内、环间协同作用机制的研究是结构科学设计、科学选型的关键。各国学者和设计单位对此已经进行了大量研究工作。Klappers 等(2006)的研究表明错缝拼装衬砌结构环间相互作用使其比通缝衬砌结构拥有更好的刚度与承载能力,环间相互作用的强弱取决于接头的位置、盾构机掘进后的残余纵向力、地层刚度等多种因素。Arturo Galván(2016)研究了 TBM 拼装过程中不同纵向力对结构环间相互作用的影响,认为结构环间相互作用受接头形式与位置、残余纵向力的影响最为显著。

需要注意的是隧道结构的性态变化、隧道运营使用状态及周边环境是相互联系和耦合的。复杂的地质条件,不同的结构形式(如车站与隧道、高架段与隧道其结构刚度和基础刚度不同)、渗水漏泥、隧道周边施工活动、列车振动等都会导致软土盾构隧道结构产生过大变形和结构损伤。

从结构试验的设计模式来看,目前国内外已开展的盾构隧道衬砌结构试验主要有现场试验、缩尺模型试验和足尺结构试验三大类,现场试验、缩尺试验研究更多侧重外界环境与结构响应的相互关系,足尺实验研究更多侧重特定荷载条件下结构响应、破坏形态及机理,但对渗漏水的影响一般不做考虑。

足尺试验是全面定量了解结构承载性能的重要研究手段之一。国内外相继开展了不少针对盾构隧道结构的研究工作。Blom C B M、Vander Horst E J、Jovanovic P S(1999)对荷兰"绿色心脏"隧道的衬砌环设计运用有限元原理,采用 ANSYS 以及 DIANA 计算程序进行了三维模拟,并通过隧道的三环衬砌环足尺试验进行了深入研究。Jorg

Schreyer、Dieter Winselman(2000)对德国易北河隧道的承载能力及稳定性进行了足尺整环管片试验。Luttikholt A J T、Vervuurt A H J M、Uijl J A D(2007)针对荷兰第二 Heinenoord 隧道进行了两组足尺实验研究及 DIANA 数值模拟,对盾构隧道的结构性能进行了研究。Climent Molins 等(2011)考虑结构纵向受力及土层和隧道的真实作用,在西班牙巴塞罗那轨道交通 9 号线实体隧道结构上开展了现场试验。国内同济大学、上海隧道工程轨道交通设计研究院等单位结合上海延安东路隧道、上海轨道交通工程和上海长江隧道工程的开展,分别在 1987 年、2004 年和 2006 年开展了盾构隧道整环试验研究,为相关隧道的设计和施工提供了技术支撑。西南交通大学等单位分别在 2008 年和 2011 年对武汉长江隧道和南京长江隧道(外径 15.0 m,三整环模型)等开展了原型加载试验研究,用以评估隧道结构的安全与配筋设计。朱瑶宏、张宸等(2017)基于宁波轨道交通类矩形通用环管片,通过足尺试验方法对带凹凸榫环缝的抗剪性能进行研究。刘钊(2017)通过错缝拼装整环足尺试验研究了深圳轨道交通 1 号线前海湾—鲤鱼门区间已有损伤的历史原因。

纵观国内外已开展的试验研究,其工作涵盖了从盾构隧道衬砌结构的设计参数、弹性阶段力学性能到衬砌结构在特定条件下的局部、整体的破坏特征或极限承载能力。隧道衬砌整环结构试验作为研究结构性能的最有效手段之一,可以用来修正设计分析模型,也可以用来验证设计。上海在 21 世纪初就进行管片接头方面的研究,从 2011 年开始进行大规模足尺试验研究,较真实模拟隧道在多种工况下的受力变形特征,并对极限承载力、表观开裂、极限变形等进行了系统性的观测、分析和研究。

2011—2020 年近 10 年时间内,上海以常见的中埋深的通缝拼装盾构隧道衬砌结构为基础,借助同济大学的结构试验平台,考虑了外部情况、管片埋深、螺栓锈蚀、侧向卸载、上部压卸载等组合的 432 项组合工况中挑选出 16 项最有可能发生的不利工况进行破坏性试验,深入研究不同构件、不同衬砌环、不同加固方式在不同工况下的力学演化性能,考虑了如下可能工况:

(1) 按不同侧压力系数:0.5、0.65、0.7。
(2) 按衬砌环有无螺栓:有螺栓、无螺栓、锈蚀螺栓。
(3) 按加固与否:无加固(原型)、有加固(施加内衬)。
(4) 按加固方式:全环加固、带道床加固、220°加固。
(5) 按加固材料:钢板加固、复合腔体加固。
(6) 按加卸载方式:上部加载或卸载、侧向卸载或加载。

从试验方案设计到加载装置加工制作,再到试验组织实施,直到试验后期分析形成了一套完整的足尺盾构隧道衬砌结构试验平台,对盾构隧道衬砌结构所涉及的设计、运营维护及加固进行了系统研究,加深了对盾构隧道结构变形和破坏规律的认知,研究了盾构隧道衬砌结构的承载机理,并将相关成果反馈至结构设计,为其提供了指导依据。

本书将在第 2 章详细论述近些年开展过的典型足尺试验情况:

(1) 先后对上海、宁波、南京、武汉、南昌、苏州等多个城市轨道交通隧道，包括单圆通缝隧道、单圆错缝隧道、双圆隧道、类矩形隧道等形式进行了多工况试验研究。

(2) 通过单环压弯试验研究纵缝在压弯条件下的受力变形全过程，研究在通缝条件下纵缝的转角刚度、关键性能点及极限承载能力。通过三环压弯试验分析通用环衬砌管片在三环协同作用下的破坏规律，得到了其刚度及极限承载力。同时通过对比单环压弯试验和三环压弯试验结果，分析环间传力的作用机理及对管片受力的影响。

(3) 对有无螺栓以及螺栓锈蚀程度进行试验，探讨螺栓在复杂工况下的作用，以及其耐久性对隧道承载力的影响。同时，为应对意外风险和保持结构长期荷载力及制定标准需要，又进行了大量的加固衬砌环的破坏性试验研究，为制订隧道正常服役期养护标准提供坚实基础。这些试验分别探究了不同侧压力系数、纵缝连接螺栓服役状态、不同加固材料和加固方式在地面超载和周边卸载工况下的结构性态。

1.3　隧道结构安全评估现状

1.3.1　隧道结构变形监测与检测

欧洲各国及美、日等国开展隧道结构安全检测方面起步较早。自 1997 年起，美国针对隧道的检测、维护和修复进行了系统研究，并于 2003 年形成了正式的技术手册和指南以指导其国内隧道运营阶段的安全管理工作。在欧洲，对于隧道等地下结构长期运营安全性能方面的研究多关注隧道结构的运营可靠性及其修复和安全性能的提升。近年来，日本铁路运营隧道相继出现了数起危及行车安全的事故，这源于 20 世纪 70 年代高强度建设遗留下的隐患，日本建设省对该国 3 529 座公路隧道进行检查，发现有 60% 以上的隧道结构都存在着不同程度的病害，之后形成了《日本公路隧道老化手册》《隧道补强、修补手册》等成果。随着计算机技术和无损检测技术的不断发展，国外地下隧道检测逐渐兴起视频检测方法，1990 年后德国开发的 KARO 系统和澳大利亚的管道检测实时评估技术 (pipe inspection real-time assessment technique, PIRAT) 系统均采用了此种方式。此后，美国出现了多摄像头的管道扫描与评价技术 (sewer scanner and evaluation technology, SSET) 系统，该系统采用多摄像头进行图像采集，能够有效提高记录精度。此类检测系统都是在检测过程中记录图像，事后由要操作人员识别、指出缺陷。最近 Moselhi 和 Shehab 对此进行了改进，能够根据采集的图像进行病害自动识别分析。W Guo、L Soibelman 和 J H Garrett Jr 于 2009 年进行了下水道病害自动识别的初步现场试验研究。该试验中采用了单摄像头图像采集装置，虽然实现了快速现场信息采集和自动化表观现象识别，但是其识别精度有限，目前仅能识别大范围的湿渍，而对于裂缝等细小病害还不能快速有效识别。

21 世纪初，国内在铁路隧道的检测技术与评定方法方面开展了部分研究工作，如铁道部 2004 年发布《铁路隧道衬砌质量无损检测规程》，给出了地质雷达和声波法对铁路隧道混凝土衬砌质量检测的技术规程；上海市住房和城乡建设管理委员会指导建立了《越江隧道养护技术规程》，2008年启动"城市隧道服役性能检测评估技术"重大研究课题，依托上海市的重点工程开展了隧道运营过程中的结构服役性能的检测评定、运营整治和维护理论等方面的研究工作。

但是，目前国内城市轨道交通隧道结构安全的检测仍以传统人工监测和表观病害的检查为主，耗费人工巨大，由于隧道运营时间的限制，传统人工检测模式效率低下，较难适应城市轨道交通网络发展的需要。而且，常规的监测周期较长，导致很多结构变形不能及时地发现，给后期的治理带来困难。不少单位正研制运营隧道的快速检测设备，提高运营隧道的检测效率，提升发现隧道结构安全隐患的能力。同济大学黄宏伟团队、刘学增团队、袁勇团队及谢雄耀团队，山东大学李术才院士团队先后成功对壁后注浆、内壁检测等开展了多种检测方法的研究。

近年来，上海轨道交通除了对隧道每年一次的定期收敛监测，对异常区段进行加密监测，大力应用高精度、高效快速的变形检测设备。测量检测装备正以雨后春笋之势发展，有固定测定法、激光测距仪、全站仪全断面扫描、三维移动激光扫描仪扫描、倾角计、电子水平尺及常规测量设备等多手段实施，并已构建了多源异构的自动预警远程监控平台（详见第4章）。

1.3.2　隧道结构安全评估方法

随着国内轨道交通的快速发展，运营隧道结构安全问题日渐得到重视。尽管国外在该领域的研究工作起步较早，但国内隧道结构安全评价等相关工作的研究正在蓬勃发展，并已经取得部分研究成果。

对隧道结构检测评价研究较多的是美国、欧洲、日本及国际隧道协会等。美国联邦高速公路管理局和轨道交通管理局自2003年发布 *Highway and rail transit tunnel inspection manual* 和 *Highway and rail transit tunnel maintenance and rehabilitation manual* 以来，已经连续多年对该系列文件不断更新完善、系统总结和归纳隧道检测、维护及修复等工作研究成果并形成指导性文件。而且，在将隧道结构技术状况分为"0～9"10个等级，其中"0"和"9"分别表示最差和最好的状态；1993年，ACI 364委员会提出了 *Guide for revaluation of concrete structures prior to rehabilitation*，对混凝土结构的检测评估方案做了详细阐述；欧盟对于隧道维护的研究主要集中在材料性能、隧道修复和服役性能提升方面；ITA Working Group No.6发布了多个文件，用于指导隧道的检测和维护工作；日本发布了《日本山岳隧道老朽化手册草案》文件用于指导既有隧道的检测和寿命评估。

从学术研究的角度，Asakura和Kojima(2003)根据隧道沉降、破损等建立了一套针对日本岩石隧道安全的评估体系；Kimura(2012)利用层次分析法对隧道行为进行了评价，且考虑了钢筋锈蚀、管片的开裂、地下水的渗漏几个因素的影响；Seki等(2008)通过室内模型试验模拟了日本公路隧道拱底隆起破坏的发生机理；Molins 和 Arnau（2011a，2011b）为研究盾构隧道结构在外界环境条件影响下的变形和受力特性，在巴塞罗那轨道交通 9 号线展开现场试验，并通过数值模拟分析了在附加集中荷载作用下盾构隧道的破坏特点；Blom(2002)在 TUDelft 对软黏土中盾构隧道在土压力作用下的横向变形极限展开了研究。

在国内，涉及隧道评价方面的文献主要集中体现在相关规范中，如交通部 2005 年颁布的《公路隧道养护技术规范》和《公路工程质量检验评定标准》，铁道部 2004 年颁布的《铁路隧道衬砌质量无损检测规程》等。自 1971 年我国首条大直径盾构法越江隧道打浦路隧道建成运营后，为规范公路隧道运营期常规养护管理，2005 年上海发布了《上海市隧道养护技术规程》，成为上海市隧道运维工作的重要技术标准，其将隧道检查划分为日常检查、定期检查和特殊检查；2013 年上海发布了《盾构隧道结构服役性能检测鉴定规范》，针对定期检查、灾后评估及大修等工作，形成了包括环境和结构检查到结构服役性能鉴定的全过程工作指导文件，并将盾构隧道结构服役性能从高到低划分为"正常、退化、劣化、恶化、危险"5 个分级来体现；2009 年上海申通地铁集团也形成《上海轨道交通隧道病害检查标准化操作》的技术指导文件；同济大学袁勇课题组与上海市路政局联合开展针对越江道路隧道日常检查结果"运营隧道结构服役状况评价模型"的研究工作。另外，王岩和黄宏伟(2004)全面分析了影响轨道交通区间隧道安全体系的各个因素，建立了层次结构模型，得出影响因素对各个评价目标的相对权重，并运用模糊综合评判法对整个安全体系进行多层次的综合评估；袁勇等(2006)对上海打浦路隧道的历史资料及现状进行了详细的调查，制定了盾构隧道结构检测的方案，并给出了用于既有隧道结构损伤评估的宏观安全性模型和微观耐久性模型；刘涛(2008)讨论了盾构隧道结构评价体系的构成和工作流程；王如路(2009)通过长期的轨道交通监护实践，总结出由于软土盾构隧道长期不均匀沉降而导致的结构病害；封坤等(2011)以南京长江隧道为背景，通过加载试验对原型管片结构破坏状态进行了研究，得到隧道结构失稳时结构最大变形极限值为 18.46 mm；鲁亮等(2012)通过对上海轨道交通展开盾构隧道足尺整环结构极限承载力试验研究发现，隧道极限收敛可达 324 mm；王如路和张冬梅(2013)采用数值模拟方法研究了地面压载、土体侧向压力系数和土体抗力系数对隧道横向变形发展的影响，研究了隧道横向变形随压载的变化发展规律，提出了以隧道直径变化作为隧道横向结构性态发展的判定指标，建立了隧道变形发展的几何简易分析方法。

随着运营时间的增加，隧道结构性能不断劣化，并开始影响隧道服役性能甚至结构安全，科学合理评价盾构隧道结构状态，成为隧道技术发展和日常生产养护中迫切需要解决的问题。

要评价轨道交通隧道结构的安全性，则必须弄清楚什么因素影响着轨道交通结构的安全，也即确定隧道结构安全性评价指标体系。王如路、刘建航(2004)分析了轨道交通隧道变形影响特性和影响变形的因素，将隧道结构的变形分为横向收敛变形、纵向变形等几个方面;张冬梅等(2005)、包鹤立等(2008)对隧道衬砌局部渗漏水进行研究,指出隧道渗漏水是影响隧道结构安全的重要因素,并且不同位置的渗漏水其影响也不同;莫一婷(2007)讨论了衬砌接头的耐久性,表示接头张开影响着隧道的防水性能,从而影响其使用安全;郑永来等(2005)对轨道交通隧道不均匀沉降进行了讨论,隧道不均匀沉降会导致隧道环缝接头张开从而影响隧道性能;韩士钊(2010)讨论了盾构隧道管片裂缝对隧道整体渗漏水的影响,并分析了裂缝产生的原因。通过总结大量关于影响隧道结构安全性因素文献资料,可以初步建立一个描述以结构正常使用极限状态为核心、以结构变形和外观检测为检测内容的评价指标体系。实际上,前人也有尝试过整合制定评价隧道结构安全性的指标体系:林楠(2008)提出了以渗漏水、管片结构变形、材料劣化、混凝土裂缝为主要因素的指标体系;《铁路桥隧建筑物劣化评定标准》(1997)列出了衬砌结构劣损、衬砌结构渗漏水、衬砌冻害、衬砌材料劣化构建的指标体系;刘海京、夏才初等(2007)在文章中总结了一系列文献中对隧道病害分类办法,基本上也可以分为结构渗漏水、结构变形、材料劣化、破损等。这和初步建立的评价指标体系相符合。

如何确定各项因素在何种程度影响隧道结构安全,即在确定各因素指标等级评价标准上,应该注意到因素在变化过程中安全性变化的规律。王如路等(2009)阐明了轨道交通结构保护技术标准中的6条规则,包括了轨道交通结构设施绝对沉降的控制指标、隧道变形曲线的曲率半径、相对变形的控制指标、各施工因素对隧道外壁附加荷载的约束标准及动力学要求;《日本铁路工程结构维护管理标准·同解释说明(隧道)》(2006)中对渗漏水做了定性的描述用来划分评价等级;林楠(2008)在论文中对之前各国关于隧道结构安全性评价指标做了综述,并且综合确定了渗漏水、纵向变形、横向变形、裂缝等因素的指标,并对各因素的等级进行了划分;刘峰(2013)在文章中也对纵向变形、横向变形、裂缝等因素做了报警等级的划分工作;叶耀东(2007)在论文中对环向收敛、纵向变形、相对变形、接头张开量等因素做了指标的确定工作;另外,在现场监测方面,刘建航等(2013)对上海市轨交运营隧道的检修制度做了介绍,并且提出了治理综合纵向不均匀沉降的标准;袁勇、刘涛、柳献(2006)在研究打浦路隧道服役现状时主要分析了渗漏水和纵向变形情况,对隧道安全性和耐久性做出了很详细的评估。

隧道结构安全性评价标准内容的确定直接影响隧道结构因素检测的难易程度,有些因素容易量化检测,有些因素一时很难用具体量化值表示。在光学及机械自动化高速发展的今天,检测隧道结构中的某些病害已经不是一件难事,王平让(2013)在关于隧道衬砌裂缝机器视觉检测方法中做了许多研究;王飞(2013)研究了光纤监测技术在对于盾构隧道变形性态中的应用。各国在智能结构健康监测上都有所研究,定期会召开如SHMII等会议交流研究成果,2015年在意大利都灵顺利举办了该会议的第七届,会议涉及面广泛,包括光电传感器在地下检测中的运用(A B Huang,C C Wang,等,2013)、光纤传感器技术在健康监测中的运用(Hwa-Yaw Tam,2013)、无线微机电传感器网络在地下建筑中的运用(谢雄耀,2013);黄宏伟、孙巍、薛亚东(2014)总结了各国隧道检测技术的进展情况,比较了基于摄像技术的隧道检测与基于激光扫描的隧道检测技术,可以统计渗水位置、面积、裂缝长度宽度等;很多理论上的研究成果已经在实际生产中得到了广泛的运用,如王平让、黄宏伟等(2013)开发出的包括CCD线阵相机、红外摄像机及探地雷达等部分的隧道衬砌病害集成检测车,瑞士AMBERG技术公司开发出的GRP5000移动式扫描测量系统等。虽然一些检测方法需要大量的后期人工操作,但随着图像处理技术的快速发展和效率上几十倍乃至几百倍的提高,智能健康监测在隧道结构安全度评估将会展现出越来越强大的优势。

目前也有一些正在使用的关于隧道安全评价的规范规程,比如关于盾构隧道防水的《上海市标准盾构法隧道防水技术规程》(DBJ 08—50—96),关于隧道检测和维护的《上海市隧道养护技术规程》(SZ—43—2005),关于盾构隧道验收时各项结构应满足要求的《盾构法隧道施工与验收规范》(GB50446—2008),关于地下工程施工结束验收时防水要求应满足的《地下防水工程质量验收规范》(GB50208—2011),等等。

针对上海盾构隧道衬砌结构,基于足尺试验研究成果提出基于性能的结构评价方法,以腰部90°水平直径收敛变形为量化指标,分别考虑周边卸载工况和顶部超载工况,将衬砌结构受力全过程分为五个性能水平阶段:正常使用阶段、稍加修补阶段、立即修复阶段、加固后使用阶段和防止倒塌阶段。通过结构收敛变形,直观地反映结构所处性能水平和破坏状态,为隧道加固治理或修复施工和运营提供量化的合理建议。

1.4 隧道横向收敛大变形治理技术发展

一般来讲,只要地层稳定,结构良好,隧道是安全的,一旦病害发生,应采用"外控内治"的原则来处理。对压载导致的隧道收敛大变形的情况,有条件时应采用"上卸载,侧纠偏,内加固"的综合治理方法,隧道衬砌的止水是第一位的,然后有序开展隧道内外治理;对于因侧向基坑工程施工卸载引起的隧道大变形来讲,有条件时同样应采用"侧纠偏,内加固"的治理方法,卸载作业同样也是有效的,但本质上是恢复结构至原状态。

对隧道外部土体进行注浆加固是一种有效外控手段,国内外一般常采用传统的劈裂注浆或压密注浆之类的补偿注浆方法,传统的注浆方法普遍存在三大问题:

(1) 注浆扰动大,注浆期间可能隆起量大,随后发生更大的沉降量。

(2) 注浆过程可控性差,不能保证注浆的均匀性和流动性控制。

(3) 注浆效果难以保证,注浆效果的定量预期甚至定性都困难。

传统注浆方法缺乏行业施工规范,缺乏理论指导,缺乏规范性操作指导,注浆效率低下,有效性差,设备和注浆理念落后,缺少行之有效的注浆成功工程案例和工程经验。

上海通过10多年持续不断试验和研究,重点攻克"效果差、扰动大、可控性差"等注浆难点,探索出适合软弱土层收敛变形控制的可靠有效注浆方法——双液微扰动注浆技术。

内治方法国内外一般常采用混凝土加大截面法加固或粘贴纤维复合片材进行加固,

但都存在着不可避免的缺陷,混凝土加大截面法占用了较大空间,导致限界接近超限,在地下隧道狭小的空间内实施困难较大,尤其在运营隧道有着严苛的限界要求,在"天窗"内严格的时限要求下操作性更不强;粘贴纤维复合片材虽说施工相对简单,但其刚度较差,且几乎没有抗压、抗剪的能力,也无防水之功效,试验验证采用碳纤维和芳纶布张贴对提高管片环的承载力作用不明显,粘贴不牢固导致脱落反而会对运营中的列车带来安全隐患,20世纪日本新干线曾发生因碳纤维与混凝土结构粘贴不牢靠脱落影响高速列车运行的案例,2009年上海也曾发生此类案例,事故对列车运行带来很大干扰。

考虑到在运营隧道内进行结构加固施工会受到诸多限制,如"时间短、空间小、限界要求紧"等苛刻条件,经过多年研究和实践验证,上海轨道交通研发了适用于运营隧道结构变形修复和加固的工艺,即内张钢圈法和复合腔体构建加固法,使"管片、环氧、螺栓、钢环(或复合腔体)"形成一个良好的复合结构体,共同受力,大大提高结构刚度。

第 2 章
盾构隧道结构破坏机理分析及试验研究

本章主要介绍了盾构隧道通缝、错缝拼装超载工况下足尺试验,双圆、类矩形衬砌结构足尺试验,内张钢圈和复合型材加固工况的足尺试验。对试验现象、监测数据进行分析,探究管片结构性能特性,可为工程设计、日常维护提出了参考经验。

2.1 盾构隧道结构试验加载设计

1) 单圆通缝拼装、错缝拼装盾构隧道结构试验加载

将竖向荷载简化为室内水平向加载试验,一共有 24 个加载点,所有加载点荷载通过加载梁汇于中心钢环,构成自平衡加载系统,每个加载点由 1 个荷载分配梁、1 个持荷梁及 2 个钢拉杆构成。试验中荷载分为 3 组,组内每点荷载值相同,加载时完全同步。荷载组 P_1 含 6 个加载点,P_2 含 10 个加载点,P_3 含 8 个加载点。试验时将加载分解为多级加载,按特定的顺序进行加载,这是保证试验得以正常进行的关键要素之一。加载装置布置示意如图 2-1、图 2-2 所示。

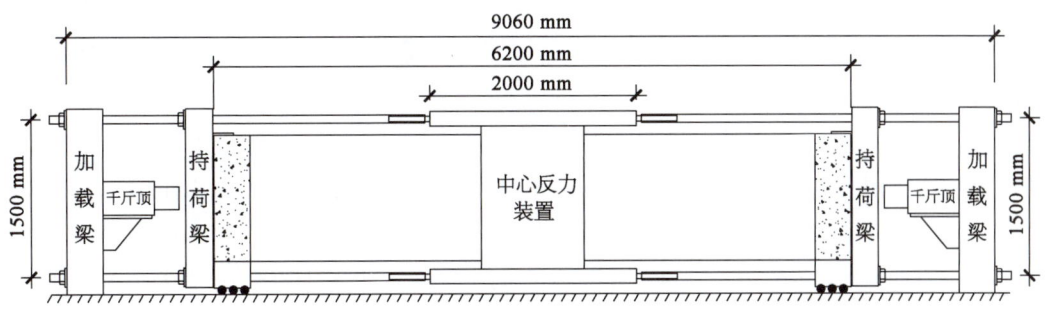

图 2-1 加载装置布置剖面示意图

2) 双圆、类矩形盾构隧道结构试验加载

双圆和类矩形盾构隧道衬砌结构整环足尺试验是针对地面堆载工况进行的,即顶部超载极限工况。顶部超载极限工况是针对类矩形盾构隧道在正常运营状态下,

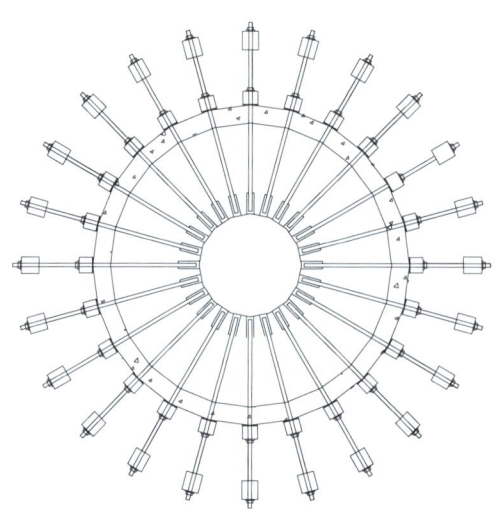

图 2-2 加载装置布置平面示意图

若衬砌结构顶部地面出现堆载情况,则结构顶部所受荷载变大,同时侧边土压力值也相应变大。当顶部堆载增加到一定程度,作用在衬砌结构上的侧向土压力达到被动土压力,之后随着堆载继续增加,侧向土压力大小保持不变,衬砌结构在顶部堆载不断增加的情况下发生破坏。因此,加载过程可分为以下几个步骤:加载至正常运营工况荷载;加载至侧向土压力达到被动土压力;保持侧向土压力不变,施加顶部荷载至衬砌结构破坏。

双圆盾构隧道衬砌结构整环试验采用内张拉的方式施加荷载,试验管片及中心反力装置水平放置,并于水平向采用钢绞线张拉梁施加荷载。中心反力装置分为上下两部分,上下两部分平面内尺寸一致,两部分通过预埋连接件与 20a 工字钢连接构件进行连接。单环总计共 32 个加载点,除中柱位置对拉点外,32 个加载点分 2 组指向两个圆心,每个加载点由 1 个加载梁、1 个加载系统组成。每个加载梁对应 100 t 千斤顶,由于结构仅进行设计工况试验,故而实际单个加载点荷载小于 100 t,加载布置如图 2-3 所示。

类矩形盾构隧道整环足尺试验加载装置由上主框、下主框、主框连接块、拉杆及油缸角度调整垫块组成。加载油缸可通过添加角度调整垫块的方式,满足不同曲率半径的管片的试验要求。主框连接块安装于主框的上下两侧时,试验装置长 14.8 m、高 9.9 m、宽 3.8 m。本试验加载装置可通过使用不同长度的主框连接块来兼容其他尺寸管片,还可在内部垫入圆形钢结构,实现对圆形管片的加载试验。加载装置共有 30 个加载点,每个加载点由 2 个千斤顶进行加载,加载时完全同步,每个加载点所能提供的最大水平荷载为 2 000 kN,千斤顶的最大行程为 300 mm。在试件底部与支座钢面板间共放置 22 盒装有钢珠的钢盒,钢盒的外尺寸为 500 mm×500 mm,钢珠直径为 50 mm,钢珠高出钢盒 25 mm,起滑动支座的作用。加载框架实物如图 2-4 所示。

第 2 章 盾构隧道结构破坏机理分析及试验研究

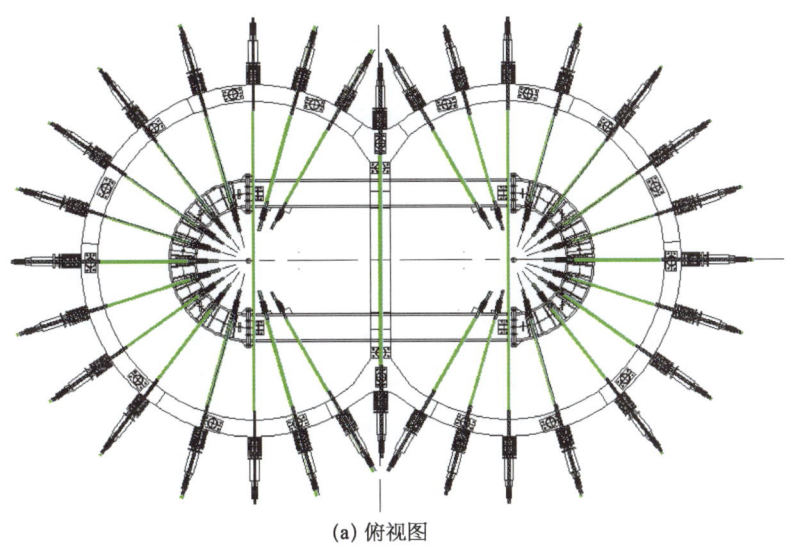

(a) 俯视图

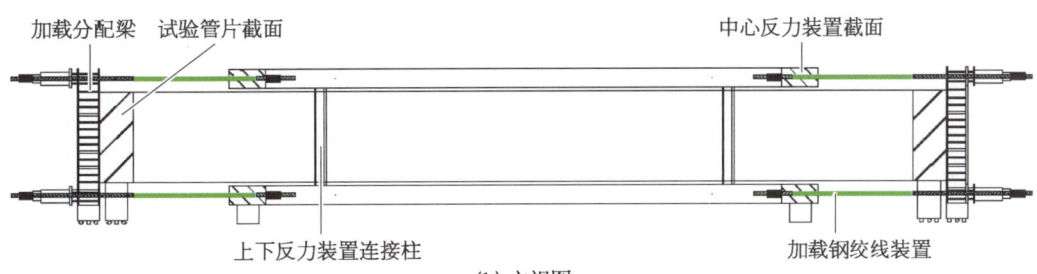

(b) 主视图

图 2-3 加载装置布置示意图

图 2-4 加载框架实物图

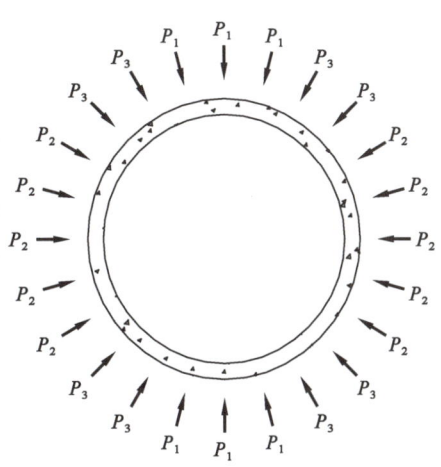

图 2-5 环向荷载分组

3) 内张钢圈、粘贴复合型材加固试验加载

试验加载所采用的装置与通缝拼装、错缝拼装盾构隧道结构试验研究一致。试验采用单调加载方式,中间过程无卸载。如图 2-5 所示,所有荷载分成 3 组,与前类似,组内每

点荷载值相同,加载时完全同步。加载模式采用先荷载控制后位移控制的混合加载模式。

2.2 通缝拼装盾构隧道结构试验分析

2.2.1 试验概况

轨道交通盾构隧道运营多年后逐渐进入了衬砌结构的频繁维护期,在运营的盾构隧道的日常检测中,已出现了一定的结构损伤,主要可分为局部破损和隧道结构整体大变形两类。结构损伤已影响到了盾构隧道的正常运营,若继续发展可能会影响到正常的行车安全;而隧道结构大变形会严重影响到盾构隧道的安全运营和结构的安全可靠度。隧道衬砌整环结构试验是研究衬砌结构性能的最有效手段,可以用来修正设计分析模型,也可以用来验证设计。

本节旨在介绍通缝拼装盾构隧道结构承载能力的足尺试验,区别于已开展的研究,本试验拟探明盾构隧道结构的极限承载能力;试验中存在着试验加载大、结构变形大及试验过程控制难度大等技术难点。试验结果将对通缝拼装盾构隧道的设计、施工具有参考意义。

2.2.2 试验设计

本试验试件采用上海轨道交通衬砌圆环,衬砌圆环尺寸为外径 $\phi 6.2$ m、内径 $\phi 5.5$ m、管片厚度 0.35 m、环宽 1.2 m。全环分为 6 块,其中 1 个封顶块(F)、2 个邻接块(L1、L2)、2 个标准块(B1、B2)和 1 个底块(D)。试验试件管片块之间,装入橡胶止水带,使用 5.8 级 M30 螺栓连接。试验试件结构如图 2-6 所示,试件管片如图 2-7 所示。

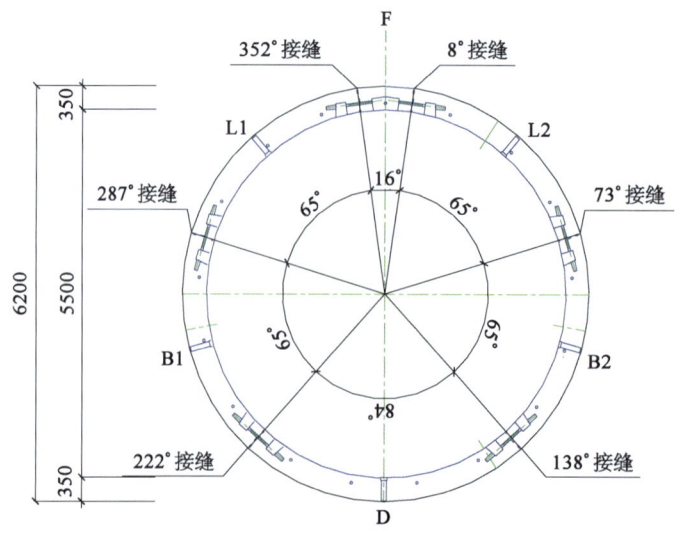

图 2-6 试验试件结构示意图(单位: mm)

图 2-7 试验试件管片

足尺试验工况为模拟地面超载情况,具体试验加载方案为:同步施加管片顶底荷载与侧压力荷载,直至管片结构发生破坏,研究超载工况下管片结构承载能力,具体荷载施加如图 2-8 所示,其中,$P_2=0.7P_1$、$P_3=0.5(P_1+P_2)$,荷载对称。侧向土压力 P_2 最大值为 275 kN,达到后 P_2 保持不变。在超载工况足尺试验中,维持荷载组内每点荷载值相同,并且各荷载组加载时完全同步。各组之间满足 $P_2=0.7P_1$、$P_3=0.5(P_1+P_2)$ 的荷载关系。当侧向土压力荷载 P_2 达到最大值 275 kN 后保持不变,外荷载 P_1 继续增大,P_3 仍然满足 $P_3=0.5(P_1+P_2)$ 的关系,直至管片破坏,承载力明显下降。图 2-8 所示为超载工况加载荷载曲线。

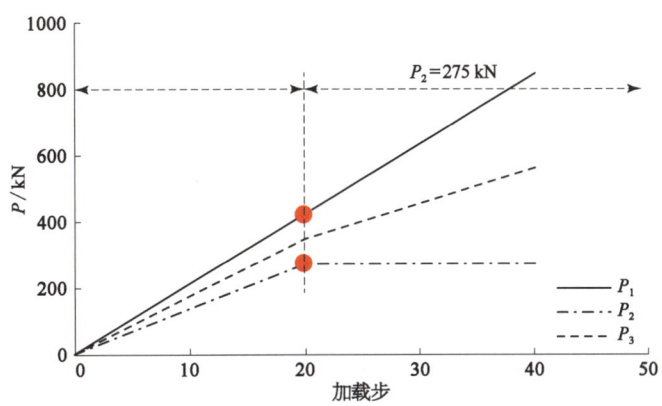

图 2-8 超载工况加载荷载曲线

2.2.3 试验结果

超载工况试验加载结束后,整环隧道变形全貌如图 2-9 所示。试验中主要的破坏现象集中在管片表面和接缝处,主要表现为管片裂缝、接头张开及螺栓屈服破坏。

图 2-9 整环试件全貌图

极限状态下管片整体变形呈"横鸭蛋"状。管片顶部与底部向管片内部变形,腰部向管片外部变形,管片顶部变形量大于底部变形量。具体见表 2-1 及图 2-10。

表 2-1 加载与顶底、腰部变形

荷　　载	顶底相对变形量/mm	腰部相对变形量/mm
$P_1=352$ kN	65.9	64.6
$P_1=392$ kN	102.1	103.2
$P_1=406$ kN	134.4	137.0
$P_1=448$ kN	153.6	154.9

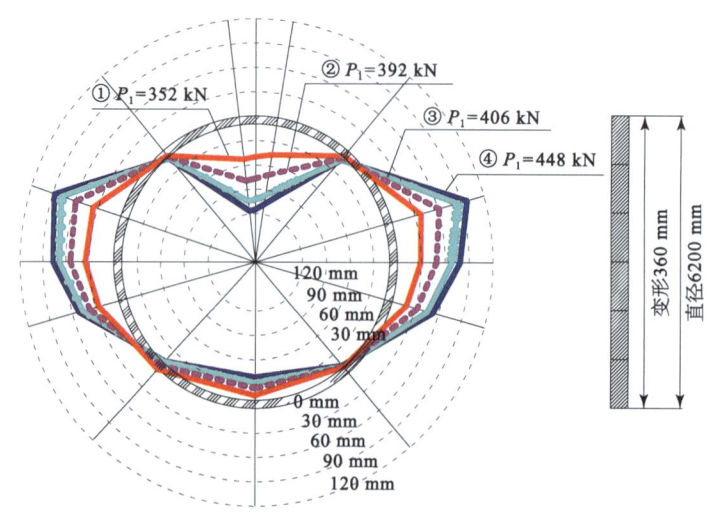

图 2-10 管片整体变形玫瑰图(管片直径与变形比例为 50∶3)

1) 表面裂缝

顶部超载工况足尺试验极限荷载施加完毕,卸载后,管片总体破坏特征如下:在管片内弧面混凝土180°附近有6条贯通管片宽度方向的裂纹,深度60 mm,裂缝宽度方向边缘的深度比中间的深度大,主要由于管片底部内弧面受拉造成。在管片表外弧面混凝土90°附近与300°附近有许多裂缝,其中有一部分裂缝贯通管片宽度方向,其余短小裂缝也有连通形成贯通裂缝的趋势。管片内外弧面开裂统计如图2-11所示。

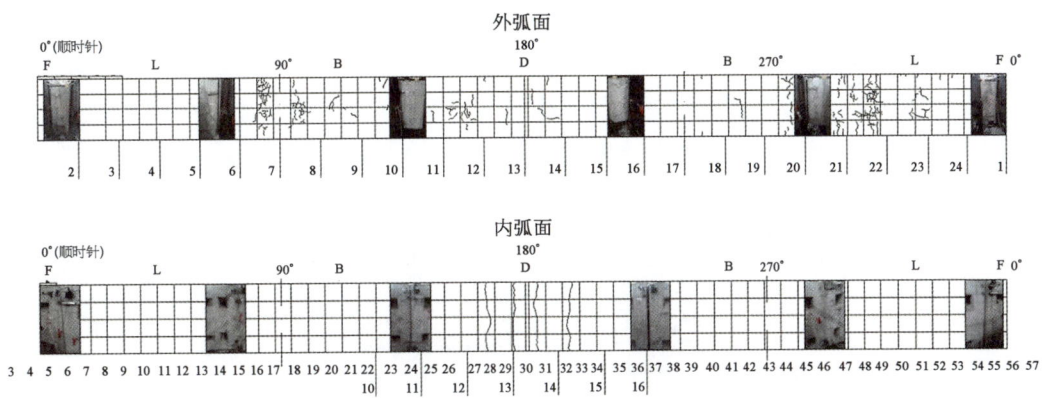

图2-11 管片内外弧面开裂统计图

盾构隧道管片受力最严重截面在拱底块内弧面受拉。对标出的6条裂缝管片宽度方向的中间位置进行了宽度测量和深度测量,对管片端部进行深度测量。测量发现最宽裂缝和最深裂缝为同一条裂缝,该裂缝位于拱底块内弧面中间位置,宽度为0.21 mm,端部深度达170 mm,中间位置深度达61 mm;拱底块中间位置开裂明显,裂缝宽度大,深度大。不同位置(如端部和中间位置)裂缝深度差异明显,这主要是因为裂缝容易在端部先产生,逐渐向中间位置发展,且端部约束与中间位置处约束相较较小,造成端部裂缝沿拱底块厚度方向充分发展。

加载过程中当荷载 P_1 达到117 kN时,管片表面出现了第一批裂缝,位于150°附近拱底块D位置与300°附近临接块L1位置;当荷载 P_1 达到246 kN时,管片外弧面90°附近的标准块B2与270°附近的标准块B1上,出现了新的裂缝。随着荷载的增加,标准块B2上90°附近裂缝、标准块B1上270°附近裂缝及邻接块L1上300°附近裂缝不断增加、发展。当荷载 P_1 达到396 kN时,管片外弧面的裂缝出齐,不再有新的裂缝增加,此时裂缝宽度约为0.1 mm。试验结束后,管片外弧面裂缝主要集中在标准块B2的90°附近与临接块L1的300°附近位置,这两部分的裂缝沿管片宽度方向贯通,宽度约0.2 mm。此外,在标准块B1的270°附近位置与拱底块D的150°附近位置也分布有受拉裂缝,但都没有沿管片宽度方向贯通。管片内弧面上裂缝集中在拱底块D的180°附近位置,有6条贯通管片宽度方向的裂缝,深度约60 mm,宽度达到0.21 mm。

混凝土典型应变如图2-12所示,92°外弧面与176°内弧面为混凝土受拉区域,176°外弧面为混凝土受压区,随着外荷载增加,混凝土应变发展。当混凝土拉应变增长减缓或停止、倒退时,应变片周围的混凝土开裂,整个试验过程中发现管片部分压区混凝土均单调发展,没有压碎现象,管片没有破坏。

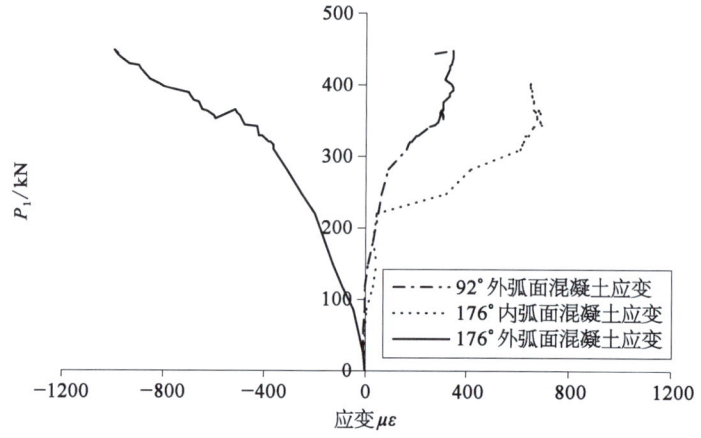

图 2-12　管片混凝土应变曲线

2) 接缝破坏

管片间接缝位置的破坏按破坏位置不同可分为两类,一类发生在外弧面上,另一类则发生在内弧面上。发生在外弧面接缝处的有:封顶块 F 与邻接块 L1 的接缝(顺时针 352°接缝)、拱底块 D 与标准块 B1 接缝(顺时针 222°接缝),这两处接缝破坏均是混凝土整体受压破碎而导致混凝土块大量剥落的现象,管片接缝破坏严重。8°接缝及 138°接缝压紧,但是未出现混凝土受压开裂破坏的现象。

发生在内弧面接缝处的有:邻接块 L2 与标准块 B2 的接缝(顺时针 73°接缝),标准块 B1 与邻接块 L1 接缝(顺时针 287°接缝)。这两处破坏中,73°接缝混凝土受压出现裂纹,但开裂程度未达到混凝土脱落;287°接缝混凝土开裂,并大规模受压碎裂剥落,破坏严重,可以看出 287°受压破坏的程度高于 73°接缝;其余各接缝均属于张开。

各接缝荷载张开曲线如图 2-13～图 2-15 所示,图中以接缝张开为正,压紧为负。根据 8°接缝与 352°接缝荷载位移曲线图,两接缝均内弧面张开,外弧面压紧。在加载初始阶段,352°接缝有迅速压紧的过程,之后张开线性发展。当荷载 P_1 达到 352 kN,即①号点时,8°接缝与 352°接缝荷载张开曲线斜率下降,接缝张开加速发展。当荷载 P_1 达到 406 kN,即③号点时,8°与 352°接缝外缘混凝土由于接缝的张开而压紧,提供了较大承载能力,接缝刚度提高。当荷载 P_1 达到 448 kN 时,352°接缝外弧面混凝土受压开裂。此时,管片结构达到极限荷载,352°接缝外弧面混凝土破碎剥落,8°接缝在试验过程中没有发生开裂破坏现象。

根据 73°接缝与 287°接缝荷载位移曲线图,两接缝均内弧面压紧,外弧面张开。在加载初始阶段,两接缝有迅速压紧的过程,之后张开线性发展。当荷载 P_1 达到 392 kN,即②号点时,73°接缝与 287°接缝荷载张开曲线斜率下降,接缝张开加速发展。此时,两接缝

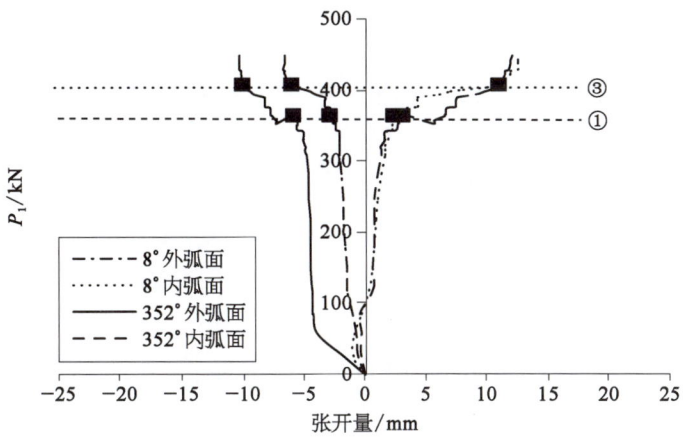

图 2-13　8°/352°接缝张开曲线

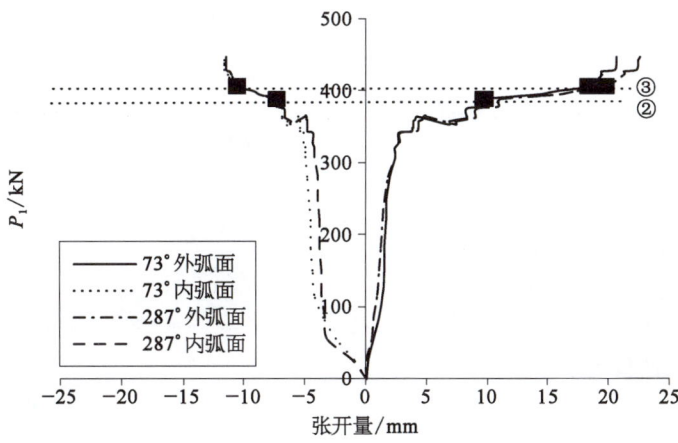

图 2-14　73°/287°接缝张开曲线

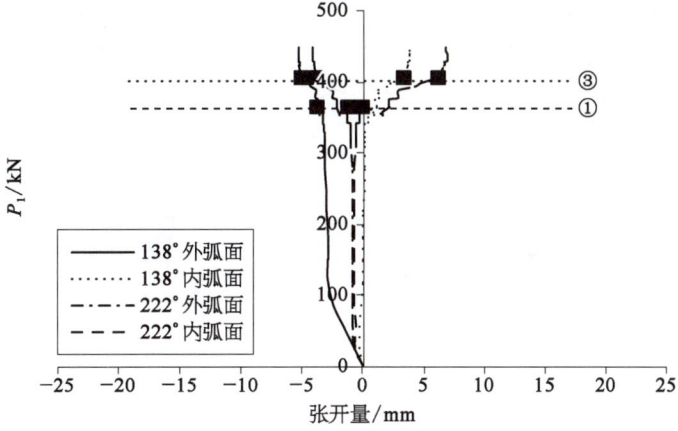

图 2-15　138°/222°接缝张开曲线

内弧面混凝土均受压开裂。随着荷载的增加，接缝压区的裂缝发展，直至承载能力极限状态。当荷载 P_1 达到 406 kN，即③号点时，73°接缝与 287°接缝内弧混凝土压紧荷载张开曲线斜率上升。最终，73°接缝内弧面混凝土受压起酥，287°接缝内弧面混凝土受压碎裂剥落。

根据 138°接缝与 222°接缝荷载位移曲线图，两接缝均内弧面张开，外弧面压紧。在加载初始阶段，138°接缝有迅速压紧的过程，之后张开线性发展。当荷载 P_1 达到 352 kN，即①号点时，138°接缝与 222°接缝荷载张开曲线斜率下降，接缝张开加速发展。当荷载 P_1 达到 406 kN，即③号点时，138°接缝与 222°接缝荷载张开曲线斜率上升。在荷载 P_1 处于极限荷载 448 kN 时，222°接缝外侧压区混凝土出现了压碎剥落的现象。138°接缝在试验过程中没有发生开裂破坏现象。

试验终止时，各接缝的破坏状态如图 2-16 所示。其中，管片接缝发生混凝土受压破坏的有 73°接缝、222°接缝、287°接缝及 352°接缝；接缝处混凝土受压剥落现象均未延伸至接缝核心区混凝土。从破坏顺序上来说，腰部 73°、287°接缝的受压区压裂破坏先于顶部 352°接缝的受压区压裂破坏。底部 222°接缝的受压破坏最后发生。

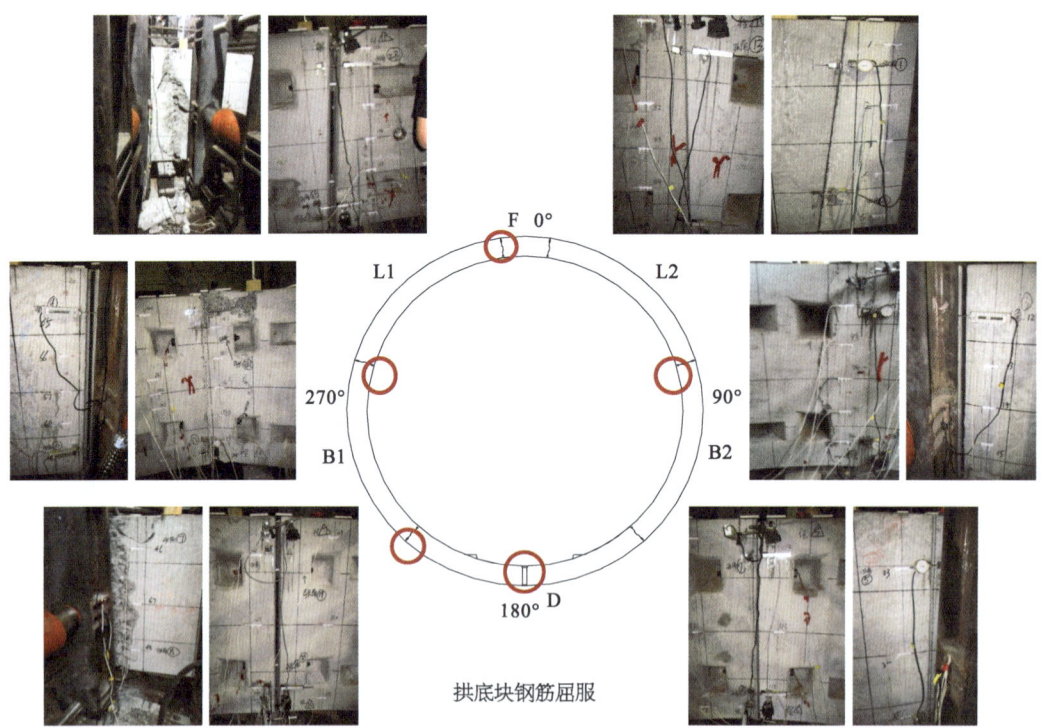

图 2-16 极限状态管片接缝破坏状态示意图

3) 螺栓破坏

螺栓位于管片的手孔内部，加载过程中无法观测到发生的现象。待卸载后进行了螺栓状态的观测，发现封顶块与两侧连接块之间的螺栓都出现了螺帽被拉至脱落的现象。试验完毕后,将拆卸下的螺栓进行观测,发现部分螺栓端头的螺纹存在塑性变形和滑丝。根据螺栓应变情况,判断螺栓屈服情况。最终极限荷载加载完成后,各螺栓滑丝、屈服情况见表 2-2,可以看出发生滑丝的螺栓有 352°接缝上下部螺栓与 222°接缝下部螺栓。

表 2-2 极限荷载下螺栓滑丝、屈服情况

接缝角度	螺栓位置	滑丝情况	螺栓应变	是否屈服
8°	上部	无滑丝	4 474	是
	下部	无滑丝	2 771	是
73°	上部	无滑丝	621	否
	下部	无滑丝	288	否
138°	上部	无滑丝	373	否
	下部	无滑丝	554	否
222°	上部	无滑丝	溢出	是
	下部	滑丝	2 526	是
287°	上部	无滑丝	1 682	否
	下部	无滑丝	223	否
352°	上部	脱落	2 828	是
	下部	滑丝	3 795	是

各接缝螺栓荷载应变曲线如图 2-17~图 2-19 所示。试验定义接缝外侧受压、内侧张开为正弯矩接缝,反之为负弯矩接缝。正弯矩接缝含 8°、352°、138°、222°接缝;负弯矩接缝含 73°、287°接缝。根据正弯矩接缝螺栓荷载应变曲线图,正弯矩接缝螺栓在荷载 P_1 小于 352 kN,即①号点前,应变很小,且随荷载增加增长缓慢;在荷载 P_1 达到 352 kN,即①号点时,螺栓均未屈服;当荷载 P_1 超过 352 kN,即①号点后,正弯矩接缝螺栓应变随荷载增加快速增长。根据负弯矩接缝螺栓荷载应变曲线图,负弯矩接缝螺栓在荷载 P_1 小于 392 kN,即②号点前,应变很小,且随荷载增加增长缓慢。在荷载 P_1 达到 392 kN,即②号点时,螺栓均未屈服;当荷载 P_1 超过 392 kN,即②号点后,负弯矩接缝螺栓应变随荷载增加快速增长。试验结束后,对接缝螺栓观测,8°接缝与 352°接缝处的螺栓都出现了螺帽被拉至脱落的现象,其余部分螺栓端头的螺纹存在塑性变形和滑丝现象,各接缝螺栓均没有断裂的现象。

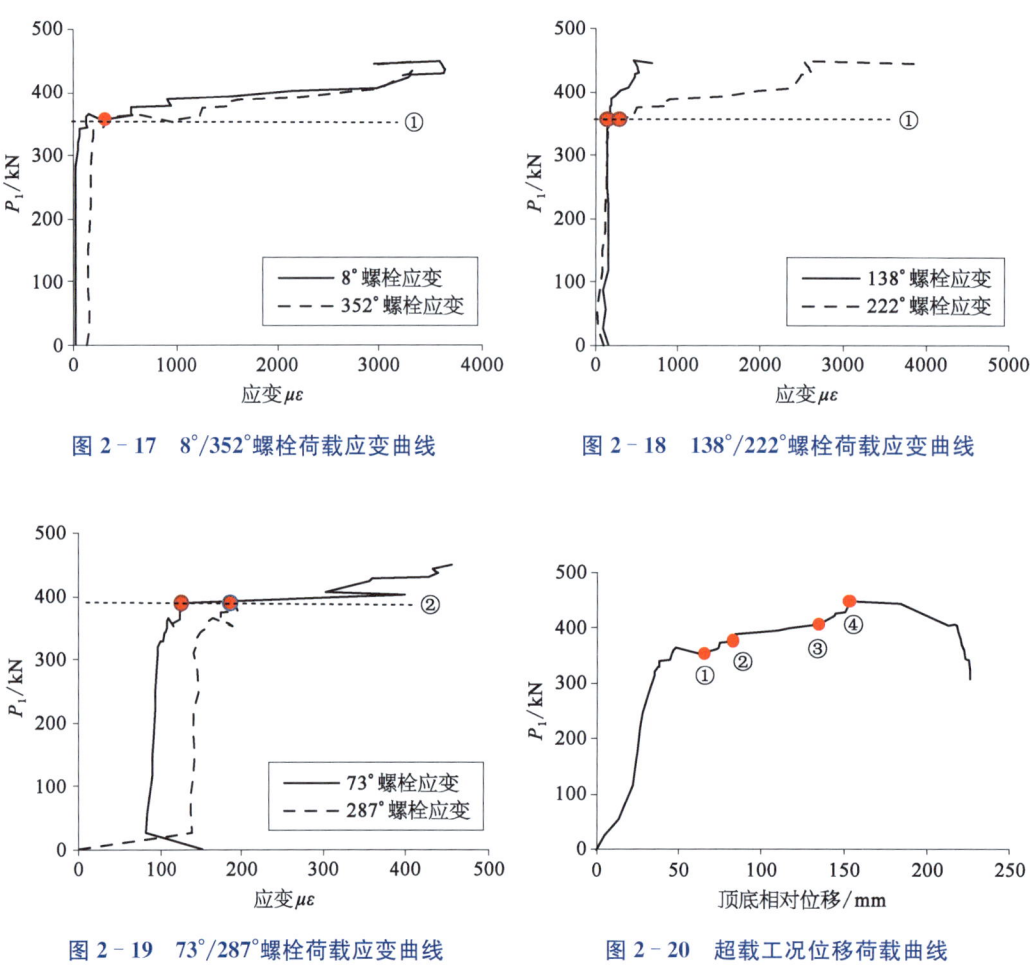

图 2-17 8°/352°螺栓荷载应变曲线

图 2-18 138°/222°螺栓荷载应变曲线

图 2-19 73°/287°螺栓荷载应变曲线

图 2-20 超载工况位移荷载曲线

2.2.4 试验分析

根据试验数据,超载工况试验管片荷载位移曲线如图 2-20 所示。对点位移指 0°顶位移与 180°底位移的总和。当荷载 P_1 从 0 增加到 448 kN 时,管片整体径向位移不断增加。当荷载 P_1 维持在 448 kN 并开始下降时,径向位移依然增加,直至试验结束,管片顶部底部最后相对变形达到 153 mm。

根据试验荷载位移曲线,当曲线到达①号点,荷载 P_1 为 352 kN 时,管片整体刚度下降,接缝荷载张开曲线斜率、接缝张开量随着荷载的增加而开始迅速增长,螺栓荷载应变曲线斜率也发生了变化,螺栓应变也随着荷载增加而迅速增长。正弯矩接缝由于混凝土受压区域跨过螺栓所在位置,导致接缝受力机理改变,受压混凝土面积大大减小,螺栓承受拉力,两者综合作用导致接缝刚度减小,荷载位移曲线斜率下降。

当管片荷载位移曲线达到②号点时,73°与 287°负弯矩接缝压区混凝土开裂,接缝张开变化加快,螺栓应变加速增长。当管片荷载位移曲线达到③号点时,8°与 352°正弯矩接缝外缘混凝土压紧，使得接缝转动刚度提高，管片整体刚度也随之提高。当管片荷载位移曲线达到④号点，荷载 P_1 达到 448 kN 时，352°接缝位置的外弧面出现环向裂缝（图 2-21），位移迅速发展，在此荷载状态下，352°接缝压区混凝土压碎剥落，管片达到极限承载状态。

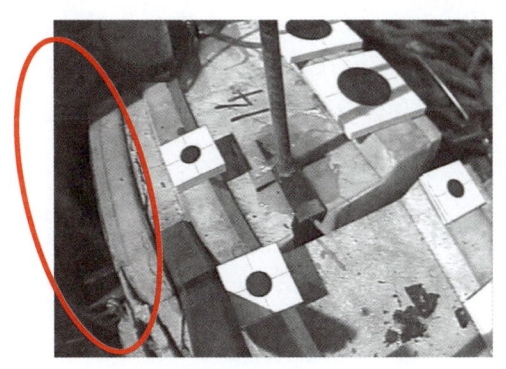

图 2-21 352°接缝外弧混凝土环向开裂

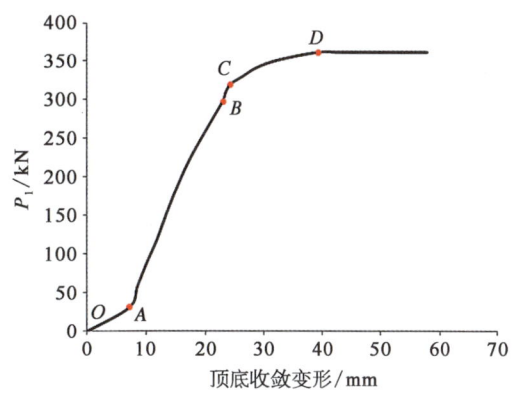

图 2-22 无环向螺栓衬砌结构荷载位移曲线

2.2.5 无环向螺栓、有环向螺栓盾构隧道结构对比分析

本试验采用上海轨道交通中埋通缝拼装盾构隧道衬砌圆环，探究无环向螺栓条件下衬砌结构的力学性能。无环向螺栓衬砌结构在管片拼装期间暂时使用螺栓定位和整圆，当管片拼装完毕后，在手孔处切断并抽出环向螺栓。将超载意外工况下无螺栓试验管片荷载位移曲线绘制如图 2-22 所示。

OABC 段结构相对变形随荷载线性增加，顶底位移和纵缝张开较小，收敛变形达到 24.35 mm。荷载位移曲线达到 A 点位置（P_1=31.44 kN）时，由于管片结构初始拼装时在接缝处有空隙，加载过程中空隙逐渐被压实，此后接缝刚度回归正常；荷载位移曲线达到 B 点位置时，结构处于中埋运营状态，管片内弧面 180°位置出现 0.06 mm 宽的受拉裂缝，但裂缝宽度较小，对结构整体力学性能基本没有影响。

当荷载位移曲线达到 C 点位置（P_1=320.26 kN）时，结构首次出现局部损伤，8°接缝核心区混凝土出现受压破坏现象，8°接缝变形增速加快，同时结构的内力发生重新分布，其余各接缝的变形均开始迅速增加，由于纵缝没有螺栓受拉来承担弯矩，各接缝变形急剧增加，结构整体刚度不断退化，结构没有明显的弹塑性阶段；当荷载位移曲线达到 D 点位置（P_1=361.52 kN）时，8°接缝外缘混凝土出现受压破坏，各接缝变形急剧发展，结构在荷载不变的情况下已无法保持稳定，结构变形不断增加，此时管片结构达到极限承载状态。

对比无螺栓结构与有螺栓结构可知，同试验荷载条件下无螺栓结构整体变形大于有螺栓结构，环向螺栓失效会使结构弹性阶段整体刚度降低约 39%。结构损伤后,无螺栓结构由于接缝抗弯刚度基本为零,没有明显的弹塑性阶段。此阶段由于顶部正弯矩接缝核心区混凝土受压破坏导致顶部正弯矩接缝抗弯刚度降低,随后结构内力重新分布,其余接缝的弯矩上升,各接缝变形均迅速增加,有螺栓结构螺栓应力迅速增长。

随着结构变形发展,首先在顶部正弯矩接缝(8°和352°接缝)发生外缘混凝土受压破碎,随后腰部负弯矩接缝(73°和287°接缝)内缘混凝土受压破碎,结构形成多个塑性铰。在荷载维持不变的情况下,结构变形不断增加,达到最终承载力极限状态。相同荷载下无螺栓结构接缝变形较大,接缝混凝土受压破碎时机较有螺栓结构要早,因此无螺栓结构极限承载力低于有螺栓结构,环向螺栓失效显著影响了结构的极限承载力。

2.3 错缝拼装盾构隧道结构试验分析

2.3.1 试验概况

随着通用环错缝拼装盾构管片在国内轨道交通建设中的广泛采用,需要系统研究运营期通用环管片结构的实际承载状态,了解结构的薄弱部位和影响结构承载能力的主要因素。针对通用环错缝拼装盾构隧道的研究不足,为了解结构的变形机制和破坏机理,确定有损伤衬砌结构的实际承载能力,有必要进行通用环错缝拼装隧道整体力学性能足尺试验。本节主要介绍通用环错缝拼装盾构隧道足尺试验并对其中的极限荷载工况下的受力路径和破坏特征进行了探索。本试验的工况示意如图 2-23 所示。

图 2-23 试验工况示意图

2.3.2 试验设计

本试验试件采用宁波轨道交通错缝拼装盾构管片(图 2-24),衬砌圆环尺寸为外径 ϕ6.2 m、内径 ϕ5.5 m、管片厚度 0.35 m、平均环宽 1 200 mm(1 181.4~1 218.6 mm),材料采用 C50 混凝土和 HRB400 钢筋,全环由 1 块封顶块(F)圆心角 20°、2 块邻接块(L1、L2)圆心角 68.75°、3 块标准块(B1、B2、B3)圆心角 67.5°组成。

试验试件管片的环与环及各块之间,装入橡胶止水带,使用 5.8 级 M30 弯螺栓连接。在纵向设 16 个螺栓,每隔 22.5°设一个,弯螺栓中心距离管片内弧面距离为 140 mm。管片衬砌环缝接头面采用凹凸榫槽(图 2-25),纵缝接头面采用平面式(图 2-26),不设榫槽与定位棒。

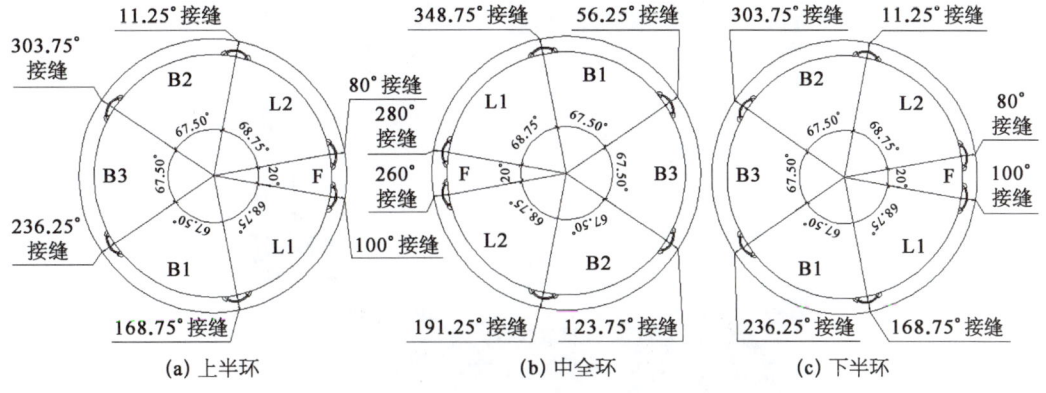

图 2‑24　衬砌环管片示意图

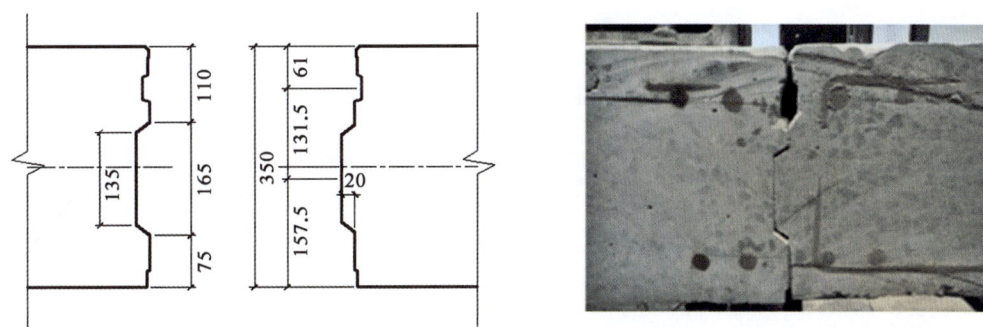

图 2‑25　环缝构造示意图(单位: mm)

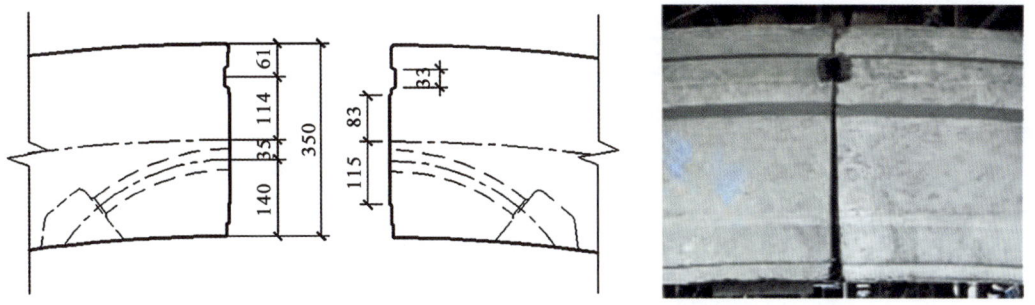

图 2‑26　纵缝构造示意图(单位: mm)

试验拟采用环宽1.2 m的中全环和环宽0.6 m的上下半环,环缝间错缝水平拼装(图2‑27)。试件采用宁波轨道交通盾构隧道直线段标准拼装方式——上下半环封顶块位于90°,中全环封顶块位于270°。其中,上、下半环相对中全环旋转180°布置以保证管片纵向面平滑。

除环向荷载之外,纵向荷载主要用于模拟盾构机顶进后残余顶推力。在深埋工况(22 m)中,盾构机的总推力取为1 000 t。考虑盾构推进拼装完成之后的纵向力的消散,根据现场监测试验报告,取折减系数为0.15,此时每个加载点的千斤顶力为62.5 kN,即6.25 t/点。

图 2-27 试验试件

试验定义正常运营状态为管片衬砌结构在只承受设计计算中所考虑的荷载,如水土压力、侧向抗力、结构自重等,没有考虑周边环境扰动所引起的特殊荷载下的状态。在图2-28中,P_1主要用来模拟隧道顶部的水土压力,P_2用来模拟隧道侧向水土压力,P_3则模拟隧道肩部过渡段水土压力。容易得到,隧道肩部过渡段水土压力同时受到顶部水土压力和隧道侧向水土压力影响,且其数值大小位于两者之间。在极限工况加载过程中,为简化加载程序,假定隧道肩部过渡段水土压力与顶部水土压力和隧道侧向水土压力之和的比值不变,即$P_3 = k \times (P_1 + P_2)$。

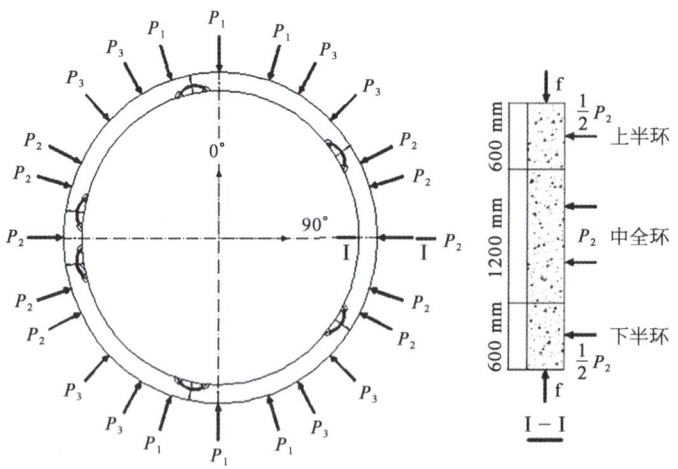

图 2-28 水平荷载分组示意图

超载工况加载如图2-29所示,整个加载过程分为两个阶段,各阶段中P_1、P_2和P_3的关系如下:① 由0 kN加载至P_2达到被动土压力,在纵向F施加完成后,P_1由0 kN加载至970 kN,P_2由0 kN加载至626 kN,P_3由0 kN加载至766 kN。此时,$k = (P_1 + P_2)/P_3 = 0.48$。在$P_1 = 970$ kN时,荷载P_2达到被动土压力626 kN,之后P_2保持不变,此阶段加载方式为荷载控制加载;② 继续加载至极限状态,P_2 维持被动土压力值不变,P_1 逐级增加,P_3 保持 $P_3=0.48(P_1+P_2)$,直至达到试验极限状态,此阶段加载方式为位移控制加载。

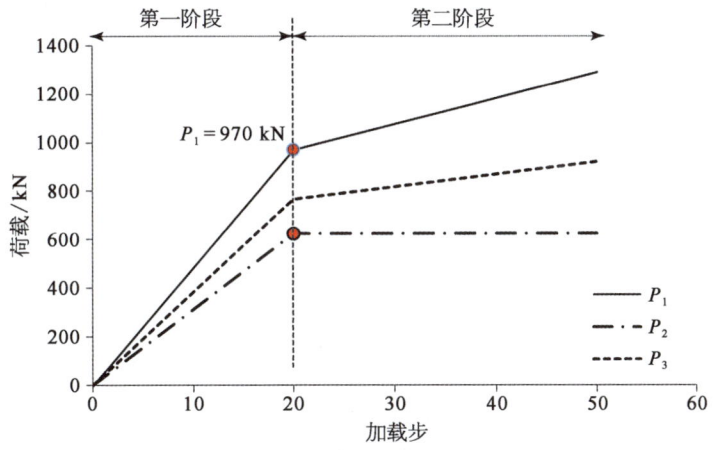

图 2-29 超载工况加载步曲线

2.3.3 试验结果

如图 2-30 所示,极限状态下管片整体变形呈"横鸭蛋"形态。管片顶部与底部向管片内变形,腰部向管片外变形。管片顶底相对变形量与腰部相对变形量相当。

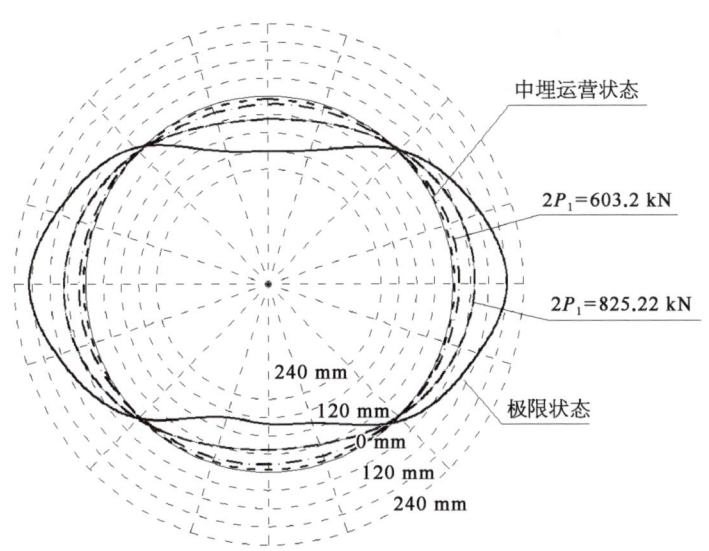

图 2-30 中全环管片整体变形玫瑰图

在管片加载变形过程中,荷载达到 $P_1=314.38$ kN(中埋正常运营状态)时,上半环顶底相对变形为 12.09 mm,中全环顶底相对变形为 12.34 mm,下半环顶底相对变形为

11.79 mm,其结构变形≥2‰D(D 为隧道外径);当达到 P_1=603.2 kN 时,管片裂缝宽度达到 0.2 mm,上半环顶底相对变形为 39.33 mm,中全环顶底相对变形为 38.11 mm,下半环顶底相对变形为 37.48 m;当达到 P_1=825.22 kN 时,首根螺栓屈服,上半环顶底相对变形为 75.35 mm,中全环顶底相对变形为 78.49 mm,下半环顶底相对变形为 77.62 mm;当达到 P_1=856.7 kN 时,截面钢筋出现屈服,上半环顶底相对变形为 92.11 mm,中全环顶底相对变形为 93.10 mm,下半环顶底相对变形为 93.66 mm;当达到 P_1=938.42 kN 的极限状态时,上半环测点损坏,中全环顶底相对变形为 386.12 mm,下半环顶底相对变形为 389.67 mm。上下半环与中全环收敛率均超过 60‰。

1) 表面裂缝

图 2-31 所示为裂缝位置示意。在第一阶段加载过程中,当荷载 P_1=253.46 kN 时,管片表面第一次出现了受拉裂缝,裂缝位于上半环内弧面 348.75°和外弧面 260°位置、中全环内弧面 11.25°、168.75°和外弧面 80°位置、下半环内弧面 191.25°和 348.75°位置,裂缝宽度为 0.02~0.04 mm。当荷载 P_1=314.38 kN 时,达到中埋正常运营状态,在结构顶底内弧面和腰部外弧面出现部分新增裂缝,最大裂缝宽度 0.07 mm,符合裂缝宽度≤0.2 mm 的设计要求。当荷载 P_1=603.2 kN 时,上下半环与中全环的最大裂缝宽度都首次超过 0.2 mm。

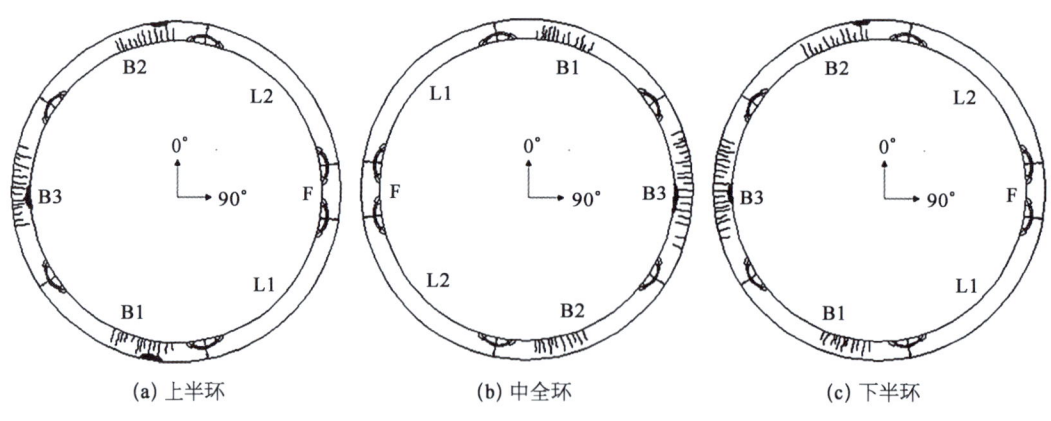

图 2-31 裂缝位置示意图

试验结束后:

(1) 上半环外弧面裂缝集中在 260°及 280°附近,最大裂缝宽度 3.7 mm,深度为 273 mm,平均间距 14 cm;内弧面裂缝集中在 191.25°和 348.75°附近,最大裂缝宽度 1.46 mm,裂缝深度 196 mm,平均间距 12 cm;外弧面 191.25°和 348.75°附近及内弧面 270°出现管片本体受压破坏。

(2) 中全环外弧面裂缝集中在 80°和 100°,最大裂缝宽度 3.33 mm,深度 241 mm,平均间距 8 cm;内弧面裂缝主要集中在 11.25°和 168.75°,最大裂缝宽度 3.47 mm,深度 264 mm,平均间距 11 cm;内弧面 90°出现管片本体受压破坏。

（3）下半环外弧面裂缝集中在260°和280°附近，最大裂缝宽度和深度同上半环，平均间距10 cm；内弧面裂缝集中在191.25°和348.75°附近，最大裂缝宽度和深度同上半环，平均间距9 cm。

其中，外弧面348.75°和内弧面270°出现管片本体受压破坏，如图2-32所示。

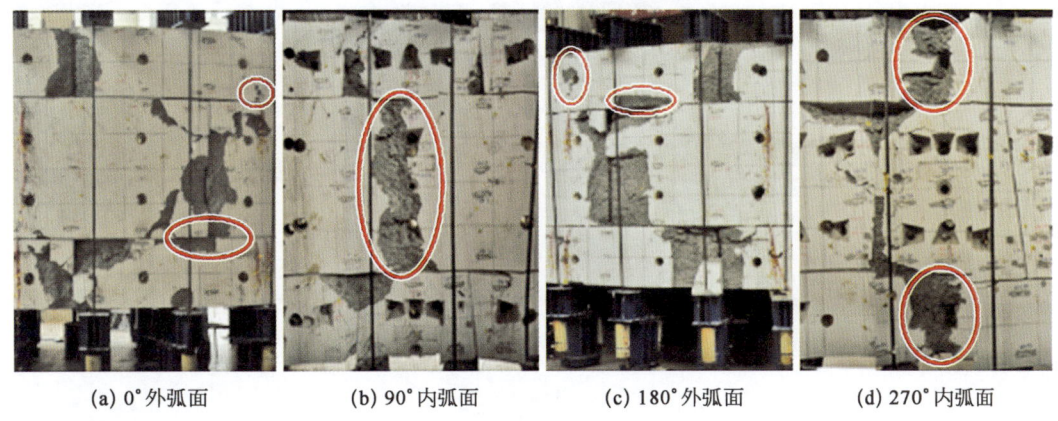

(a) 0°外弧面　　　(b) 90°内弧面　　　(c) 180°外弧面　　　(d) 270°内弧面

图 2-32　管片本体受压破坏

2) 接缝破坏

中全环纵缝破坏如下：当荷载达到 $P_1=728.96$ kN 时，中全环260°接缝内弧面出现压剪破坏；当荷载达到 $P_1=761.38$ kN 时，中全环191.25°接缝外弧面出现压剪破坏，中全环191.25°及348.75°接缝嵌缝外缘压紧受力；当荷载达到 $P_1=825.22$ kN 时，中全环348.75°接缝外弧面出现压剪破坏；当荷载达到 $P_1=873.8$ kN 时，中全环191.25°及348.75°接缝受压破坏；试验终止时，各纵缝的破坏状态如图2-33所示，191.25°接缝、260°接缝及348.75°接缝受压破坏，其中191.25°接缝、348.75°接缝处混凝土受压剥落现象均延伸至接缝核心区混凝土。

管片环缝破坏如下：当荷载达到 $P_1=634.64$ kN 时，中全环11.25°内弧面(上中环缝)出现拉剪破坏；当荷载达到 $P_1=728.96$ kN 时，中全环260°内弧面(上中环缝)出现压剪破坏，中全环168.75°内弧面(上中环缝)出现拉剪破坏；当荷载达到 $P_1=761.38$ kN 时，中全环191.25°外弧面(上中环缝)、下半环11.25°外弧面(上中环缝)和236.25°内弧面(中下环缝)出现压剪破坏、下半环348.75°内弧面(中下环缝)出现拉剪破坏；当荷载达到 $P_1=825.22$ kN 时，中全环348.75°外弧面(上中环缝)、下半环168.75°外弧面(中下环缝)出现压剪破坏；当荷载达到 $P_1=873.8$ kN 时，中全环80°和236.25°外弧面(上中环缝)出现拉剪破坏，下半环215°外弧面(中下环缝)出现纯剪破坏；试验结束时，环缝典型破坏状态如图2-34所示，上中环缝内弧面11.25°、56.25°、168.75°、260°和280°位置，外弧面80°、191.25°、236.25°和348.75°位置出现破坏，中下环缝内弧面80°、100°、236.25°、191.25°和348.75°位置，外弧面11.25°、168.75°、215°、236.25°和260°位置出现破坏。

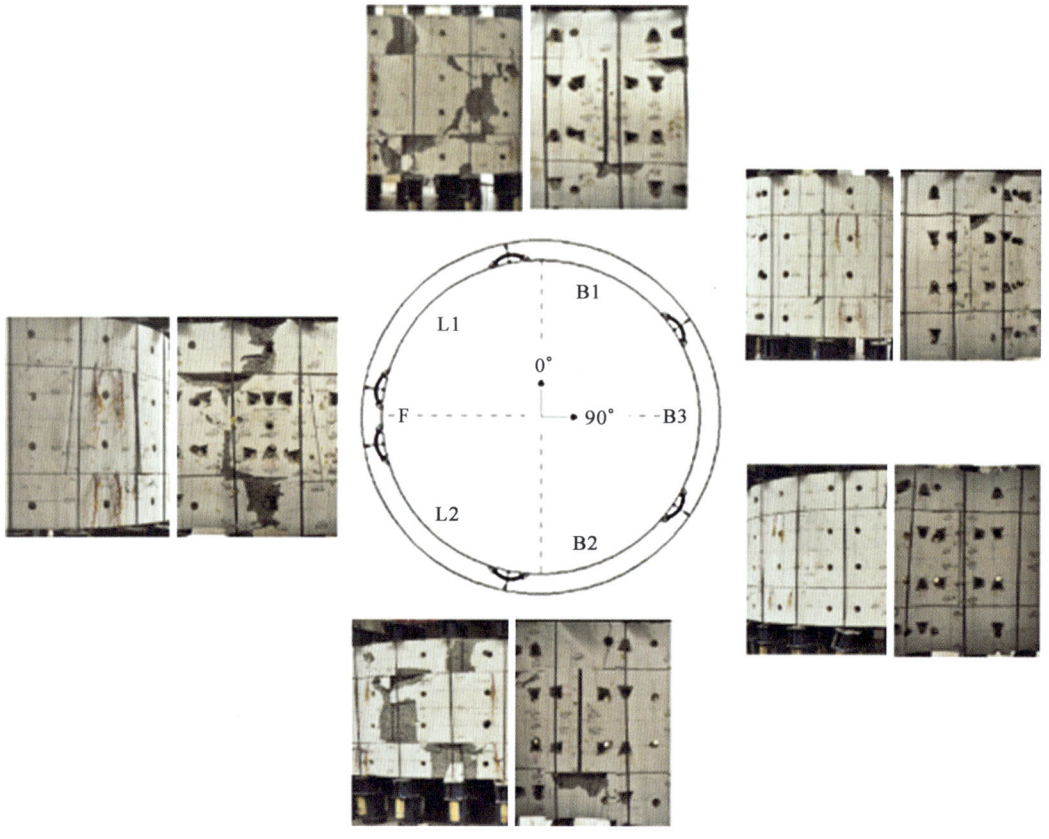

图 2-33 纵缝最终破坏状态

(a) 上中环缝80°外弧面　(b) 上中环缝11.25°内弧面　(c) 中下环缝260°外弧面　(d) 中下环缝191.25°内弧面

图 2-34 环缝最终破坏状态

3）接缝变形

上下半环相对于中全环的环缝错动如图 2-35～图 2-38 所示，其中错动值为正表示上下半环相对中全环外凸，为负表示上下半环相对中全环内凹。根据上半纵缝附近上半环相对于中全环的错动量荷载位移曲线图，在加载初始阶段，10°和170°位置由于弯矩较大,凹凸榫迅速搭接,错台发展较快。在 $P_1=634.64$ kN 时,中全环 11.25°接缝内弧面(上中环缝)出现拉剪破坏,之后 168.75°接缝内弧面(上中环缝)出现拉剪破坏,错动加速发展。其余测点位置在试验过程中未发生凹凸榫受力破坏现象,错台量均较小。试验结束时,中全环 236.25°外弧面(上中环缝)出现拉剪破坏。

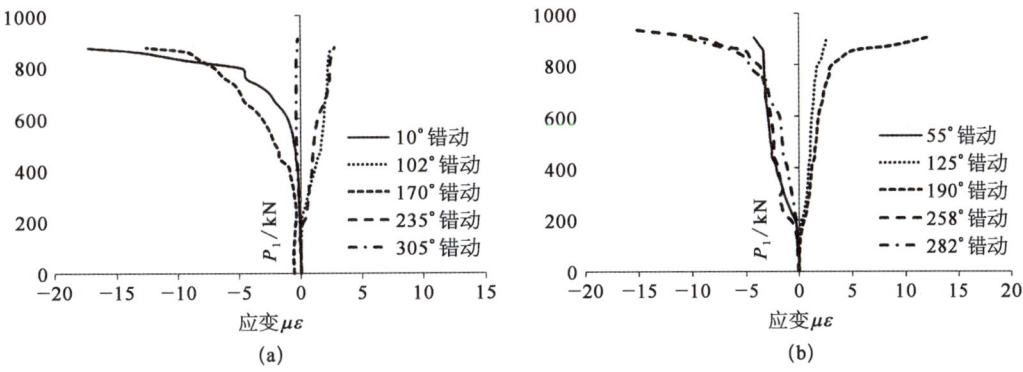

图 2‑35　上半环相对于中全环的错动量

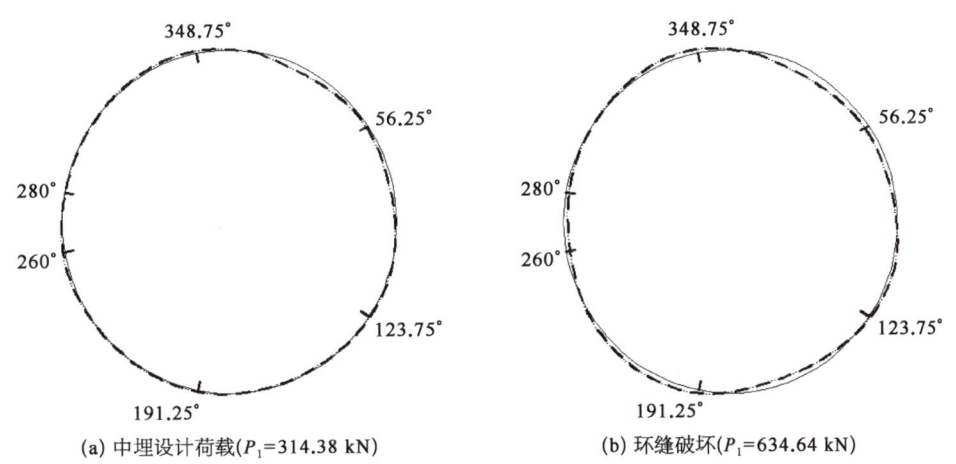

(a) 中埋设计荷载(P_1=314.38 kN)　　　(b) 环缝破坏(P_1=634.64 kN)

图 2‑36　上半环相对于中全环的错动示意图

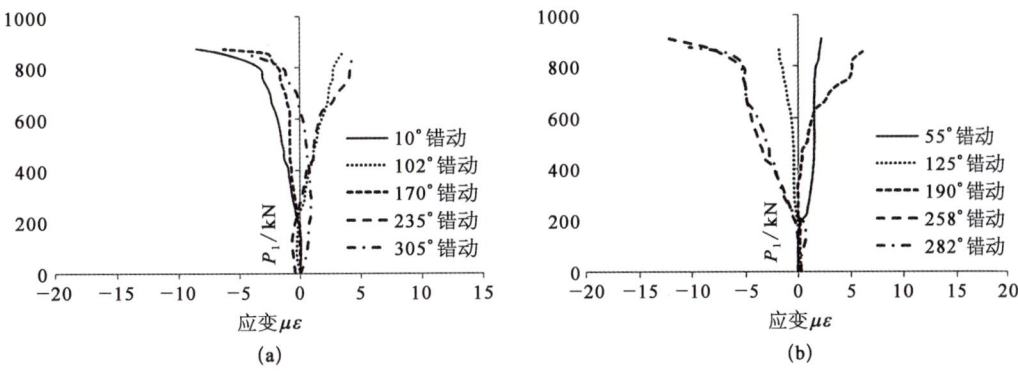

图 2‑37　下半环相对于中全环的错动量

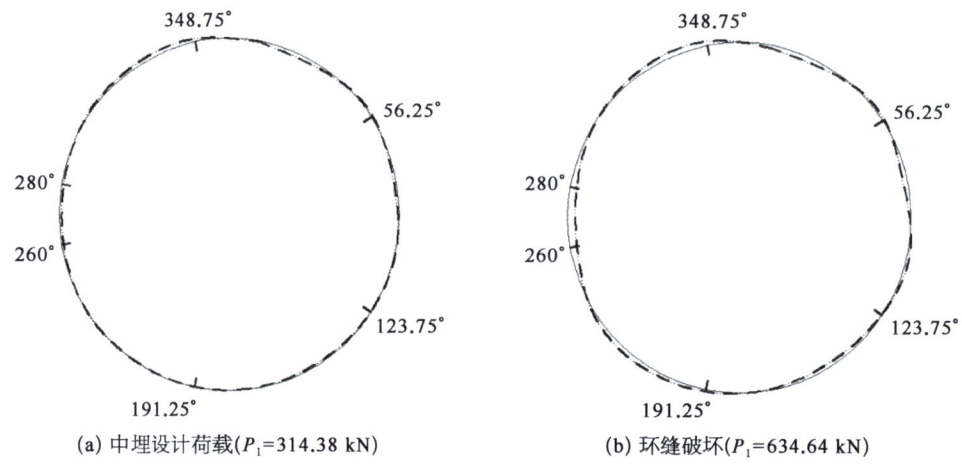

图 2‑38 下半环相对于中全环的错动示意图

根据中全环纵缝附近上半环相对于中全环的错动量荷载位移曲线图，在加载初始阶段，各测点位置错台量均呈线性发展。在 $P_1=761.38$ kN 之后，中全环 191.25°接缝和 348.75°接缝外弧面(上中环缝)及中全环 260°接缝和 280°接缝内弧面(上中环缝)开始逐渐出现压剪破坏，错动加速发展。试验结束时，中全环 56.25°内弧面(上中环缝)出现拉剪破坏。

根据下半环纵缝附近下半环相对于中全环的错动量荷载位移曲线图，在加载初始阶段，10°位置由于弯矩较大，凹凸榫迅速搭接开始受力。在 $P_1=634.64$ kN 时，235°和 305°位置错动开始发展。在凹凸榫搭接受力后，环缝刚度增加，之后随着荷载增大，凹凸榫破坏。极限状态时，下半环 80°、100°和 236.25°接缝内弧面(中下环缝)及 11.25°和 168.75°接缝外弧面(中下环缝)出现压剪破坏。

根据中全环纵缝附近下半环相对于中全环的错动量荷载位移曲线，在加载初始阶段，荷载较小，各测点位置错台量不大。在 $P_1=190.58$ kN 时，测点位置错动开始发展。在 $P_1=634.64$ kN 时，环缝开始逐渐破坏，190°、258°和 282°位置错动量增速变大。极限状态时，下半环 260°外弧面(中下环缝)出现拉剪破坏，191.25°和 348.75°附近位置内弧面(中下环缝)出现拉剪破坏。

中全环各接缝荷载张开曲线如图 2‑39～图 2‑41 所示，图中以接缝张开为正，压紧为负。

根据 260°接缝和 280°接缝荷载位移曲线图，两接缝均为内弧面压紧，外弧面张开。在加载初始阶段，接缝张开量呈线性发展。在 $P_1=634.64$ kN 时，环缝凹凸榫开始出现破坏，260°接缝和 280°接缝荷载位移曲线斜率开始逐渐下降，接缝张开速度加速发展。在 $P_1=825.22$ kN 时，内缘混凝土由于接缝张开而压紧，提供了更多承载力，造成接缝刚度增加。当 $P_1=938$ kN 时，260°接缝内弧面混凝土受压破坏，达到极限荷载时，管片接缝张开急剧增加。

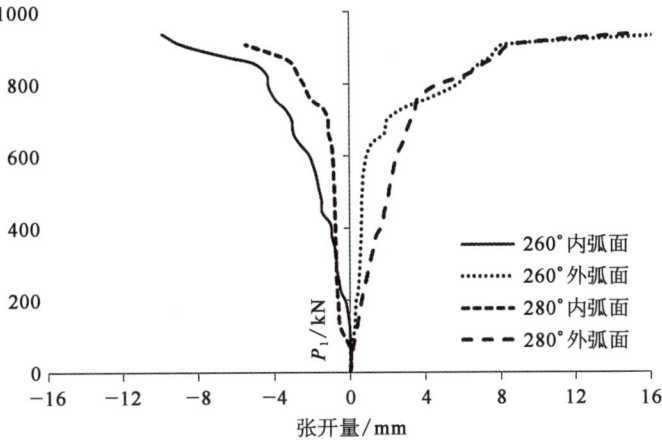

图 2-39　260°/280°接缝张开曲线

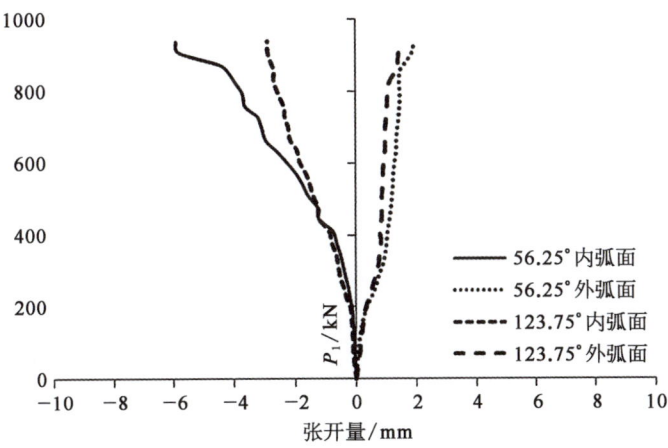

图 2-40　56.25°/123.75°接缝张开曲线

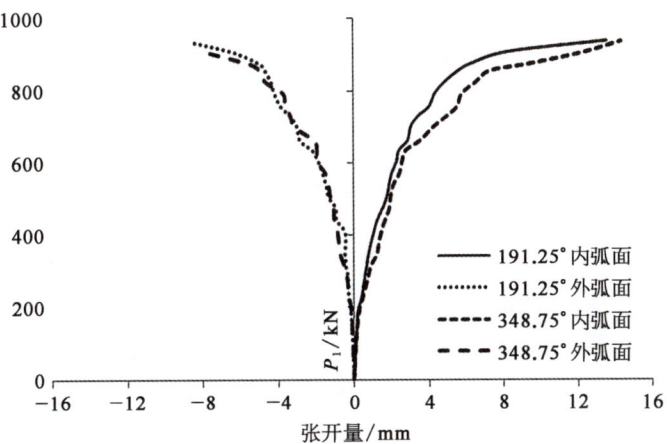

图 2-41　191.25°/348.75°接缝张开曲线

根据 56.25°接缝和 123.75°接缝荷载位移曲线图,两接缝均为内弧面压紧,外弧面张开。在加载初始阶段,接缝张开量呈线性发展。在 $P_1=475.78$ kN 时,123.75°接缝张开速度加速发展。试验结束时,56.25 接缝内弧面出现压剪破坏。整个试验过程中,123.75°接缝没有发生开裂破坏现象。

根据 191.25°接缝和 348.75°接缝荷载位移曲线图,两接缝均为内弧面张开,外弧面压紧。在加载初始阶段,接缝张开量呈线性发展。在 $P_1=636.64$ kN 时,环缝凹凸榫开始出现破坏,191.25°接缝和 348.75°接缝荷载位移曲线斜率下降,接缝张开速度加速发展。在 $P_1=761.38$ kN 时,中全环 191.25°接缝外弧面(上中环缝)出现压剪破坏。191.25°接缝和 348.75°接缝外缘混凝土由于接缝张开而压紧,接缝刚度增加。在 $P_1=825.22$ kN 时,中全环 348.75°接缝外弧面(上中环缝)出现压剪破坏。在 $P_1=873.8$ kN 时,191.25°接缝和 348.75°接缝外弧面混凝土受压破坏。

4) 螺栓破坏

环向螺栓的典型应变如图 2-42~图 2-44 所示,试验中,定义外弧面受压,内弧面受拉的 191.25°、348.75°接缝为正弯矩接缝;反之,56.25°、123.75°、260°及 280°接缝为负弯矩接缝。根据螺栓测量数据,正弯矩接缝螺栓的应变发展特征相同,负弯矩接缝螺栓的应变发展特征根据接缝位置不同略有差异。其中,数值为正表示螺栓受拉,为负表示螺栓受压。

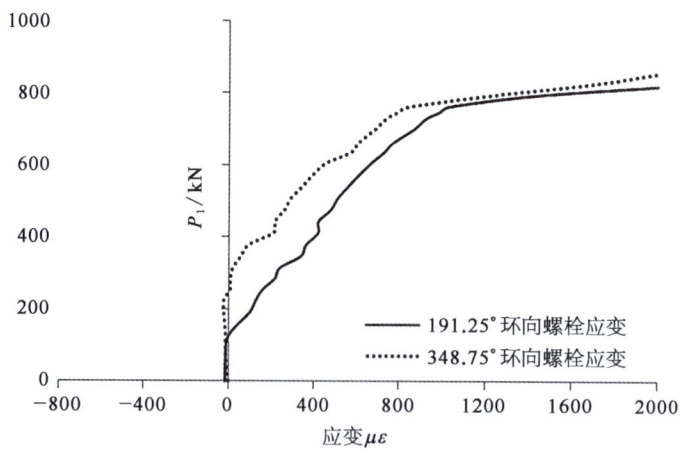

图 2-42 191.25°/348.75°螺栓荷载应变曲线

根据 191.25°/348.75°螺栓荷载应变曲线,正弯矩接缝螺栓在 $P_1=125.74$ kN 和 $P_1=222.02$ kN 之前,应变很小,螺栓尚未受力。之后,正弯矩接缝螺栓应变随荷载呈线性增加。在 $P_1=761.38$ kN 之后,螺栓应变开始快速增加。在 $P_1=825.22$ kN 时,191.25°环向螺栓屈服。根据 260°/280°螺栓荷载应变曲线,260°和 280°接缝螺栓在 $P_1=793.8$ kN 之前,应变较小,随荷载的增加增长缓慢。在 $P_1=793.8$ kN 之后,260°和 280°接缝螺栓应变随荷载快速增长。根据 56.25°/123.75°螺栓荷载应变曲线,56.25°和 123.75°接缝螺栓在加

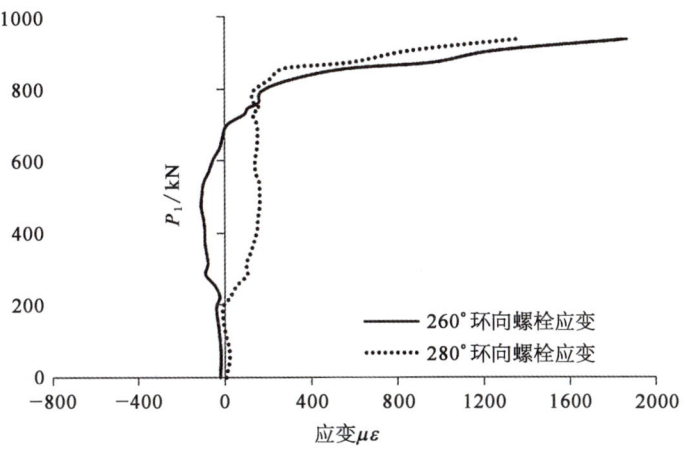

图 2-43　260°/280°螺栓荷载应变曲线

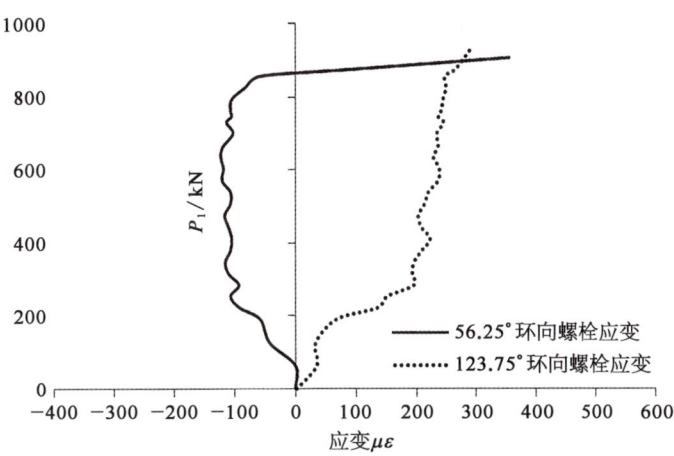

图 2-44　56.25°/123.75°螺栓荷载应变曲线

载初始阶段受力增长后,随着荷载的继续增加,应变增长缓慢。在 $P_1=856.7$ kN 时,56.25°螺栓应变激增。

纵向螺栓的典型应变如图 2-45、图 2-46 所示,根据螺栓测量数据,各纵向螺栓的应变发展特征基本相同。根据上中环缝纵向螺栓应变曲线,在加载初始阶段,0°和 337.5°螺栓应变基本呈线性增加。其余螺栓应变较小,且随荷载增加增长缓慢。在 $P_1=793.8$ kN 时,0°螺栓、45°螺栓和 337.5°螺栓应变开始快速增加。根据中下环缝纵向螺栓应变曲线,在加载初始阶段,螺栓应变很小,且随荷载增加增长缓慢。在 $P_1=793.8$ kN 后,螺栓应变开始增长。在极限状态下,中下环缝 0°螺栓屈服。

5) 钢筋和混凝土应变

中全环管片主筋典型应变如图 2-47 所示,11.25°内弧面与 80°外弧面为受拉区域,随着外荷载的增加,主筋拉应变呈线性变化。11.25°内弧面主筋应变在 $P_1=634.64$ kN 时、

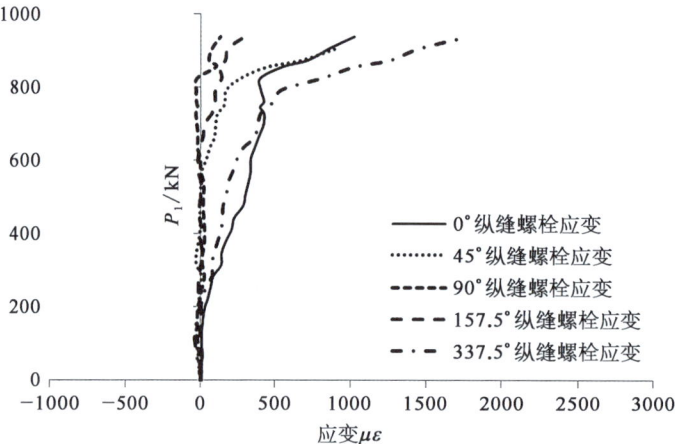

图 2-45 上中环缝纵向螺栓应变曲线

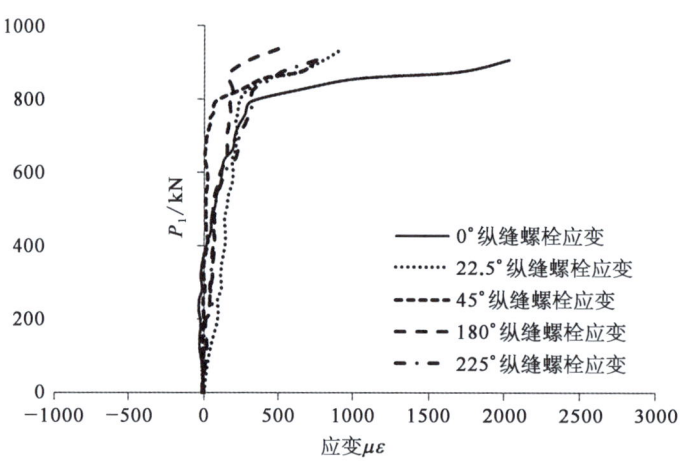

图 2-46 中下环缝纵向螺栓应变曲线

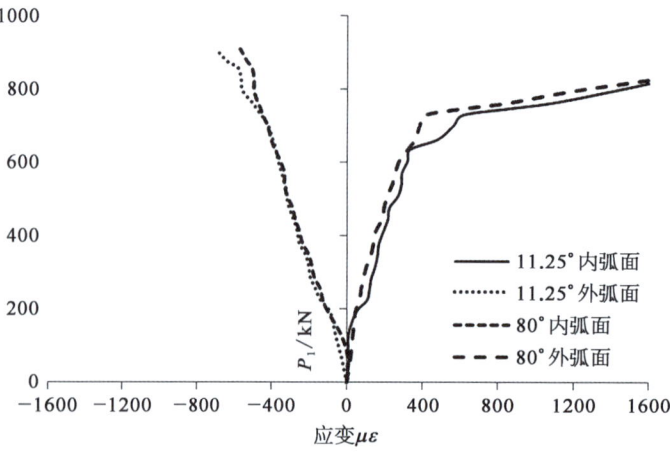

图 2-47 管片主筋应变曲线

100°外弧面主筋应变在 P_1=728.96 kN 时出现拐点，之后应变急剧增加，在 P_1=856.7 kN 时，钢筋屈服。11.25°外弧面与 100°内弧面均为受压区域，整个加载过程中随着外荷载的增加主筋压应变基本呈线性增加。

中全环管片混凝土典型应变如图 2-48 所示，11.25°内弧面和 100°外弧面为混凝土受拉区域，11.25°外弧面和 100°内弧面为混凝土受压区域。随着外荷载的增加，混凝土应变开始呈线性变化，之后在 P_1 = 569.8 kN 和 P_1 = 699.48 kN 时，出现拐点后，应变继续增加。

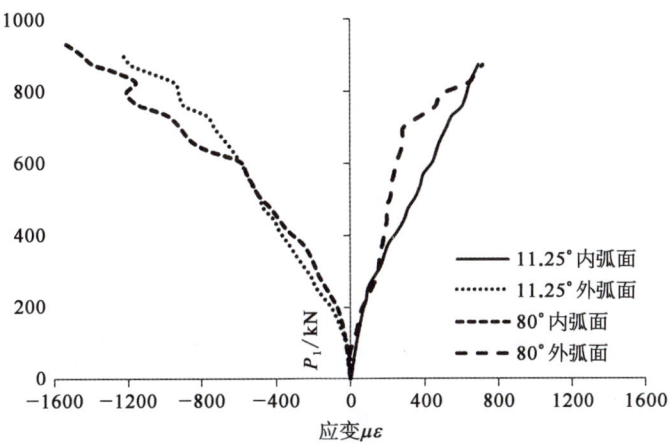

图 2-48　管片混凝土应变曲线

2.3.4　试验分析

根据试验数据，超载工况试验中全环管片荷载位移曲线如图 2-49 所示。横坐标取隧道结构 0°～180°方向直径的变化量（收敛变形），纵坐标取定义在隧道结构上覆荷载，试验中极限荷载下（P_1=938.4 kN、P_2=611.5 kN、P_3=744.04 kN），结构顶底相对变形达到 386.12 mm。

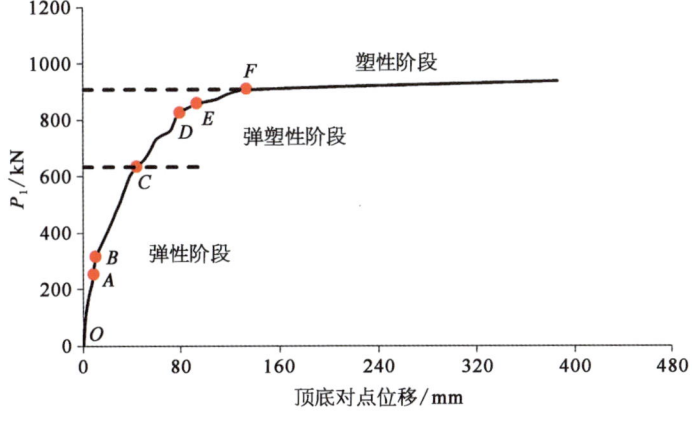

图 2-49　超载工况荷载位移曲线

由图 2-49 可推知，OC 为弹性阶段，当顶部荷载 P_1 从 0 kN 增加到 634.64 kN 的过程中，结构变形基本呈线性增加，此时结构顶底位移相对较小，为 43.53 mm。C 点之前纵缝张开和环缝错动均较小，螺栓处于弹性阶段。当荷载位移曲线达到 A 点位置时，顶部荷载 P_1 增加到 253.46 kN，上半环内弧面 348.75°和外弧面 260°、中全环内弧面 11.25°、168.75°和外弧面 80°，以及下半环内弧面 191.25°和 348.75°位置附近出现受拉裂缝，如图 2-50 所示。当荷载位移曲线达到 B 点位置时，顶部荷载 P_1 增加到 314.38 kN，为中埋正常运营状态。当顶部荷载 P_1 增加到 603.2 kN 时，最大裂缝宽度首次超过 0.2 mm。$CDEF$ 段是弹塑性阶段，当荷载位移曲线达到 C 点位置时，顶部荷载 P_1 为 634.64 kN，结构出现首次局部损伤，环缝出现破坏，环间相互作用减弱，结构整体刚度开始逐渐降低。顶部和腰部接缝张开加速发展，荷载位移曲线斜率下降，结构开始进入弹塑性阶段。在弹塑性阶段，随着荷载的持续增加，管片环缝部分凹凸榫发生受剪破坏，错缝效应减小，环内受力趋向不均匀，部分截面承受更大的内力，继而发生截面钢筋屈服和环向螺栓屈服，同时由于凹凸榫的破坏使得纵向螺栓开始受力。

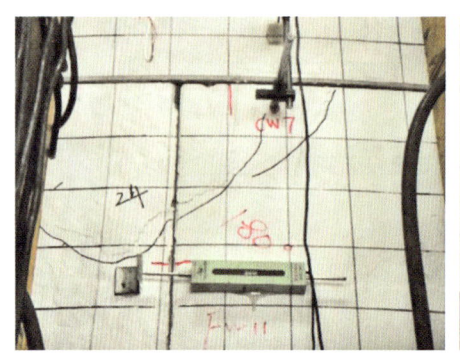 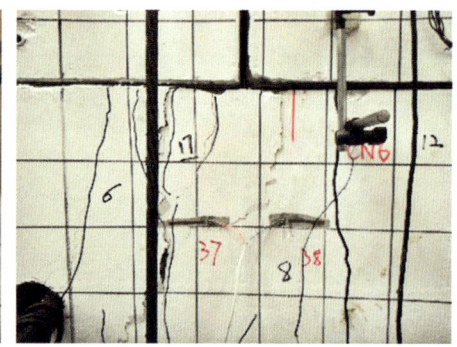

(a) 上中环缝中全环191.25°外弧面压剪破坏　　(b) 上中环缝中全环168.75°内弧面拉剪破坏

图 2-50　环缝破坏示意图

当荷载位移曲线达到 D 点位置时，顶部荷载 P_1 为 825.22 kN 时出现首个螺栓屈服——中全环 348.75°螺栓屈服，下半环 11.25°和 168.75°螺栓屈服。当荷载位移曲线达到 E 点位置时，顶部荷载 P_1 增加到 856.7 kN 时，截面钢筋出现屈服——中全环 80°外弧面主筋屈服，如图 2-51 所示，同时腰部管片本体出现破损，结构顶底和腰部出现大量接缝的压剪和拉剪破坏。随着接缝螺栓和截面主筋的屈服，接缝和管片本体破坏的不断发展，当荷载位移曲线达到 F 点位置时，上半环 11.25°和 168.75°、中全环 191.25°和 348.75°，以及下半环 11.25°和 168.75°接缝外侧混凝土压碎，上半环 348.75°内侧、中全环 11.25°内侧和 80°外侧、下半环 180°内侧和 260°外侧主筋屈服，中全环 80°和 236.25°外弧面(上中环缝)出现拉剪破坏，下半环 215°外弧面(中下环缝)出现纯剪破坏。结构到达破坏荷载并进入塑性阶段，此时顶部荷载 P_1 增加到 907.2 kN，结构位移开始快速发展，顶底正弯矩接缝外侧，腰部负弯矩接缝内侧出现受压破坏、管片本体受弯破坏，同时环间出现纯剪破坏。

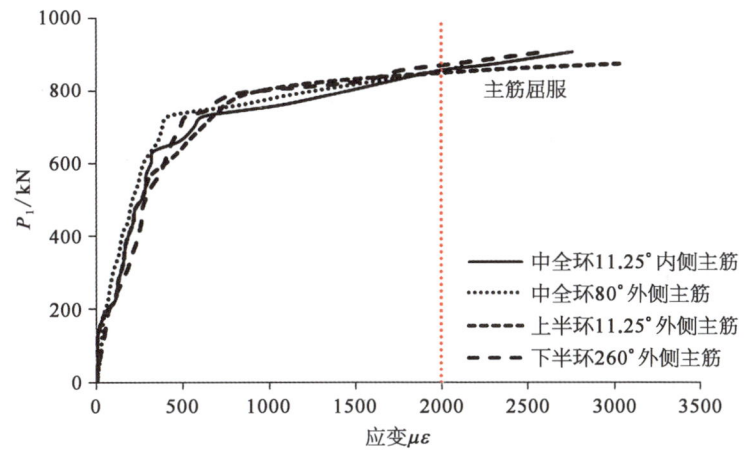

图 2-51　主筋应变示意图

在此荷载状态下,管片达到极限承载状态。

试验构件外弧面和内弧面展开图如图 2-52、图 2-53 所示,从上述破坏机理分析得出超载工况下错缝拼装隧道结构的破坏链为:管片开裂—环缝凹凸榫受剪破坏—首根螺栓屈服—截面钢筋屈服—腰部管片本体破坏—191.25°/348.75°接缝外缘混凝土压碎—260°接缝内缘混凝土压碎。从试验过程的荷载位移曲线可以看出,错缝拼装隧道结构的受力全过程均表现为明显的三个阶段:弹性阶段、弹塑性阶段和塑性阶段。从结构发生

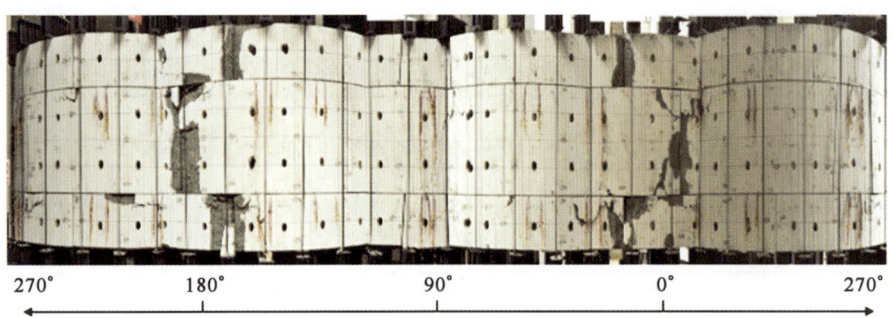

图 2-52　试验构件外弧面展开图

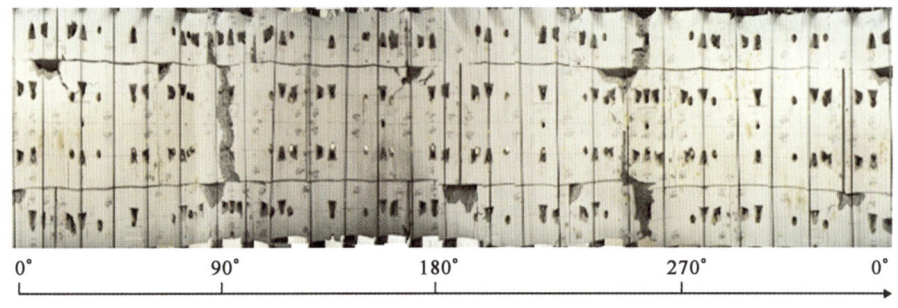

图 2-53　试验构件内弧面展开图

破坏的过程上看,在不同极限工况下结构发生首次局部损伤进入弹塑性阶段的原因相同,均是由于环缝开始出现破坏,使得环间相互作用减弱,导致结构整体刚度降低,之后随着管片环缝部分凹凸榫发生剪切破坏,结构错缝效应减弱,环内受力趋向不均匀,部分截面承受更大的内力,继而发生截面主筋屈服和环向螺栓屈服。随着环向和纵向螺栓及截面主筋的不断屈服、环缝受剪和纵缝压弯破坏不断发展,结构到达破坏荷载并进入塑性阶段。极限荷载下,顶底正弯矩接缝外侧,腰部负弯矩接缝内侧出现受压破坏、管片本体出现破损破坏,同时环间出现纯剪破坏,结构位移开始快速发展,达到极限承载状态。

2.3.5　通缝、错缝拼装盾构隧道结构对比分析

对比试验结果可知,通缝与错缝拼装隧道均表现为明显的弹性、弹塑性和塑性三个阶段。但由于环间作用的相互影响,通缝和错缝拼装结构发生破坏的顺序不同。

弹性阶段,从裂缝开展的时机上看,错缝拼装隧道裂缝开展较通缝拼装隧道早。由于环间剪力所产生的弯矩传递,使得错缝拼装隧道部分截面内力增大,管片更早开裂。当管片初裂时,错缝拼装隧道仍处于弹性阶段。通缝拼装隧道的管片初裂则发生在弹塑性阶段,对应结构收敛变形相对较大。从结构刚度而言,除去初始拼装误差的影响,由于环间摩擦力及凹凸榫的限位作用,错缝拼装隧道相比于通缝拼装隧道结构整体刚度较大。

进入弹塑性阶段及塑性阶段后,由于环间相互作用的影响,通缝和错缝拼装结构在各阶段受力机制不同,结构延性存在一定差异,通缝拼装隧道结构相比于错缝拼装隧道结构具有更大的延性。

当试验结构达到一定的临界荷载后,为维持结构的平衡必须不断降低荷载,定义此时的临界荷载为不同工况下隧道结构的极限承载力。相较而言,错缝管片的承载力安全系数较通缝管片有较大的提升,且极限承载力较高。

考虑结构极限破坏状态可知,通缝和错缝拼装结构的极限破坏状态均为接缝破坏和管片截面钢筋屈服引起的环内成铰,形成几何可变机构。通过比较可知,极限破坏时,通缝和错缝拼装结构环内成铰数量一致。但考虑到封顶块的位置以及错缝拼装结构相邻环的限制作用,成铰的部位不同。

2.4　双圆盾构隧道结构试验分析

2.4.1　试验概况

本节针对双圆盾构隧道衬砌结构管片开展模拟管片结构实际受力状况足尺试验,研究结构变形、接缝错动张开和管片受荷响应等规律,掌握管片结构在不同受力工况下的结

构行为状态。本次试验分别进行运营工况、意外工况等效加载试验,以期探明双圆盾构隧道结构在不同意外工况下的力学性能,发现结构的薄弱部位,为结构后期运维提供建议和依据。

试验场地位于浙江某管片试验基地,试验场地实拍景象如图 2-54 所示,试验反力架、试验管片、加载梁等均保持试验状态。图中试验装置可以实现对隧道管片衬砌结构的水平向多组协同加载,周边千斤顶主要采用伺服系统荷载加载控制模式。

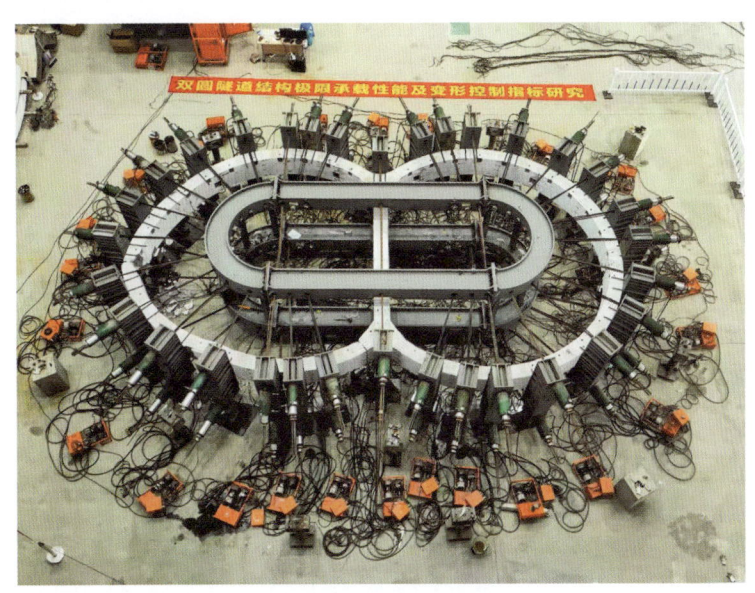

图 2-54 整环足尺试验图

2.4.2 试验设计

试验研究所采用的试件为上海轨道交通 8 号线原型双圆盾构隧道整环管片,外径为 10 900 mm×6 300 mm,环宽为 1 200 mm、管片厚度为 300 mm、中柱厚度为 350 mm,混凝土强度为 C50。全环由 8 块标准块、1 块大海鸥块、1 块小海鸥块和 1 根中柱组成。环向连接标准块与标准块之间、标准块与海鸥块之间采用袋状螺母接头,每个接头位置 2 个手孔,每个手孔采用 3 根 8.8 级 M27 配合预埋套筒连接形式;海鸥块与中柱之间同样采用袋状螺母接头,每个接头位置在两侧各布置 2 个手孔,总计 4 个手孔,每个手孔采用 1 根 8.8 级 M27 配合预埋套筒连接形式。由于本次试验包含上半环、下半环、中全环管片,上述说明均针对中全环完整管片进行说明,上半环、下半环管片的响应参数除厚度不变外,环宽方向均减半,如环宽为 600 mm,每个接头位置 1 个手孔等。图 2-55～图 2-58 为本试验相关试件、管片的断面、截面及纵缝布置示意图。

双圆盾构隧道管片结构足尺试验研究指标见表 2-3。

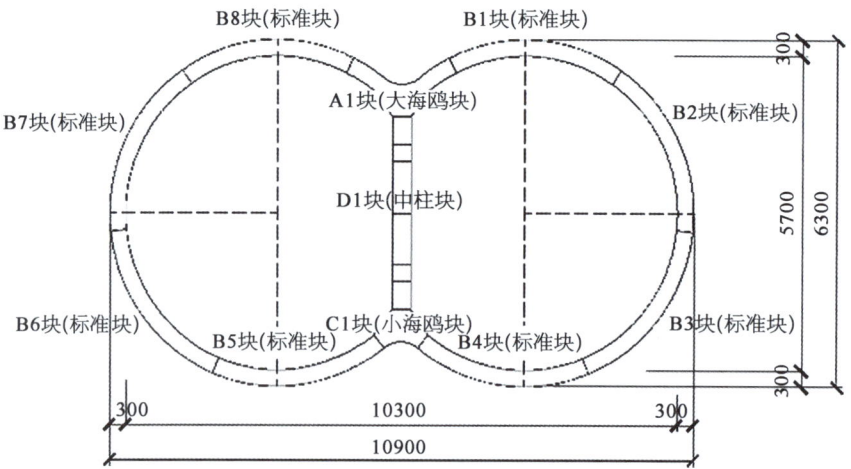

图 2-55 试验试件断面示意图(单位:mm)

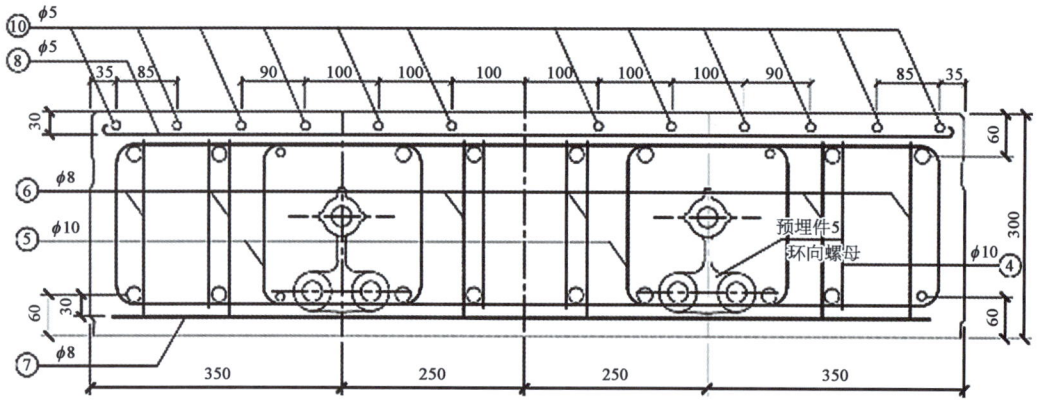

图 2-56 管片横截面示意图(单位:mm)

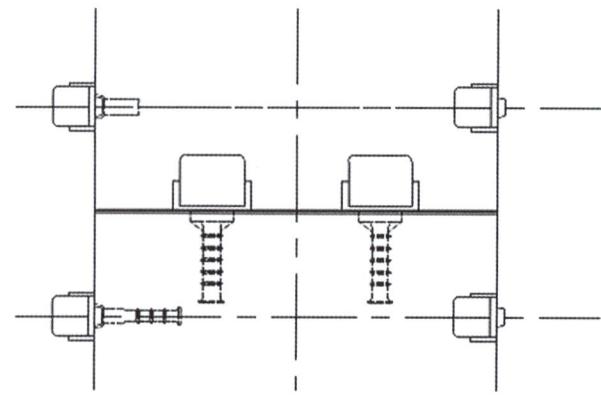

图 2-57 管片本体纵缝手孔布置示意图

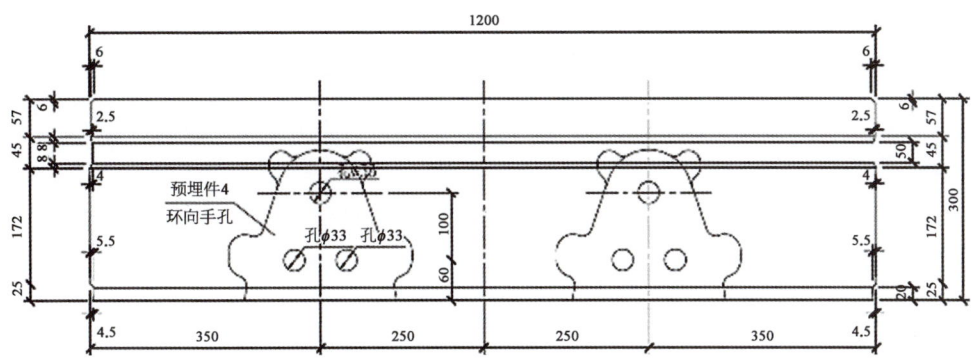

图 2-58 管片本体纵缝螺栓布置示意图(单位：mm)

表 2-3 研 究 指 标

研究指标	具体指标
衬砌环形状变化	① 结构收敛变形；② 结构整体位移；③ 整环结构变形全过程摄像
衬砌环管片本体内力变化	管片内弧面、外弧面、上端面混凝土应变
纵缝张开、错动变化	① 纵缝张开、闭合测量；② 纵缝错台测量；③ 接头变形全过程摄像
纵缝内力变化	① 纵缝受压区、受拉区混凝土应变测量；② 纵缝螺栓(环向螺栓)轴力测量
立柱内力变化	立柱支撑应变测量
材料性能	对混凝土采用回弹法＋钻芯法进行性能检验，对螺栓采用拉伸实验方法测量器材料力学性能

双圆盾构隧道衬砌结构整环足尺试验是通过 32 个集中荷载加载点模拟衬砌结构受到的实际外荷载，如图 2-59 所示，荷载分为 3 组，分别为 P_1、P_2 和 P_3。在上述加载过

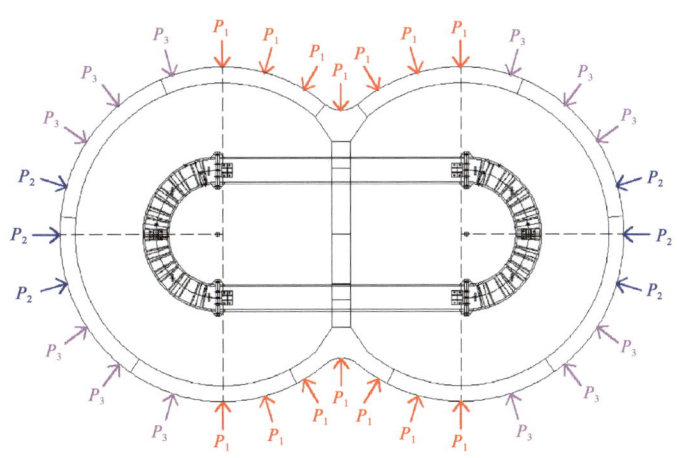

图 2-59 超载工况试验荷载分布图

程的前两个过程中,需将衬砌结构受到的水土压力等外荷载转换为试验集中荷载。荷载转化是根据内力控制截面内力等效原则进行的,荷载转化以弯矩控制为主,保证试验荷载作用下的轴力偏小,确保试验结果偏于保守。所有内力控制截面的荷载转化保证误差在5%以内,满足工程要求。

加载情况见表2-4所示,依次经历各个性能点,最后加载至最高级直至结构丧失极限承载力后,卸载并终止试验。

表 2-4 超载工况加载表　　　　　　　　　　　（单位：kN）

加载级数	½P_1	P_2半环	P_3	备 注
0	0	0	0	
1	9	8	12	
2	17	16	23	
3	26	24	35	
4	30	27	41	
5	34	31	47	
6	37	33	50	
7	39	35	53	
8	41	37	56	
9	43	39	59	10 m
10	45	40	61	
11	47	42	64	
12	49	43	66	
13	51	44	69	12 m
14	53	45	71	
15	55	47	74	13 m
16	58	48	77	
17	61	50	81	
18	64	52	85	

续 表

加载级数	½P_1	P_2 半环	P_3	备 注
19	67	54	89	
20	71	56	93	17 m
21	74	59	98	
22	78	62	103	
23	81	65	107	
24	85	68	112	
25	88	70	117	
26	92	73	121	
27	95	76	126	
28	99	79	131	
29	102	82	135	
30	106	84	140	
31	109	87	144	
32	113	90	149	
33	116	93	154	
34	120	96	158	
35	123	99	163	$P_2=394$
36	126	99	164	
37	128	99	166	
38	131	99	167	
39	133	99	168	
40	136	99	169	
41	138	99	171	
42	141	99	172	

续 表

加载级数	½P_1	P_2 半环	P_3	备 注
43	143	99	173	
44	146	99	174	
45	148	99	176	
46	151	99	177	
47	153	99	178	
48	156	99	179	
49	158	99	181	
50	161	99	182	
51	163	99	183	
52	166	99	184	
53	168	99	186	
54	171	99	187	
55	173	99	188	
56	176	99	189	
57	178	99	191	
58	181	99	192	
59	183	99	193	
60	186	99	194	
61	188	99	196	
62	191	99	197	

注：62级后按照伺服系统加载系统按同样逻辑控制。

2.4.3 试验结果

本次试验时间为2021年1月6日8:50—23:30，试验过程中的部分现象记录见表2-5。

表 2-5 试验过程记录

荷 载	现 象
第 44 级	左侧腰部 B7 块管片 8 号接头附近内弧面管片支座位置出现局部掉块现象;B5 块靠 7 号接头第二个环缝手孔附近诱导裂缝开展;接头 7 内弧面纵缝手孔上侧出现若干小斜裂缝,并与环缝手孔及纵缝面连通
第 47 级	接头 8 附近 B7 块下端面出现受压裂缝并延伸,后马上出现掉块现象,对应 B6 块上端面靠内弧面位置出现受压裂缝
第 50 级	8 号接头内弧面下端面靠 B7 块出现大范围掉块,左腰部管片支座造成管片下端面局部鼓包挤坏
第 56 级	接头 1 下端面靠内弧面出现挤压开裂现象;接头 3 上端面靠内弧面出现压裂裂缝;接头 6 下端面靠内弧面出现压裂裂缝,其中 B5 块的压裂情况更明显,B5 块上上端面出现受压裂缝;接头 8 附近 B6 块下端面出现受压裂缝并延伸,B7 块对应位置靠内弧面位置出现受压裂缝;A1 块管片 1 号接头下端面靠内弧面位置出现受压裂缝;B4 块靠接头 4 环缝手孔附近诱导裂缝开展
第 59 级	B8 块外弧面 9 号接头附近局部掉块
第 62 级	接头 3 下端面靠内弧面出现压裂裂缝,且伴随局部掉块;接头 7 位置 B5 块上端面靠外弧面出现受压裂缝;接头 8 附近 B6 块上端面出现压裂裂缝并延伸,B7 块对应位置出现受压裂缝。同时 B6 块内弧面纵缝手孔下方出现水平向裂缝,B7 块内弧面靠上端面位置出现折线型裂缝;B1 块靠 2 号接头第二个环缝螺栓手孔附近有贯穿裂缝开展;B2 块靠 3 号接头外弧面出现贯穿受拉裂缝;B6 块外弧面靠近 8 号接头位置出现裂缝;B8 块靠接头 9 半块新增内弧面受拉裂缝
第 82 级	接头 8 附近上端面受压裂缝继续发展,形成距内弧面第二道压裂裂缝,压碎情况继续发展
第 94 级	接头 2 下端面靠外弧面出现受压开裂现象;接头 3 内弧面纵缝手孔上方出现水平向短裂缝;接头 4 上端面靠外弧面出现压裂裂缝,其中 B4 块的压碎情况更明显;接头 5 上端面靠内弧面出现压裂裂缝,其中 B4 块出现压裂情况;接头 6 上端面靠内弧面出现压裂裂缝,其中 B5 块的压碎情况更明显;接头 7 处 B6 块外弧面出现大面积压碎现象,同时内弧面纵缝手孔板崩坏;接头 8 附近上端面受压裂缝继续发展,剥落范围和开裂范围进一步增大,97 级时纵缝预埋件已出现明显挤弯现象;接头 9 上端面靠外弧面出现压裂;B7 块管片本体出现受弯破坏,内弧面数条粗裂缝开裂,外弧面出现大面积压碎、整体剥落及掉块现象;最终 8 号接头内弧面持续掉块,7 号接头外弧面掉块,结构基本达到承载能力极限状态,无法继续加载

实验结束后双圆盾构隧道结构在超载工况下的薄弱点如图 2-60 所示,左半环 4 个薄弱点,右半环 2 个薄弱点,其中左半环的响应显著大于右半环,具体破坏过程及情况见表 2-6。

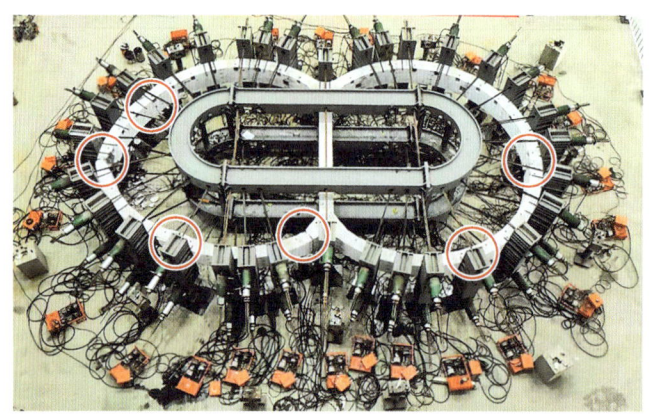

图 2-60 双圆结构超载工况薄弱点

表 2-6 破坏过程及情况

部 位		破 坏 形 式	示 意 图
右半环	接头3	内弧面明显压碎并掉块,为负弯矩接头	
	接头4	外弧面出现压碎并轻微掉块,为正弯矩接头	
左半环	接头6	受弯产生明显转角,外弧面显著张开,内弧面出现大范围掉块,为负弯矩接头	

续表

部 位	破 坏 形 式	示 意 图
左半环	接头 7	受弯产生明显转角,内弧面显著张开,外弧面出现大范围掉块现象,为正弯矩接头 
	接头 8	受弯产生明显转角,外弧面显著张开,内弧面出现大范围掉块现象,为负弯矩接头 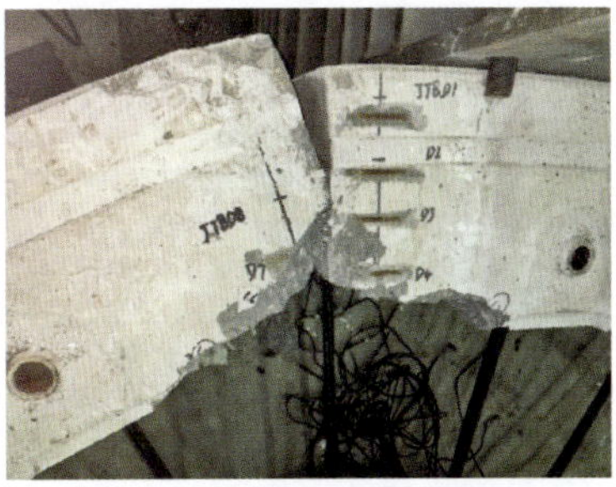
	B7 块管片本体	发生严重受弯破坏,内弧面粗裂缝开展,外弧面大范围管片本体压坏并剥落、掉块,管片本体受正弯矩 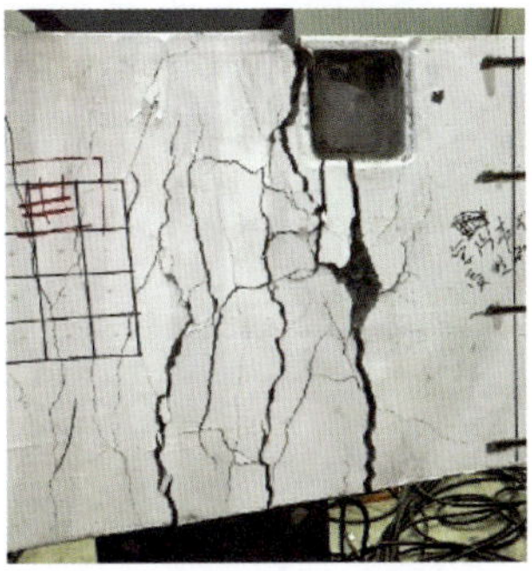

整环试验选取短轴方向和长轴方向相对变形较大的若干点布置结构收敛变形测点,共选取 4 位置:长轴 1 个(SBCA)、短轴 3 个(SBDA—SBDC),每个位置分别在管片的上下端各布置 1~3 个测点,其中 SBDC1 位置考虑到空间约束,仅布置一个测点,总计 11 个测点。测点编号和测点的具体布置如图 2-61 所示。

不同测点布置位置荷载-收敛曲线如图 2-62~图 2-65 所示,图中收敛变形值为正表示相对收敛变形增加,为负表示相对收敛变形减小。

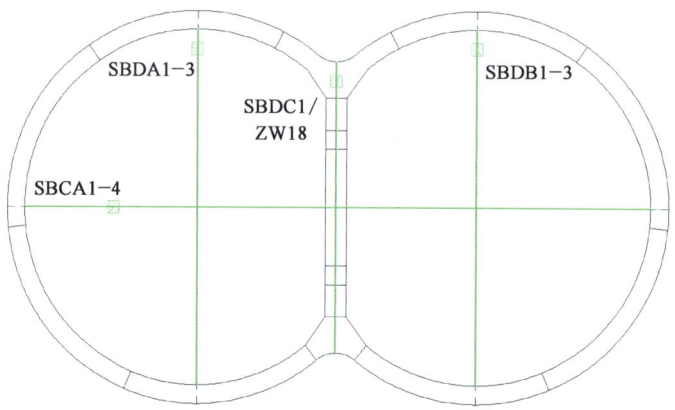

图 2‑61　结构收敛变形测点布置

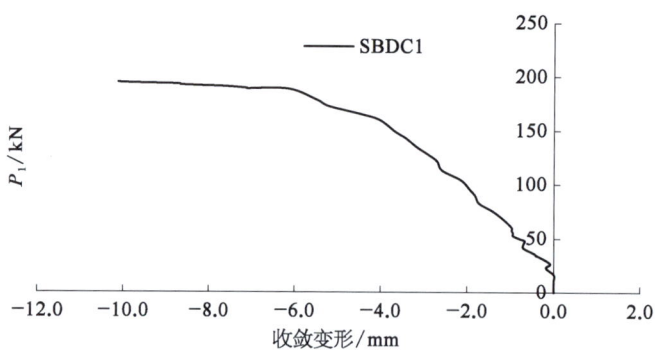

图 2‑62　结构中柱位置短轴收敛变形测点荷载‑收敛曲线

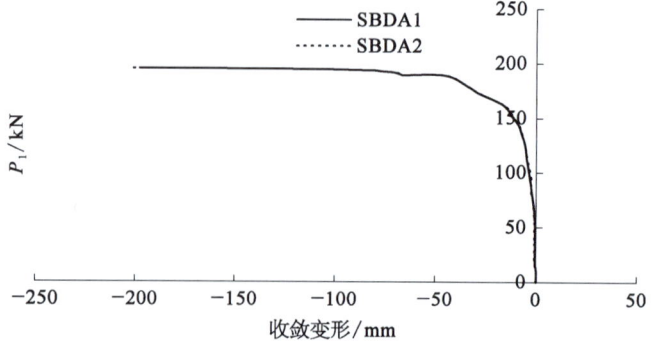

图 2‑63　结构左侧靠顶底位置短轴收敛变形测点荷载‑收敛曲线

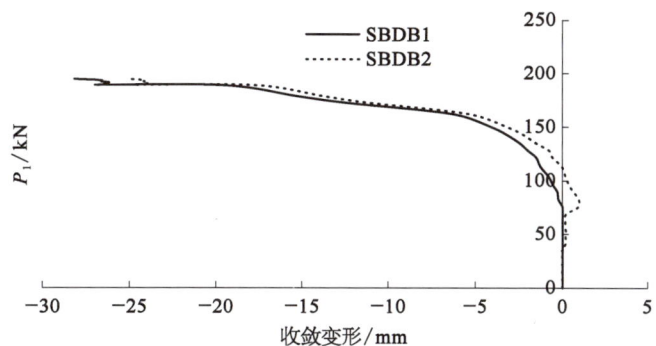

图 2‑64　结构右侧靠顶底位置短轴收敛变形测点荷载‑收敛曲线

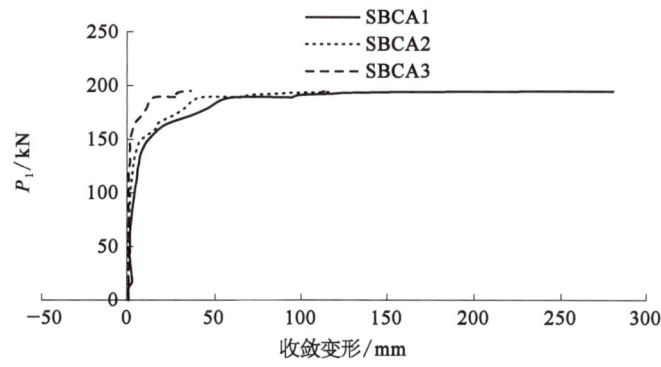

图 2‑65　结构腰部位置长轴收敛变形测点荷载‑收敛曲线

整体来看,结构的长短轴收敛变形随着荷载的增加而逐渐增大。其中长轴的收敛变形(外扩)最大,中柱位置的变形最小,左半环的短轴方向收敛变形显著大于右半环的收敛变形。SBCA1(腰部长轴)测点的测量值先线性增大,后增大速度更快。第 9 级荷载($P_1=41.44$ kN)时,测点测量值为 0.45 mm;第 13 级荷载($P_1=48.18$ kN)时,测点测量值为 0.73 mm;第 15 级荷载($P_1=52.81$ kN)时,测点测量值为 0.76 mm;第 20 级荷载($P_1=68.53$ kN)时,测点测量值为 1.00 mm;第 35 级荷载($P_1=121.68$ kN)时,测点测量值为 5.12 mm;第 110 级荷载($P_1=195$ kN)时,测点测量值为 280.45 mm;卸载后,测点的残余测量值为 289.18 mm。SBDA1(左半环短轴)测点的测量值先线性增大,后增大速度更快。第 9 级荷载($P_1=41.44$ kN)时,测点测量值为 -0.55 mm;第 13 级荷载($P_1=48.18$ kN)时,测点测量值为 -0.52 mm;第 15 级荷载($P_1=52.81$ kN)时,测点测量值为 -0.52 mm;第 20 级荷载($P_1=68.53$ kN)时,测点测量值为 -1.24 mm;第 35 级荷载($P_1=121.68$ kN)时,测点测量值为 -5.30 mm;第 110 级荷载($P_1=195$ kN)时,测点测量值为 -197.82 mm;卸载后,测点的残余测量值为 -214.39 mm。

全环在部分工况下的整体位移变形特征曲线如图 2‑66 所示,结构的变形主要发生在左半环,在小变形阶段及大变形阶段,均是左半环的变形等响应发展更为迅速,在极限状态下左半环的变形显著大于右半环,最终 4 个薄弱点位的破坏也相比于右半环更加严重。

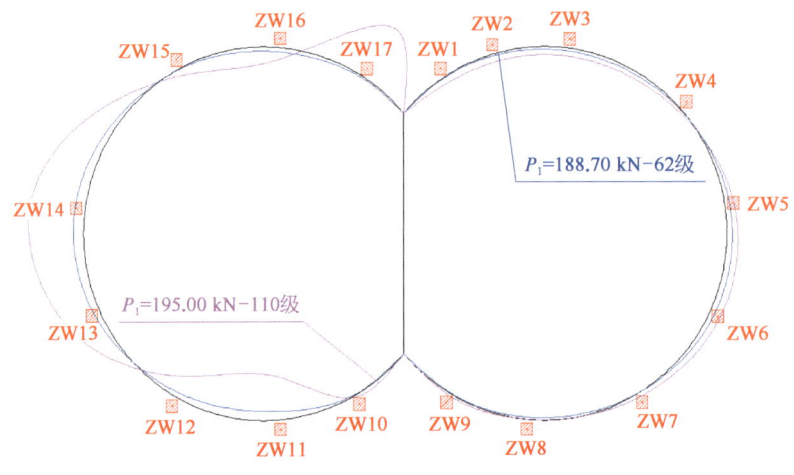

图 2-66　整体位移变形曲线

2.4.4　试验分析

双圆盾构隧道衬砌结构整环足尺试验在超载工况下的长轴荷载位移曲线如图 2-67 所示。

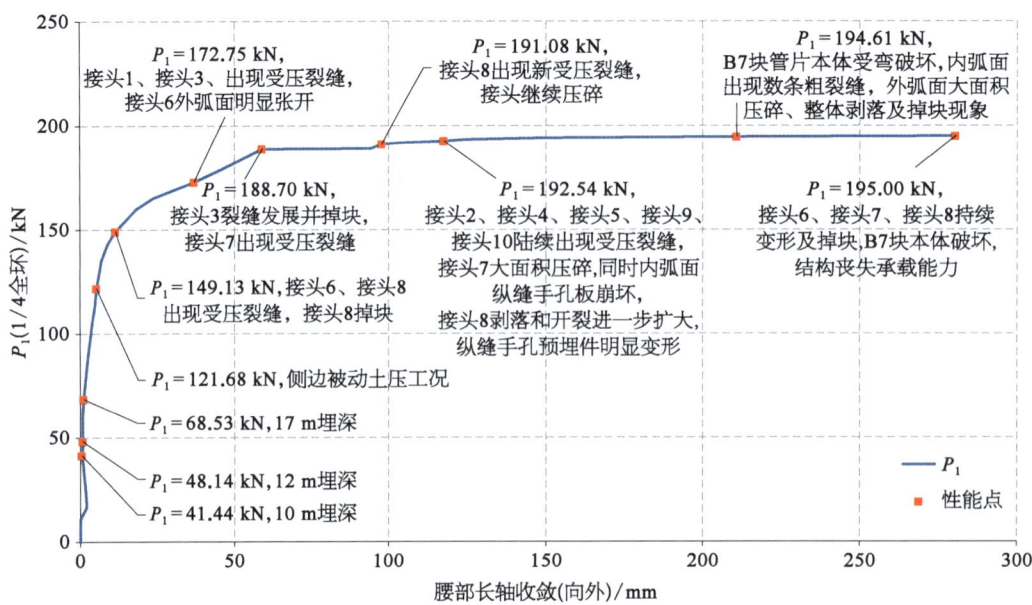

图 2-67　长轴收敛变形特征曲线

纵观试验结构的受力全过程,结构的破坏过程分为典型的弹性和带裂缝工作两个阶段。在加载初期,整个结构处于弹性受力阶段,各纵向接头变形及连接螺栓应变基本线性发展,结构荷载-变形曲线基本呈线性。随着荷载的增加,结构变形不断增长,当荷载加载到极限荷载的 62.4%(侧边被动土压力,$P_1=121.68$ kN)~76.5%($P_1=149.13$ kN)时,衬砌结构接头 6 和接头 8 连续出现受压裂缝,管片裂缝发展,结构荷载-变形曲线出现拐点,结构刚度逐渐降低。此后结构收敛增加比荷载增加要快,结构进入带裂缝工作阶段。随着荷载的逐步增加,纵向接头受压侧混凝土开裂、部分手孔板破坏,结构刚度进一步降低。

当荷载达到结构极限承载力时,管片 B7 块本体发生受弯破坏,结构成为几何可变机构,丧失承载力。在结构发生破坏时,P_1 达到 188 kN 左右时,结构荷载-变形曲线出现平台段,变形持续发展。若认为纵向接头显著变形且手压侧混凝土压碎或管片本体显著破坏成为塑性铰或薄弱点,则在顶部超载工况下第 1 环衬砌左半边结构共形成 4 个塑性铰,右半边结构共形成 2 个塑性铰(图 2-68)。结构的破坏是因为结构 6 号接头、8 号接头、3 号接头、7 号接头、4 号接头先后形成塑性铰,最终 B7 块管片本体处发生管片本体受弯破坏,在左半环最终形成 4 个塑性铰,使结构成为几何可变机构,结构失去承载能力。

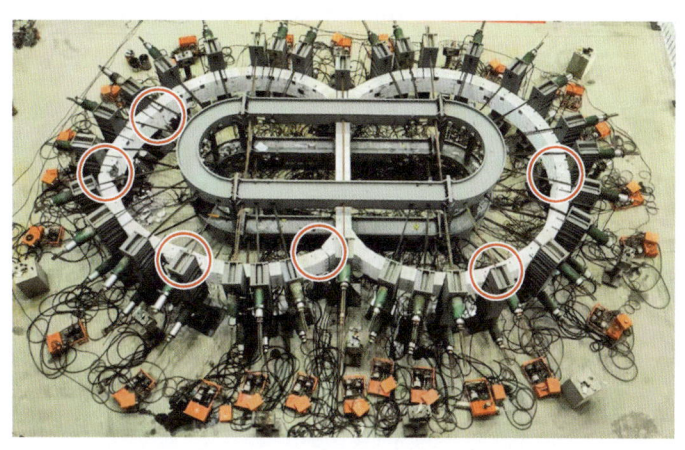

图 2-68 双圆结构超载工况最终破坏状态

2.5 类矩形盾构隧道结构试验分析

2.5.1 试验概况

宁波轨道交通 3 号线出入段工程是国内首次采用类矩形盾构的隧道工程,也是国内首次采用类矩形断面衬砌结构作为区间盾构隧道结构。该新型衬砌结构断面同时吸收了矩形断面空间利用率高和双圆断面受力性能好的优点,在克服老旧城区和城市核心区"放不下"和"碰不得"两个技术难题上具有独特的优势。但这一新型衬砌结构的受力性能尚不明确,结构整体安全性未知,十分有必要通过整环足尺试验探究类矩形盾构隧道结构的受力性能及意外事件下衬砌结构的受力过程、破坏特征、破坏机理和整体安全性。

轨道交通隧道上方堆载是盾构隧道最常见的安全威胁事件之一,本试验拟对宁波轨道交通3号线类矩形盾构隧道浅埋和中埋衬砌结构开展顶部超载极限工况整环足尺试验研究。鉴于明确类矩形盾构隧道衬砌结构在正常运营工况荷载作用下纵向接头弯矩正负性,优化纵向接头连接螺栓位置,可充分发挥连接螺栓作用,有利于类矩形盾构隧道衬砌结构受力,因此对中埋衬砌结构纵向接头的螺栓位置进行优化设计,并针对螺栓位置优化后衬砌结构开展顶部超载整环足尺试验,研究螺栓位置优化对类矩形盾构隧道衬砌结构受力性能的影响。本节主要介绍3组类矩形盾构隧道衬砌结构整环足尺试验的试验试件、加载方案、测试方法,并对试验结果进行讨论,深入讨论类矩形盾构隧道衬砌结构的破坏机理。

2.5.2 试验设计

针对类矩形盾构隧道衬砌结构共进行3组整环足尺试验,其中第1环试验对应宁波类矩形盾构隧道浅埋衬砌结构。试验研究所采用的类矩形盾构隧道衬砌结构如图2-69所示,其外包尺寸为11 500 mm×6 937 mm,环宽为1.2 m。全环由2块T块、3块C块、3块B块、1块L块、1块F块及中立柱(LZ)组成,管片厚为450 mm、中柱宽为350 mm。块与块间接头形式为预埋钢套箱型接头,环向连接采用6.8级M33型螺栓连接。

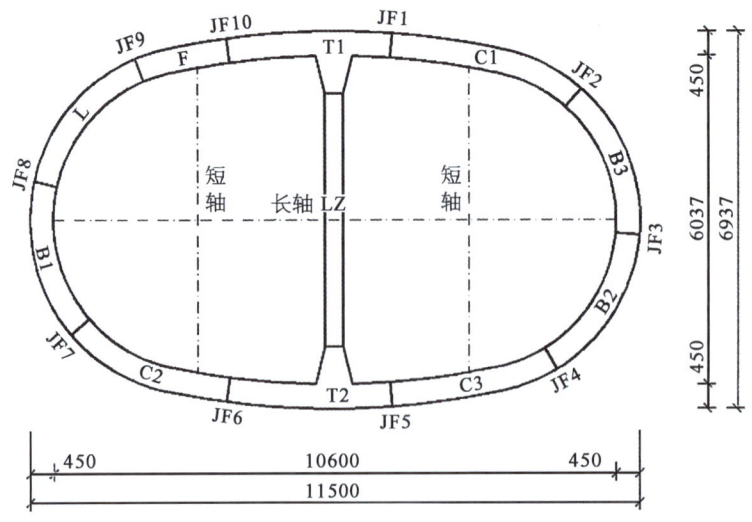

图2-69 试验管片示意图(单位: mm)

类矩形盾构隧道衬砌结构整环足尺试验是通过30个集中荷载加载点模拟衬砌结构受到的实际外荷载,如图2-70所示,荷载分为3组,分别为P_1、P_2和P_3。在上述加载过程的前两个过程中,需将衬砌结构受到的水土压力等外荷载转换为试验集中荷载。荷载转化是根据 11 个内力控制截面内力等效原则进行的,如图 2-71 中的①～⑩号截面为管片内力控制截面,荷载转化以弯矩控制为主,保证试验荷载作用下的轴力偏小,确保试验结果偏于保守。如图 2-71 中的⑪号截面为中柱(LZ)内力控制截面,荷载转化以轴力控制为主。所有内力控制截面的荷载转化保证误差在 5% 以内,满足工程要求。

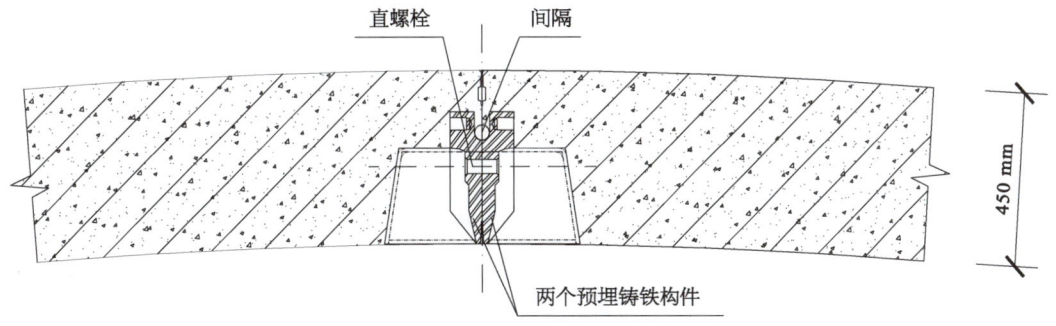

图 2-70 纵向接头构造示意图

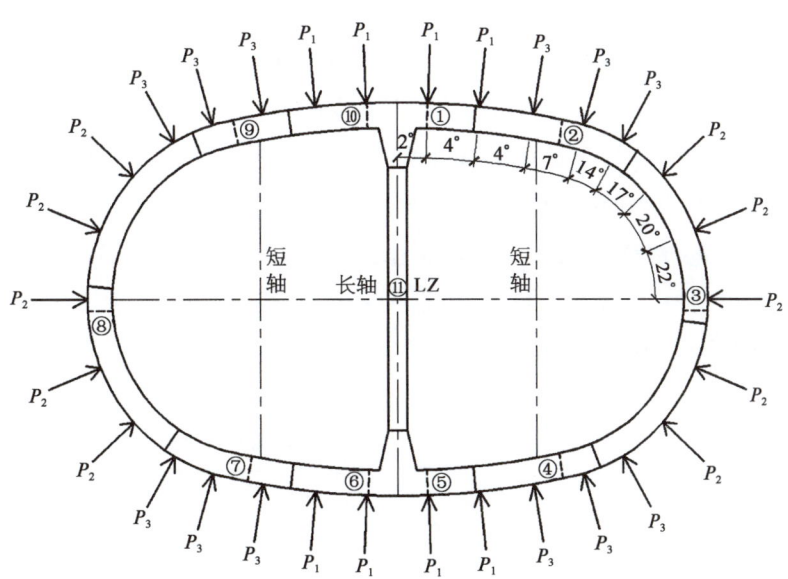

图 2-71 试验荷载示意图

根据上述加载原则,类矩形盾构隧道衬砌结构整环足尺试验顶部超载极限工况的加载方案与双圆盾构隧道衬砌结构试验一致,具体地,荷载随荷载变化如图 2-72 所示。

2.5.3 试验结果

根据类矩形盾构隧道浅埋衬砌结构顶部超载极限工况试验结果,对浅埋衬砌结构在顶部超载极限工况下衬砌结构的全受力过程、典型测点试验结果及衬砌结构破坏机理进

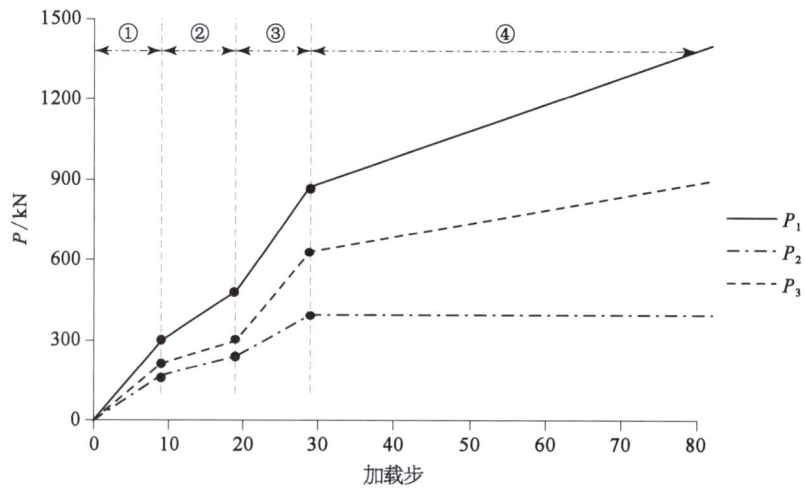

图 2-72 顶部超载极限工况试验加载制度

行分析,深入分析类矩形盾构隧道浅埋衬砌结构在顶部超载极限工况下的受力性能及衬砌结构的薄弱环节和破坏机理。

试验结构在顶部超载极限工况下的全受力过程特征点与衬砌结构荷载-长轴变形曲线图关系如图 2-73 所示。当 P_1 达到 305.99 kN 时(如①),衬砌结构处于设计荷载对应的正常使用极限状态;当 P_1 达到 482.39 kN 时(如②),衬砌结构处于设计荷载对应的承载力极限状态;当 P_1 达到 575.95 kN 时(如③),衬砌结构表面开始出现裂缝,长轴变形加速增长,衬砌结构进行弹塑性受力状态;当 P_1 达到 632.63 kN 时(如④),衬砌结构最大短轴收敛达到设计限值(3‰短轴长);当 P_1 达到 787.26 kN 时(如⑤),JF1 号接缝受压侧混凝土开裂;试验结束后 JF1 号接缝破坏情况如图 2-74 所示。

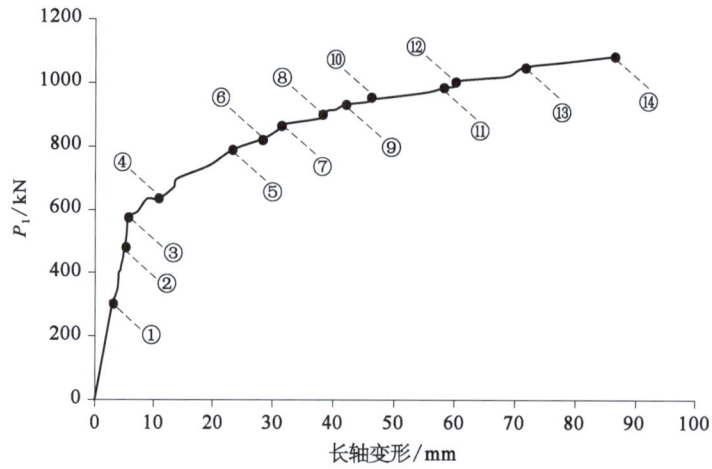

图 2-73 第 1 环试验结构破坏过程曲线图

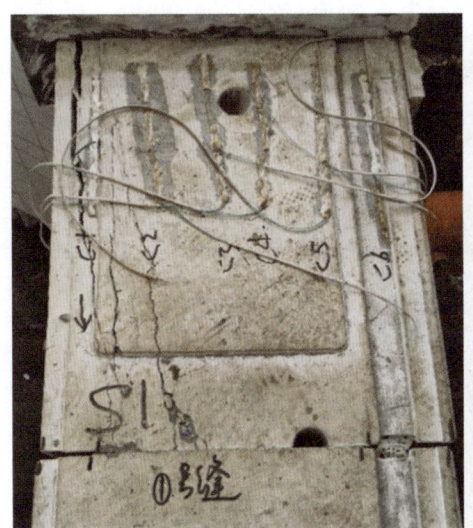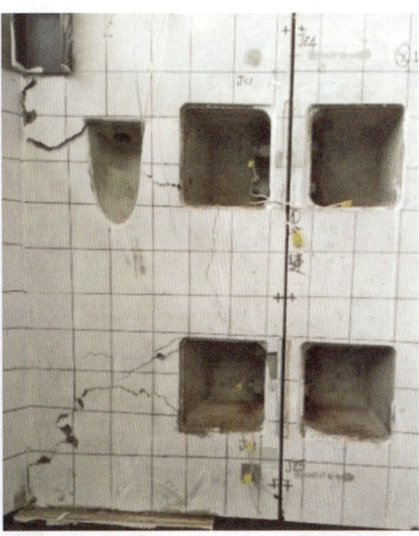

图 2-74　JF1 号接缝最终破坏情况

当 P_1 达到 822.43 kN 时(如⑥),衬砌结构表面最大裂缝宽度达到 0.2 mm,JF5 号接缝受压侧混凝土开裂,JF8 号接缝螺栓屈服;当 P_1 达到 852.75 kN 时(如⑦),JF2 号接缝、JF3 号接缝、JF8 号接缝受压侧混凝土开裂;试验结束后 JF3 号接缝破坏情况如图 2-75 所示。

图 2-75　JF3 号接缝最终破坏情况

当 P_1 达到 901.25 kN 时(如⑧),JF9 号接缝受压侧混凝土开裂;当 P_1 达到 930.28 kN 时(如⑨),JF4 号接缝、JF6 号接缝受压侧混凝土开裂;当 P_1 达到 979.46 kN 时(如⑩),JF6 号接缝螺栓屈服;当 P_1 达到 983.40 kN 时(如⑪),JF3 号接缝、JF10 号接缝螺栓屈服,JF1 号接缝受压侧混凝土裂缝迅速发展;当 P_1 达到 1 002.11 kN 时(如⑫),JF9 号接缝螺栓屈服,JF5 号接缝受压侧混凝土压碎;试验结束后 JF5 号接缝破坏情况如图 2-76 所示。

图 2-76　JF5 号接缝最终破坏情况

当 P_1 达到 1 048.46 kN 时(如⑬),JF5 号接缝螺栓屈服,JF8 号接缝受压侧混凝土压碎;试验结束后 JF8 号接缝最终破坏情况如图 2-77 所示。

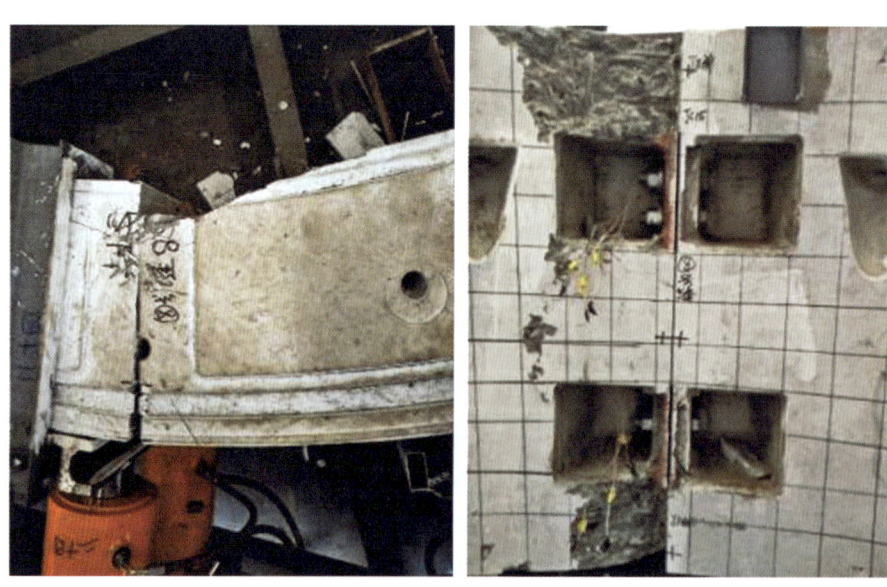

图 2-77　JF8 号接缝最终破坏情况

当 P_1 达到 1 081.90 kN 时(如⑭),T2 块靠 JF6 号接缝腋角处在弯矩和剪力共同作用下发生破坏,T2 块管片箍筋剪断,随后 JF6 号接缝受压侧混凝土压碎,螺栓断裂,结构失效,达到最大承载力。试验结束后 JF6 号接缝破坏情况如图 2-78 所示;T2 块靠 JF6 号接缝腋角处最终破坏情况如图 2-79 所示;JF6 号接缝断裂螺栓如图 2-80 所示。

图 2-78 JF6 号接缝最终破坏情况

图 2-79 T2 块靠 JF6 号接缝腋角处最终破坏情况

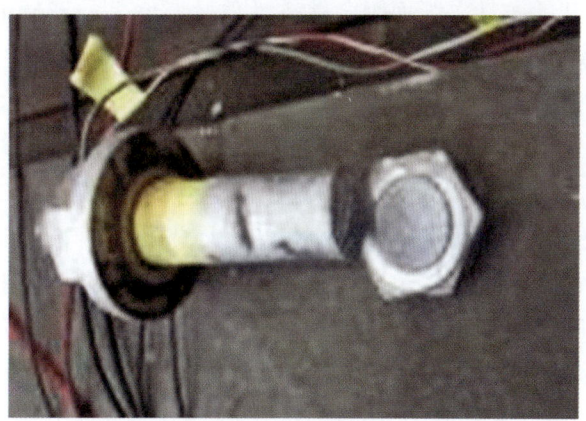

图 2-80 JF6 号接缝螺栓断裂情况

1) 衬砌结构长短轴变形

试验结构的长短轴变形随荷载变化曲线如图 2-81 所示。在试验荷载达到正常使用极限状态设计荷载前,结构左侧短轴变形和右侧短轴变形差异性较小,随后随着荷载的增大,衬砌结构左右侧短轴变形的差异越来越大。当 $P_1=575.95$ kN,结构进入弹塑性受力状态,结构变形加速发展。在 $P_1=1\,081.90$ kN 时,左侧短轴最终变形为 -103.61 mm,右侧短轴最终变形为 -44.08 mm。在衬砌结构表面开裂前,长轴变形呈线性增长。当 $P_1=575.95$ kN,结构进入弹塑性受力状态,随着荷载不断增加,长轴收敛变形迅速发展,在 $P_1=1\,081.90$ kN 时,长轴最终收敛为 86.25 mm。

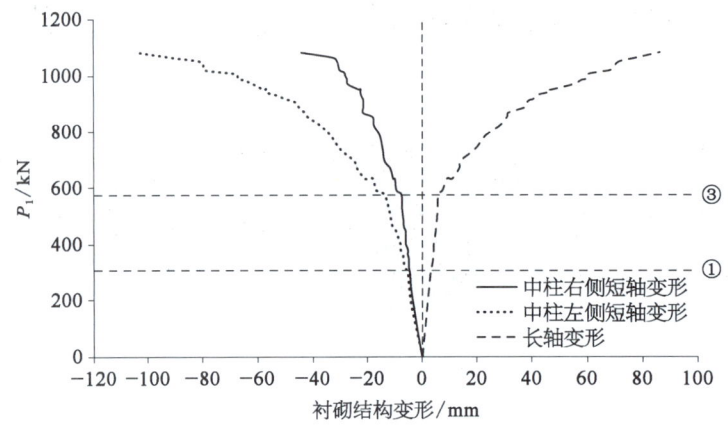

图 2-81　试验结构荷载-变形曲线

2) 纵向接头变形

定义内弧面受拉接头为正弯矩接头,内弧面受压接头为负弯矩接头。由试验测试得到的纵向接头内外弧面张开闭合量计算得到接头转角,转角值 Φ 由下式计算得到:

$$\Phi = (a-b)/h$$

其中,a 为内弧面张开量;b 为外弧面闭合量;h 为管片厚度,为 450 mm。试验结构正弯矩接头荷载—转角关系如图 2-82 所示,图中序号为试验结构破坏过程中相应的性能点,在后续试验结果分析中类同。JF2 号接缝的接头转角发展和 JF4 号接缝较为相似,呈三阶段发展。P_1 达到 822.43 kN 前,JF2 号接缝、JF4 号接缝的接头转角基本呈线性发展;当 P_1 达到 852.75 kN 时,JF2 号接缝受压侧混凝土开裂;当 P_1 达到 930.285 kN 时,JF4 号接缝受压侧混凝土开裂,接头受压侧混凝土开裂后接头转角加速发展;P_1 达到 1 006.93 kN 后,JF4 号接缝的接头转角较 JF2 号接缝接头转角发展更快。JF6 号接缝的接头转角发展和 JF9 号接缝较为相似,呈三阶段发展。在 P_1 达到 822.43 kN 之前,JF6 号接缝和 JF9 号接缝的接头转角随荷载增加基本呈线性发展;P_1 达到 901.25 kN 之后,JF6 号和 JF9 号接缝的接头转角迅速增大;P_1 达到 901.25 kN 时,JF9 号接缝核心区受压混凝土开裂;P_1 达到 930.28 kN 时,JF6 号接缝核心区受压混凝土开裂。试验结束后,JF6 号和 JF9 号接缝受压侧破坏严重。试验过程中JF7号接缝的接头转角变化较小,接头转角发展速度较慢,JF10号接头转角随荷载增加呈线性变化,接头转角发展速度较其他接缝更快。试验结束后,JF7号和JF10号接缝完好。

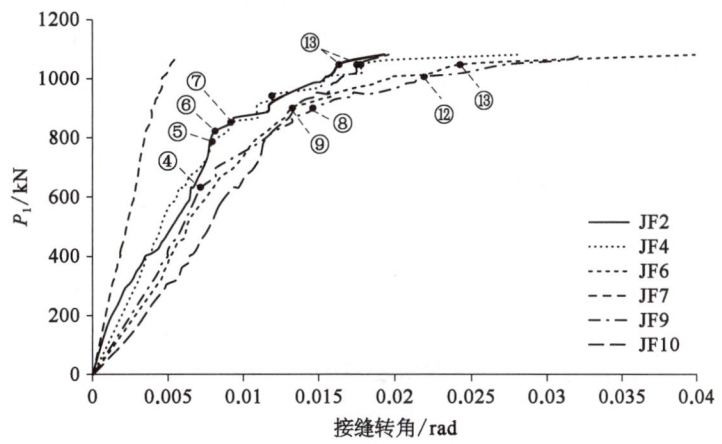

图2-82 试验结构正弯矩接头荷载-转角曲线

试验结构负弯矩接头荷载—转角关系如图2-83所示。在P_1达到787.26 kN之前,JF1号接缝的接头转角基本呈线性;P_1达到787.26 kN时,JF1号接缝受压侧混凝土开裂;随后裂缝不断发展。在P_1达到822.43 kN之前,JF5号接缝的接头转角基本呈线性;P_1达到822.43 kN时,JF5号接缝受压侧混凝土开裂;随后裂缝不断发展,P_1达到1 002.11 kN时,JF5号接缝受压侧混凝土压碎。JF3号接缝和JF8号接缝的接头转角变化规律较为一致,呈三阶段发展。在P_1达到523.71 kN之前,接头转角变化一致;P_1到达523.71 kN后,JF8号接缝的接头转角比JF3号接缝发展更快;P_1达到852.75 kN时,JF3号接缝和JF8号接缝受压侧混凝土开裂,P_1达到1 048.46 kN时,JF8号接缝受压侧混凝土压碎。

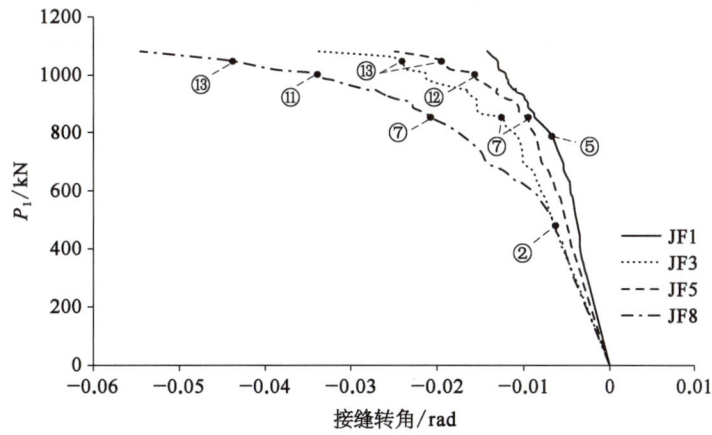

图2-83 试验结构负弯矩接头荷载-转角曲线

试验结束后,JF1 号、JF3 号、JF5 号和 JF8 号接缝受压侧混凝土均破坏严重。

3) 连接螺栓应变

试验结构正弯矩接头荷载-螺栓应变关系如图 2-84 所示。在 P_1 达到 852.75 kN 前,JF2 号接缝螺栓应变基本呈线性发展,随后发展迅速;在 P_1 达到 575.95 kN 前,JF4 号接缝和 JF9 号接缝螺栓应变基本呈线性发展;P_1 在 575.95 kN 和 852.75 kN 之间,JF4 号接缝螺栓应变加速发展,P_1 达到 852.75 kN 之后,JF4 号接缝螺栓应变快速发展;P_1 在 575.95 kN 和 901.25 kN 之间,JF9 号接缝螺栓应变加速发展;P_1 达到 901.25 kN 之后,JF4 号接缝螺栓应变快速发展;当 P_1 达到 1 002.11 kN 时,JF9 号接缝螺栓屈服。

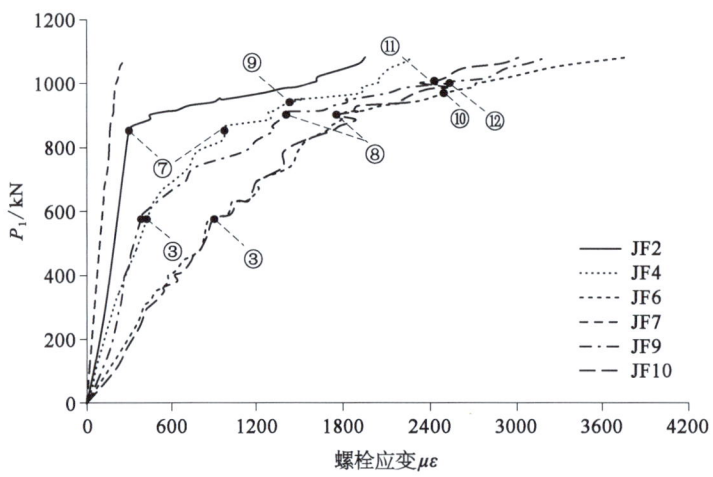

图 2-84 试验结构正弯矩接头荷载-螺栓应变曲线

JF6 号接缝和 JF10 号接缝的螺栓受力情况较为一致,呈三个阶段发展。在 P_1 达到 575.95 kN 前,JF6 号接缝和 JF10 号接缝螺栓应变基本呈线性发展;P_1 在 575.95 kN 和 901.25 kN 之间时,JF6 号接缝和 JF10 号接缝螺栓应变加速发展;在 P_1 达到 901.25 kN 后,JF6 号接缝螺栓应变迅速发展,JF10 号接缝螺栓应变发展相对缓慢;当 P_1 达到 978.46 kN 时,JF6 号接缝螺栓屈服;当 P_1 达到 983.40 kN 时,JF10 号接缝螺栓屈服。加载过程中,JF7 号接缝螺栓应变基本呈线性发展,试验结束后 JF6 号接缝有一根螺栓断裂。

试验结构负弯矩接头荷载-螺栓应变关系如图 2-85 所示。JF1 号接缝和 JF5 号接缝的螺栓受力情况较为一致,在 P_1 达到 822.43 kN 前,JF1 号接缝和 JF5 号接缝螺栓应变基本呈线性发展,随后 JF1 号接缝和 JF5 号接缝螺栓应变迅速发展;在 P_1 达到 575.95 kN 之前,JF3 号接缝和 JF8 号接缝螺栓发展较为一致;P_1 达到 575.95 kN 后,JF8 号接缝螺栓应变发展明显快于 JF3 号接缝;P_1 达到 822.43 kN 时,JF8 号接缝螺栓屈服;P_1 达到 983.40 kN 时,JF3 号接缝螺栓屈服。

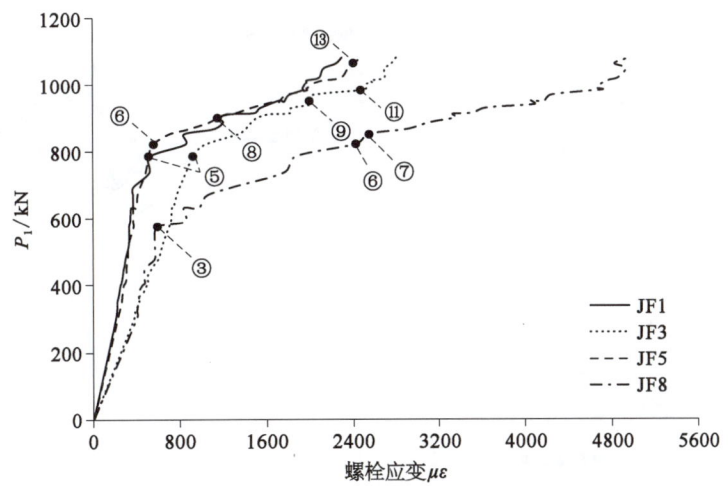

图 2-85　试验结构负弯矩接头荷载-螺栓应变曲线

2.5.4　试验分析

纵观试验结构的受力全过程，结构的破坏过程分为典型的弹性和带裂缝工作两个阶段。在加载初期，整个结构处于弹性受力阶段，各纵向接头变形及连接螺栓应变基本线性发展，结构荷载-变形曲线基本呈线性。随着荷载的增加，结构变形不断增长，当荷载加载到极限荷载的 53.2% 时，衬砌结构管片出现裂缝，结构荷载-变形曲线出现拐点，结构刚度逐渐降低。此后结构收敛增加比荷载增加要快，结构进入带裂缝工作阶段。随着荷载的逐步增加，纵向接头受压侧混凝土开裂及连接螺栓屈服，结构刚度进一步降低。但纵向接头连接螺栓的屈服未使结构整体刚度未出现明显的拐点，这表明管片本体的刚度较接头刚度大，分担了大部分的结构内力。当荷载达到结构极限承载力时，管片 T2 块发生弯剪破坏，结构成为几何可变机构，丧失承载力。在结构发生破坏时，结构荷载—变形曲线未出现平台段，具有脆性破坏的特征。若认为纵向接头连接螺栓或管片钢筋屈服且受压混凝土开裂截面成为塑性铰，则在顶部超载工况下第 1 环衬砌左半边结构共形成 4 个塑性铰，右半边结构共形成 2 个塑性铰（图 2-86）。结构的破坏是因为结构 JF8 号接缝、JF6 号接缝、JF3 号接缝、JF9 号接缝、JF5 号接缝、T2 块管片本体腋角处先后形成塑性铰，造成内力重分配，最后 T2 块管片在弯矩和剪力共同作用下发生破坏，结构成为机构，失去承载能力。

2.5.5　双圆、类矩形盾构隧道结构对比分析

基于双圆盾构隧道结构以及类矩形盾构隧道结构足尺试验，对两种异型盾构隧道结构力学性能进行对比分析。将超载意外工况下两种不同结构的极限承载力及结构控制位置收敛变形列于表 2-7，并将最终破坏状态列于图 2-87。

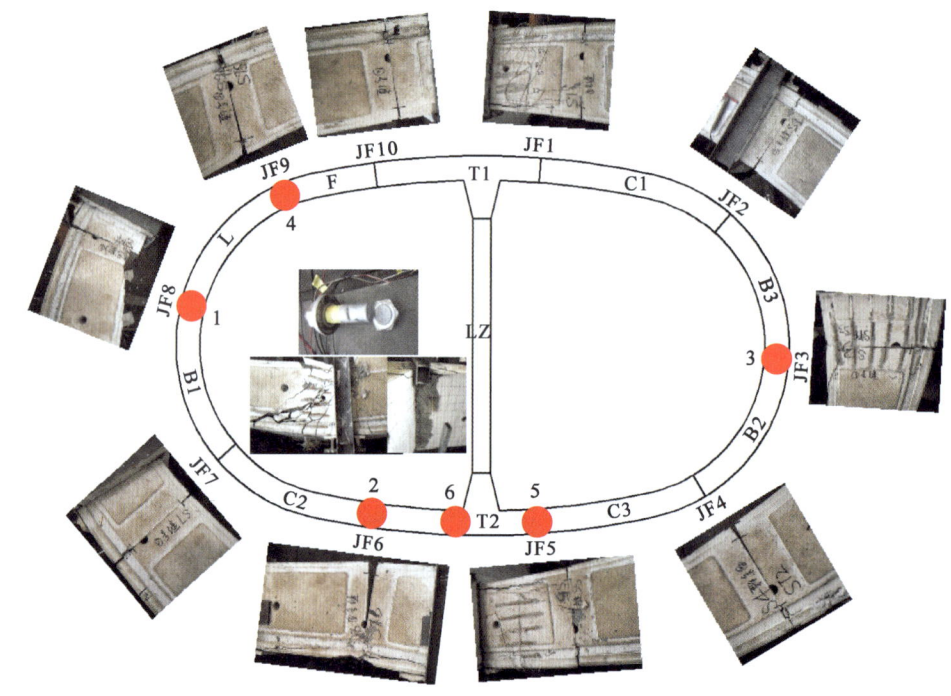

图 2-86 试验结构最终破坏图

表 2-7 双圆、类矩形盾构隧道结构超载工况关键性能对比

对 比 指 标	双圆盾构隧道结构	类矩形盾构隧道结构
每延米极限承载力	780 kN	1 081 kN
长轴极限变形	280 mm(向外)	86 mm(向外)
左短轴极限变形	−198 mm(向内)	−104 mm(向内)
右短轴极限变形	−28 mm(向内)	−44 mm(向内)
中柱极限变形	−10 mm(向内)	—

对比结构极限变形可知,两种结构均是在薄弱环(塑性铰多)的半环产生了较大的结构短轴收敛变形(左半环大于右半环),说明两种结构在某半环先出现薄弱部位后,后续破坏均更容易发生在该半环。相较而言,类矩形盾构隧道结构左半环短轴收敛变形数值上大于长轴收敛变形,而双圆盾构隧道结构则为长轴收敛变形大于短轴收敛变形,双圆盾构隧道结构的长轴及左短轴收敛变形均远高于类矩形盾构隧道结构,说明双圆盾构隧道结构的极限变形能力更强,在结构失效前能吸收更多的外部能量。在中柱极限变形方面,两

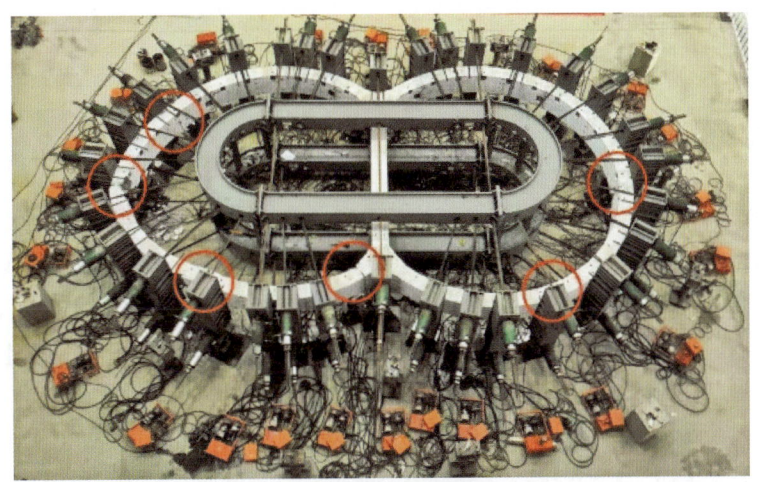

(a) 双圆盾构隧道结构

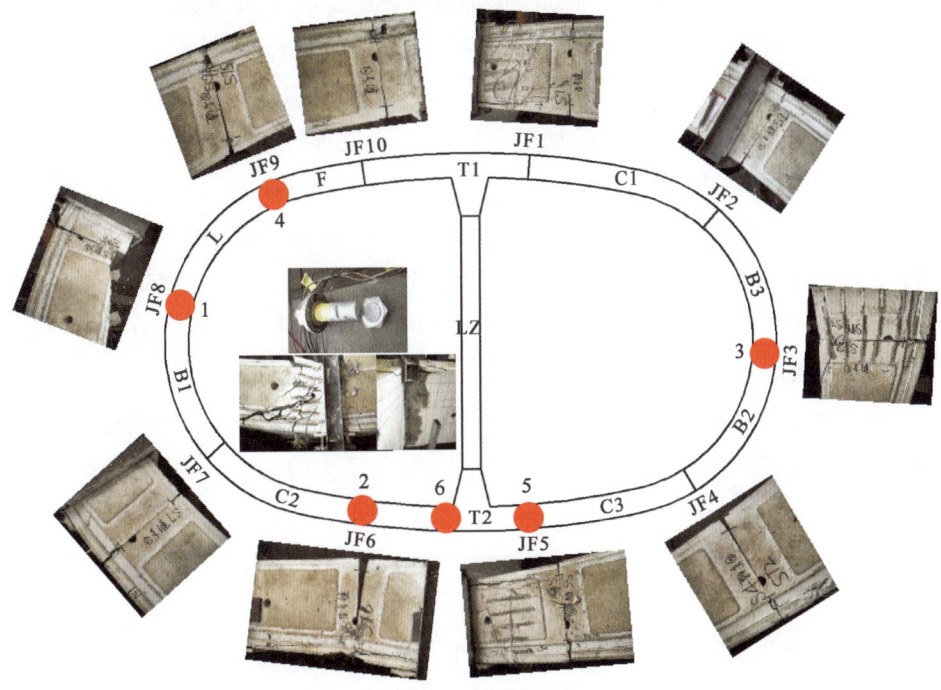

(b) 类矩形盾构隧道结构

图 2-87 盾构隧道结构超载工况最终破坏状态

种结构中柱均受压为主,在极限状态下部分受弯,故中柱正常工作时中柱附近结构短轴收敛变形较小。

对比两种盾构隧道结构的极限承载力,类矩形盾构隧道结构对应 P_1 数值上较高,但由于双圆盾构隧道结构管片厚度为 300 mm,类矩形为 450 mm,且两次试验的试验荷载点布置上存在一定差异,故双圆盾构隧道结构承载能力较强。

2.6 内张钢圈加固盾构隧道结构试验研究

2.6.1 试验概况

针对上海轨道交通盾构隧道衬砌结构出现程度不同的变形问题,工程界主要采用内张钢圈加固的方式对其进行加固。为了对加固后隧道的整体性有较清晰的认识,有必要对隧道加固后的极限承载能力、变形能力、内力分布等情况进行研究。因此,本节分别针对整环加固进行了衬砌1∶1内张钢圈加固隧道极限承载试验,以期加深对加固结构力学机理的认识。

由于内张钢板加固是在隧道结构已存在变形情况下进行的,因此可将加固试验分成未加固阶段试验与钢板加固阶段试验两部分,试验中工况设置如下。

(1) 未加固阶段试验:先将未加固隧道加载至一定变形,并定义此时为试验加固点。

(2) 加固施工阶段试验:在变形达到试验加固点的基础上,分别进行钢板整环加固与半环加固处理。

(3) 钢板加固阶段试验:以试验加固点为起点,继续进行二次加载试验。

此次试验中设定整环加固下的试验加固点均为顶底变形达到12 cm,之后分别进行整环加固,进而进行二次加载,直至加固结构破坏。本次试验的研究目的如下。

(1) 通过二次加载对内张钢圈加固后隧道衬砌进行极限承载能力试验,得到加固后整体结构的荷载位移曲线,对内张钢圈加固效果进行评价,并对薄弱环节进行改进与加强,指导工程实践。

(2) 通过极限承载能力试验,确定加固后整体结构各关键性能点,并通过关键试验现象与数据对各性能点的力学性能进行分析,探究叠合结构的力学行为,明确结构的破坏机理。

2.6.2 试验设计

本次试验所采用的隧道衬砌圆环尺寸为外径6.2 m、内径5.5 m、厚度0.35 m、环宽1.2 m。全环分为6块,其中1个封顶块(F)、2个邻接块(L1、L2)、2个标准块(B1、B2)和1个拱底块(D)。管片采用C55高强混凝土,接缝处连接螺栓为5.8级M30螺栓。未加固的整环管片结构如图2-88、图2-89所示。

在整环加固试验中,加固隧道所用钢圈由6块钢板组成,每分块对应60°范围。钢板厚度20 mm、宽度850 mm,沿管片环向中线进行加固,各钢板间采用电焊连接。钢板与混凝土间隙用环氧树脂灌注。整环加固下隧道结构如图2-90所示,所出现角度均为顺时针方向。

内张钢圈加固隧道的施工过程主要包括钢板固定及环氧树脂灌注两部分,整环加固

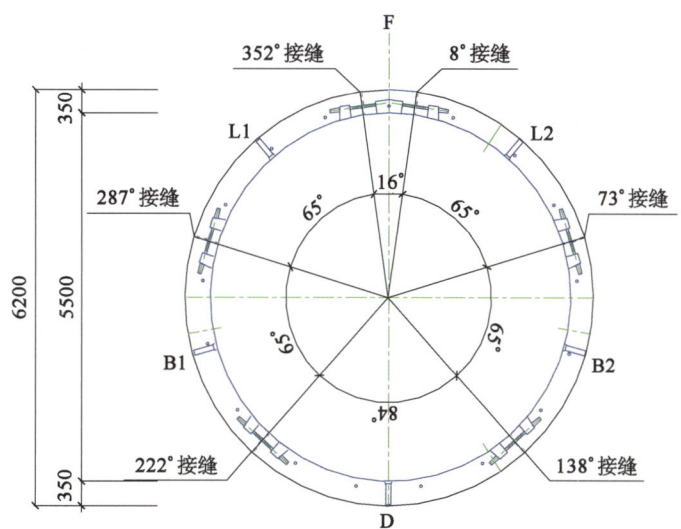

图 2-88 未加固整环管片结构示意图(单位:mm)

图 2-89 未加固整环管片结构

工况加固流程主要包括以下几个步骤,如图 2-91 所示;整环加固施工工艺如图 2-92 所示。

(1) 整环加固工况中由于没有设置道床且钢板满布整环,需先切割在隧道管片拱底块内表面的牛腿,以保证此处钢板能顺利连通。同时用快干水泥将内表面的手孔与螺栓孔进行封闭,保证后期环氧的黏结性能。

(2) 由于正弯矩接缝(8°与 352°、138°与 222°)在荷载作用下处于内侧张开状态,为防止后期环氧流出而无法灌注,用快干水泥将封闭所有正弯矩接缝。

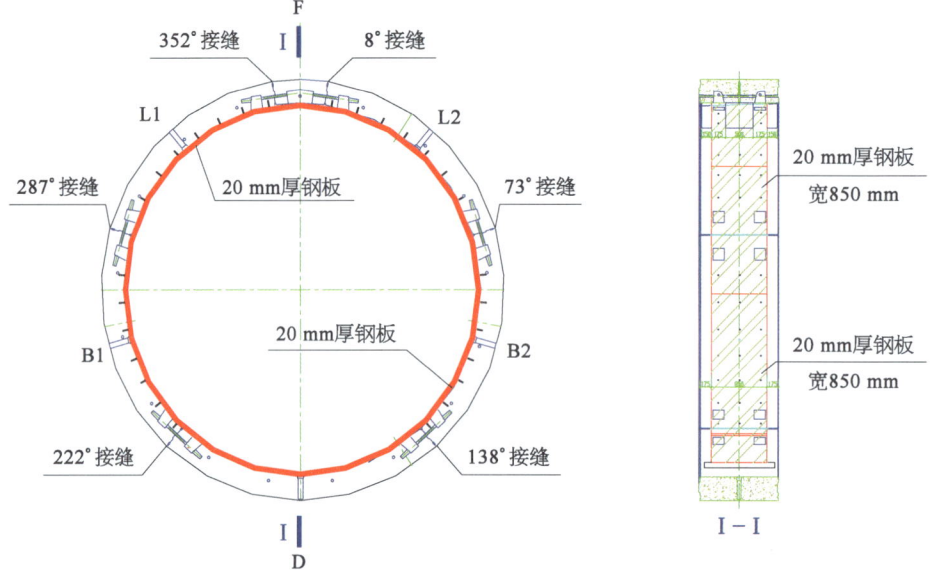

图 2-90 整环加固隧道结构示意图

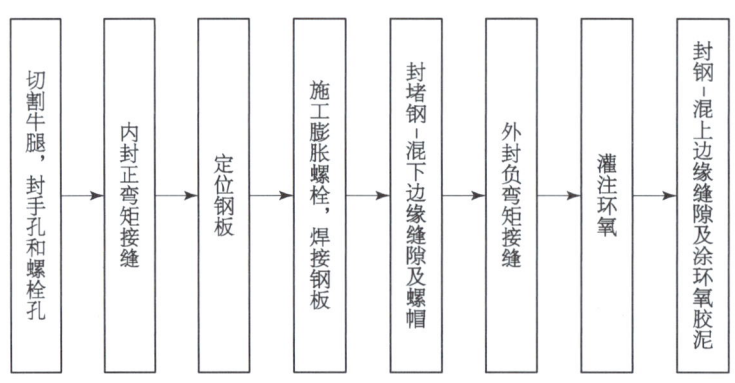

图 2-91 整环加固施工流程

(a) 封手孔和螺栓孔

(b) 内封正弯矩接缝

(c) 定位钢板

(d) 焊接钢板

(e) 封堵钢-混下边缘缝隙及接缝

(f) 外封负弯矩接缝

(g) 灌注环氧

(h) 封堵钢-混上边缘缝隙及涂环氧胶泥

图 2-92 整环加固施工工艺

(3) 在管片上事先定好位置并做好标记,确定钢板的对应位置。按顺时针从封顶块处钢板开始固定,将钢板对准之前标记位置进行贴紧,并用 M16 膨胀螺栓进行固定。

(4) 待各块钢板固定完成后,将各钢板进行焊接,以形成整体。

(5) 钢板固定完成后,用快干水泥将钢板-混凝土下边缘间隙及膨胀螺栓螺帽处进行封堵,保证各处封闭性能良好。

(6) 用快干水泥将负弯矩接缝(73°与287°)外侧进行封闭。

(7) 使用小型电动注浆泵进行环氧树脂灌注,需控制压力,并对漏浆处进行及时修补封闭。

(8) 环氧树脂灌注完成后,用快干水泥将钢板-混凝土上边缘间隙进行封堵,并在封闭处涂抹环氧胶泥,保证各处封闭性能良好。

盾构隧道内张钢圈、粘贴复合型材加固试验由未加固阶段试验与加固阶段试验两部分组成。考虑到实际工况中被动土压力的存在,将试验加载程序分为三个阶段(图 2-93),加载时取侧压力系数为 0.65,即 $P_2=0.65P_1$。各阶段中 P_1、P_2 和 P_3 的关系如下。

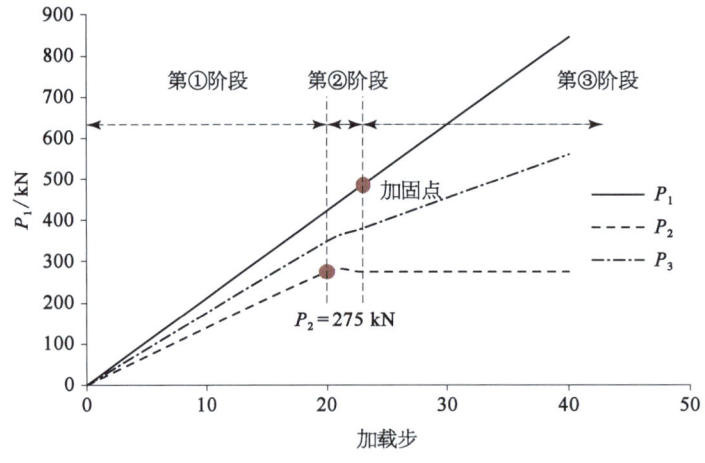

图 2-93 内张钢圈加固盾构隧道试验加载程序

第①阶段:由 0 kN 加载至 P_2 达到被动土压力 275 kN,此过程中荷载保持 $P_2=0.65P_1$、$P_3=0.5(P_1+P_2)$,此阶段加载方式为荷载控制加载。

第②阶段:继续加载至试验加固点,此阶段中荷载 P_2 维持被动土压力值 275 kN 不变,逐级加大 P_1、$P_3=0.5(P_1+P_2)$,此阶段加载方式为位移控制加载。

第③阶段:从试验加固点加载至试验极限状态,此阶段中荷载 P_2 维持被动土压力值 275 kN 不变,逐级加大 P_1、$P_3=0.5(P_1+P_2)$,此阶段加载方式为位移控制加载。

2.6.3 试验结果

整环加固阶段试验结束后隧道变形全貌如图 2-94 所示,整环加固阶段主要的试验

第 2 章　盾构隧道结构破坏机理分析及试验研究

图 2-94　整环加固试验隧道全貌图

现象包括表面裂缝、接缝破坏、钢板与管片的粘贴面破坏及膨胀螺栓破坏等,本节主要论述其破坏过程及形态。

在整环加固试验阶段,管片顶部与底部向管片中心变形,腰部向管片外部变形,整体变形呈"横鸭蛋"状,如图 2-95 所示。由于荷载 P_1 由 418 kN 加载至 586 kN 时结构变形变化量较小,因此两级荷载下的变形图基本重合。

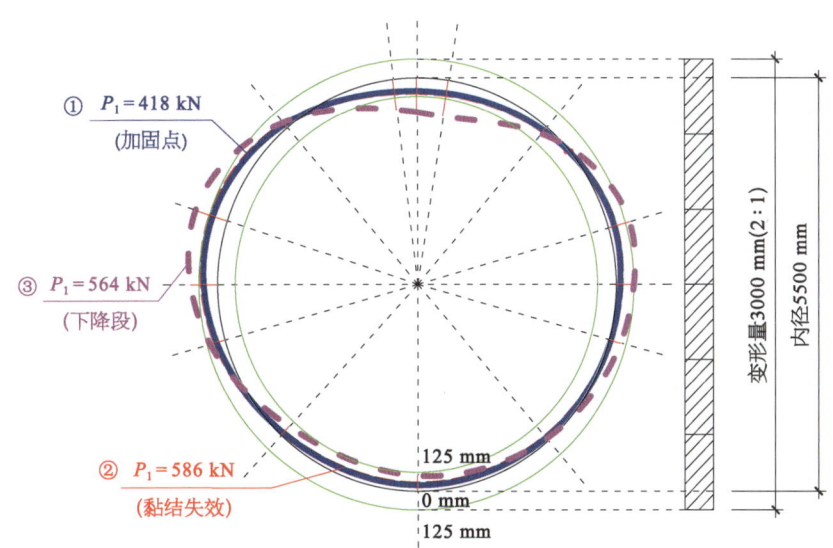

图 2-95　隧道结构整体变形玫瑰图

根据试验数据,整环加固试验盾构隧道结构荷载-位移关系曲线如图 2-96 所示。整环加固试验初期至 P_1 荷载达到 586 kN 之前,由于钢板与混凝土管片之间黏结良好,两者共同承载,隧道的整体结构刚度相对于未加固阶段有显著提高。此阶段荷载迅速增长,结构变形较小。结合试验现象及相关测点数据,认为整环加固阶段试验的关键性能点发生在荷载 P_1 达到 586 kN 时,此时 8°~40°附近钢板与混凝土之间发生黏结滑移破坏,原先作为整体来承载的叠合结构已失效,荷载转为由钢板与混凝土管片分别承担,结构刚度迅速降低。黏结破坏之后,结构整体刚度迅速降低,结构在荷载作用下变形迅速发展,结构进入平台段,直至试验结束。为方便描述,将加固点定义为①,将结构失效点定义为②,将试验结束点定义为③。

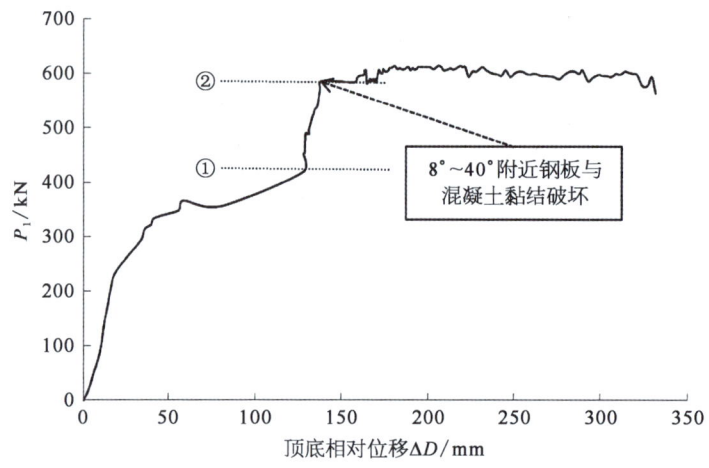

图 2-96 整环加固试验荷载-位移曲线

1) 表面裂缝

在未加固试验阶段,隧道表面已出现裂缝,外弧面裂缝主要分布在邻接块 L2 与标准块 B2 附近,裂缝沿管片宽度方向发展,宽度均为 0.1~0.2 mm;而内弧面裂缝主要出现在拱底块位置,裂缝沿管片宽度方向发展,宽度均为 0.1~0.2 mm。在整环加固试验阶段,随着荷载的增大,管片外弧面裂缝继续增加,当荷载 P_1 达到 586 kN 时,邻接块 L1 与 L2 沿管片宽度方向出现贯通裂缝,宽度为 0.1~0.2 mm。试验结束时,发现新增裂缝主要集中在邻接块 L1、标准块 B1 与 B2,且在 270°位置附近出现了多条贯通裂缝,宽度为 0.2 mm 左右,如图 2-97 所示。

加载结束后对内弧面裂缝进行统计,管片内弧面裂缝主要集中在拱底块。由于内弧面贴有钢板,故只能看见裂缝在上端钢板外的发展情况,裂缝展开如图 2-98 所示,上边数字表示相邻裂缝的间隔距离,裂缝边数字表示该裂缝在管片顶部环面向外弧面发展的深度。

2) 接缝破坏

在未加固阶段,衬砌接缝处已发生部分破坏,其中 8°与 222°接缝外侧混凝土受压破坏,73°与 287°接缝内侧混凝土压酥,而 352°与 138°接缝完好。整环加固阶段开始初期,接缝基本没有继续破坏。当荷载达到 $P_1=586$ kN 时,接缝发生明显破坏,其中 8°外侧受压区混凝土进一步破坏,出现部分掉块现象;73°与 287°接缝处外封环氧开裂宽度继续发展,

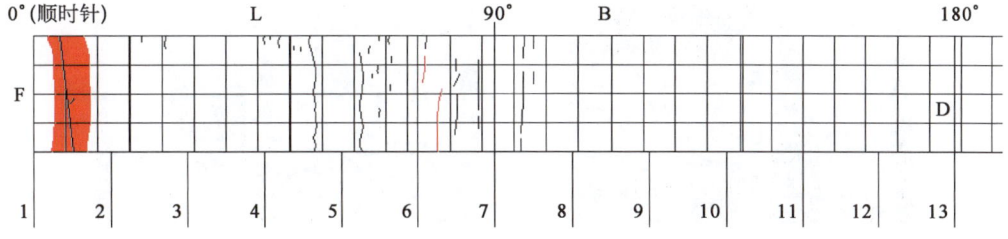

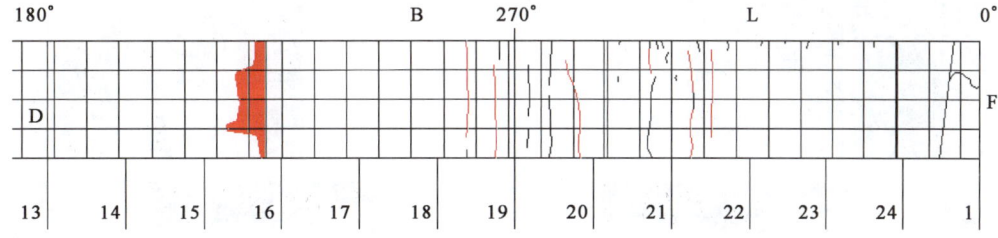

图 2-97　整环加固试验加载结束后外弧面裂缝分布

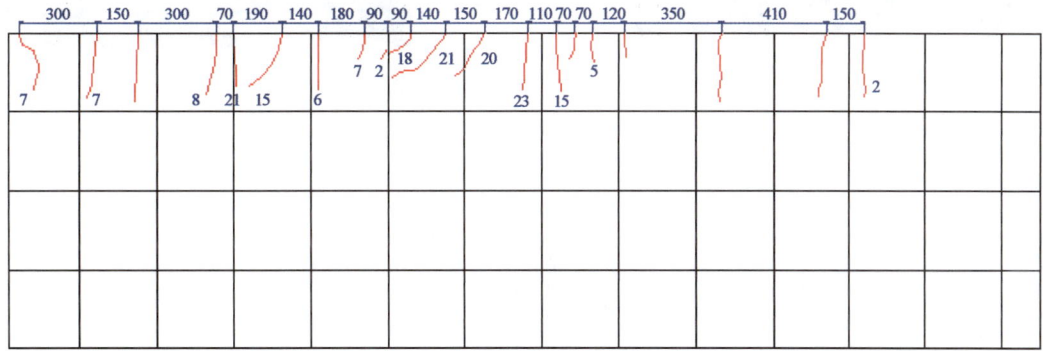

图 2-98　整环加固试验加载结束后内弧面拱底块裂缝分布(单位：mm)

内侧混凝土出现少量掉块。当荷载加载至 $P_1=606$ kN 时，8°接缝外侧受压区保护层厚度内的混凝土已完全脱离，但未延伸至混凝土核心区。当荷载下降到 $P_1=596$ kN 时，222°接缝外侧混凝土出现大面积掉块。138°接缝与 352°接缝在整个试验过程中都保持完好。图 2-99 所示为整环加固试验卸载后接缝破坏状态。

各接缝张开曲线如图 2-100~图 2-103 所示，图中接缝以张开为正，压紧为负。加固试验初期，8°与 352°接缝张开量无明显变化；当荷载 P_1 达到 586 kN 时，8°接缝张开量出现明显变化，内侧继续张开而外侧压紧，接缝外侧受压区混凝土进一步破坏，出现部分掉块现象。试验结束时，8°接缝外侧受压区保护层厚度内的混凝土已完全脱离，但未延伸至混凝土核心区。352°接缝在整个试验过程中都保持完好。

加固试验初期，73°与 287°接缝张开量无明显变化，当荷载 P_1 达到 586 kN 时，两处接缝张开量均出现明显变化，内侧继续压紧而外侧张开，接缝内侧出现少量掉块，直至试验

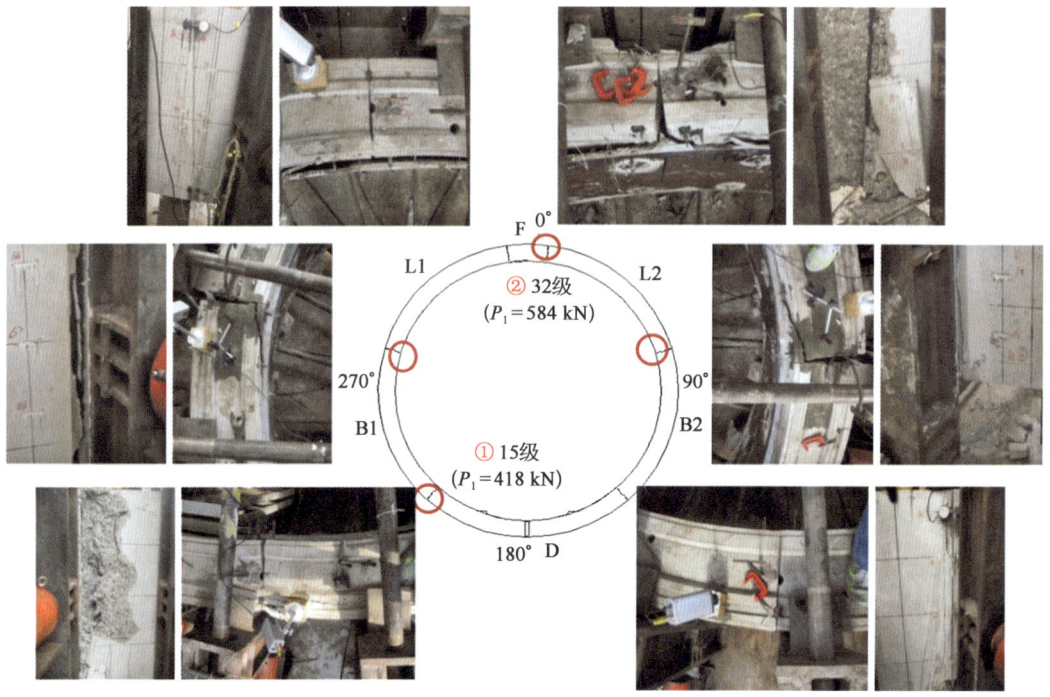

图 2-99 整环加固试验卸载后接缝破坏状态

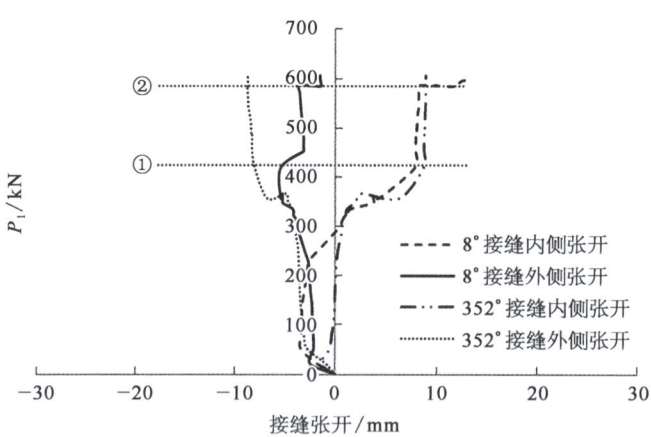

图 2-100 8°与352°接缝张开曲线

结束。138°与222°接缝在加固试验初期张开量无明显变化,当荷载 P_1 达到 586 kN 时,两处接缝张开量仍无明显变化,当荷载开始下降时,222°接缝外侧混凝土出现大面积掉块,直至试验结束。138°接缝在整个试验过程中都保持完好。由接缝连接螺栓应变测量数据可知,从加固点至荷载 $P_1=586$ kN 前,连接螺栓应变变化较为缓慢。当荷载 P_1 达到 586 kN 时,8°、73°与 287°接缝连接螺栓中拉应变迅速发展并进入屈服状态,而其他接缝处连接螺栓应变较小,均未达到屈服状态。

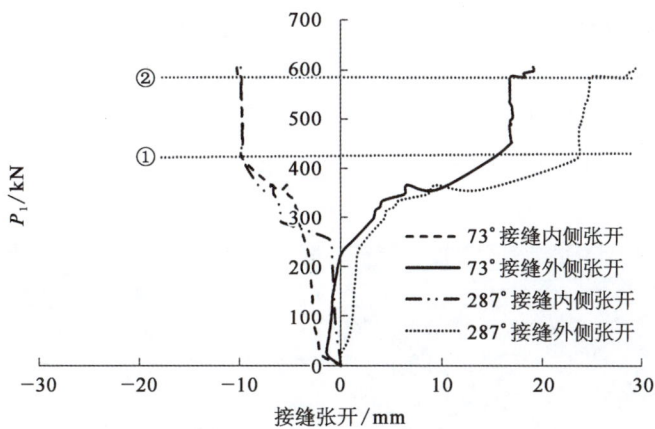

图 2-101　73°与 287°接缝张开曲线

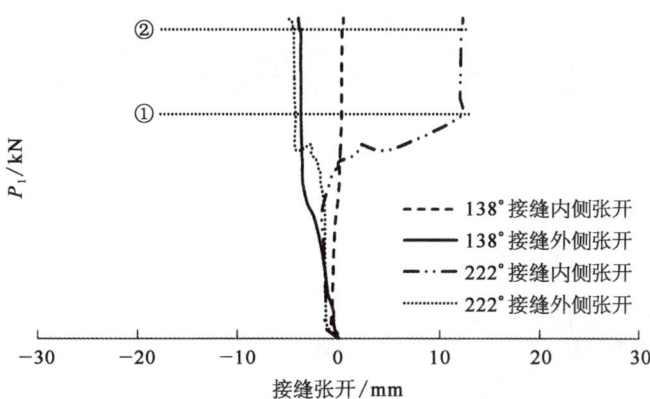

图 2-102　138°与 222°接缝张开曲线

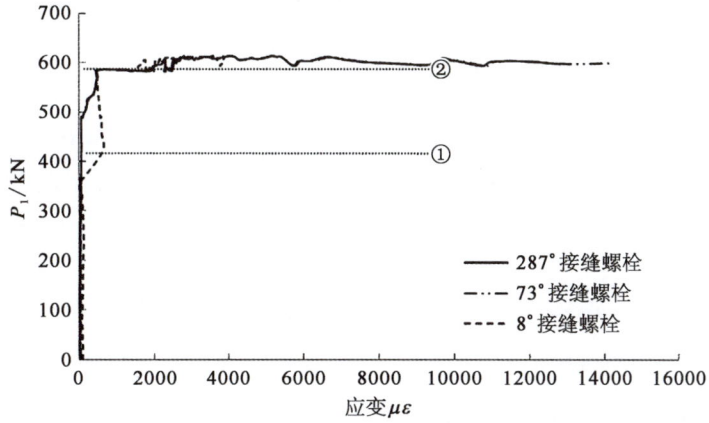

图 2-103　8°、73°与 287°接缝连接螺栓应变曲线

3) 钢板与混凝土黏结面破坏

加固试验开始初期,钢板与混凝土切向黏结良好,没有滑移现象出现。当荷载 P_1 达到 586 kN 之前,两者黏结良好。如图 2‑104 所示,当荷载 $P_1=586$ kN 时,观察发现顺时针方向 8°~40°范围内钢板与混凝土黏结面上部开始滑移,且在 70°附近黏结面下部有相同现象。当荷载 $P_1=564$ kN 时钢板与混凝土黏结面滑移范围增大,滑移量加剧。

图 2‑104　$P_1=586$ kN 时 8°与 70°附近开始滑移

加载结束后,对应钢板与混凝土黏结面的滑移情况,对 12 个测点的最终滑移状态进行了统计测量。在试验最终状态下,滑移比较明显的区域分为两部分,第一部分从 330°位置沿顺时针延伸到 40°位置,第二大块从 200°位置沿顺时针延伸到 255°位置。整环的黏结面滑移结果如图 2‑105 所示,其中红色滑移区域在圆环外侧表示钢板相对于混凝土顺时针方向滑动,数值为负;红色滑移区域在圆环内侧表示钢板相对于混凝土逆时针方向滑动,数值为正。

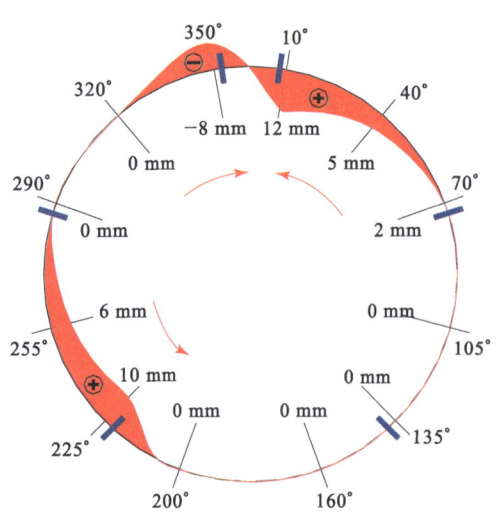

图 2‑105　整环加固试验黏结面滑移观测统计

加固试验开始初期,钢板与混凝土法向黏结良好,没有剥离现象出现。当荷载 P_1 达到 586 kN 之前,观察显示两者黏结良好。当荷载 $P_1=586$ kN 时,观察发现从封顶块中心起沿顺时针方向 8°~40°范围内钢板与混凝土黏结面上部开始剥离,且 70°附近黏结面下部有相同现象。当荷载降低为 $P_1=564$ kN 时,钢板与混凝土黏结面剥离范围增大,剥离量加剧,在封顶块 0°附件出现最大剥离,其最大剥离量达到 40 mm,如图 2‑106 所示。加载结束后,对应钢板与混凝土黏结面的剥离情况,对其剥离范围及剥离量进行了观测统计,黏结面剥离统计结果如图 2‑107 所示。在试验最终状态下,整环的黏结面剥离区可分为两大块。第一大块从 330°位置沿顺时针延伸到 90°位置,从 330°位置开始出现剥离现象,其剥离量在封顶块 0°位置达到最大值 40 mm,然后在 60°位置附近减小到 2 mm,在 73°接缝处增大到 10 mm,最后在 90°附近结束剥离。第二大块从 170°位置沿顺时针延伸到 300°位置,从 170°位置开始出现剥离现象,其剥离量在封顶块 195°位置达到最大值 10 mm,然后在 222°位置减小到 0 mm。

图 2‑106 $P_1 = 564$ kN 时 0°黏结面剥离达 40 mm

223°位置剥离量突变到 8 mm,在 255°位置减小到 2 mm,在 287°接缝处增大到 4 mm,最后在 300°附近结束剥离。

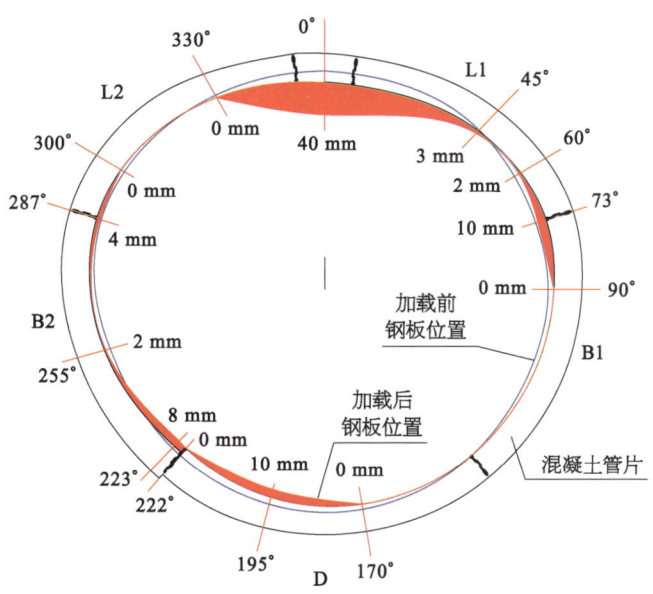

图 2‑107 整环加固试验黏结面剥离观测统计

混凝土应变测点沿隧道外表面布置,其中顶部 330°~30°、底部 150°~220°范围内混凝土为压应变,腰部 60°~140°、240°~290°范围内混凝土为拉应变。选取 280°外弧面与 176°外弧面两测点进行讨论,如图 2‑108 所示,其中混凝土受拉为正、受压为负。在整环加固试验初期阶段,随着荷载增大,混凝土应变缓慢发展,曲线斜率较大;当荷载 P_1 达到 586 kN 时,混凝土应变剧增,曲线斜率急剧降低,开始进入平台段。

钢板应变测点沿隧道内表面布置,其中顶部 340°~60°、底部 140°~230°范围内钢板为拉应变,腰部 70°~120°、260°~330°范围内钢板为压应变。选取 280°内弧面与 176°内面

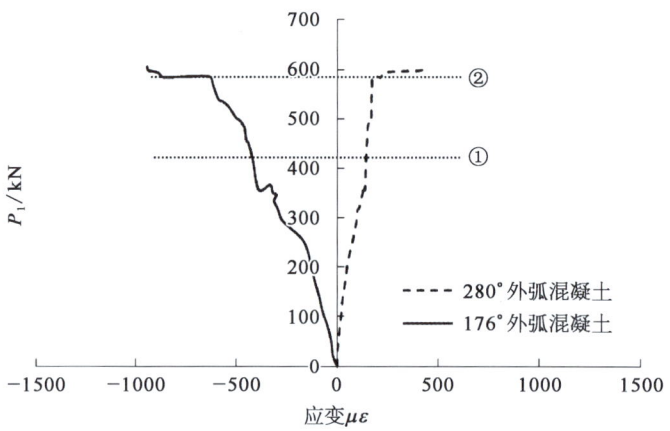

图 2-108 混凝土应变曲线

两测点进行讨论,如图 2-109 所示,其中钢板受拉为正,受压为负。在整环加固试验阶段,随着荷载增加,钢板应变缓慢发展,曲线斜率较大;当荷载 P_1 达到 586 kN 时,钢板应变剧增,曲线斜率急剧降低,开始进入平台段。当试验结束时,钢板在 0°~10°、70°~80° 及 280°~290° 范围内已进入屈服状态,但钢板表面及焊缝处并无明显破坏现象。

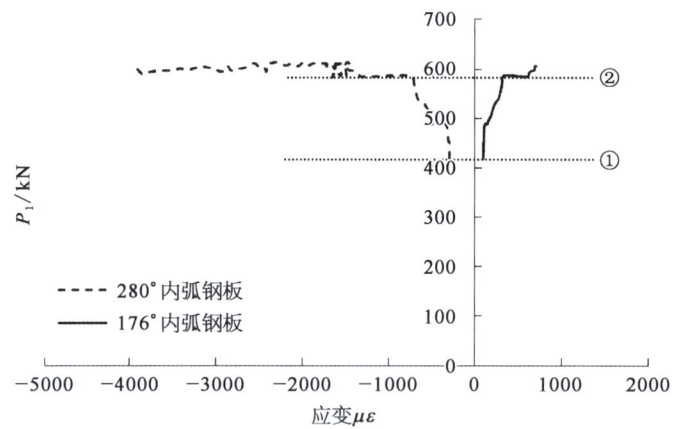

图 2-109 钢板应变曲线

4) 钢板与混凝土黏结破坏

整环加固阶段初期,钢板与混凝土黏结良好,没有滑移与剥离现象出现,各测点黏结滑移量基本无变化,如图 2-110 所示,其中滑移量为正表示钢板相对管片逆时针转动,为负表示钢板相对管片顺时针转动。当荷载 P_1 达到 586 kN 时,观察发现顺时针方向 8°~40° 附近钢板与混凝土黏结面上部开始滑移,且 70° 附近黏结面下部有相同现象,各测点黏结滑移量开始增大。之后破坏范围继续扩大,各测点黏结滑移量剧增。

钢板拆卸完成之后,对钢板与混凝土黏结面破坏状态进行了统计描述,发现典型的黏结面破坏形式主要有两种,如图 2-111 所示。

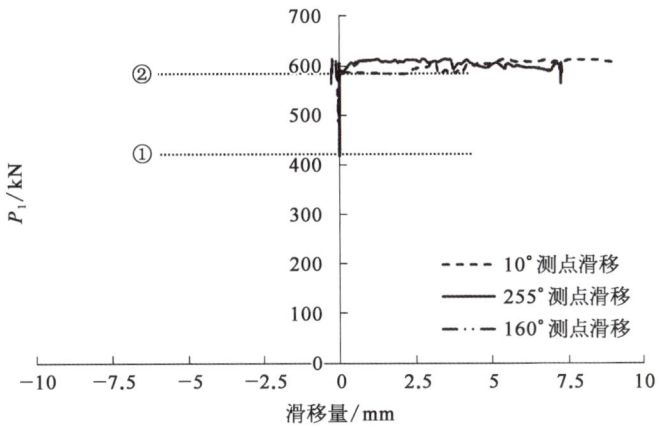

图 2‑110 钢板-混凝土黏结滑移曲线

图 2‑111 混凝土本体破坏及胶层与钢板黏结面破坏

① 混凝土本体破坏,混凝土露出。
② 胶层与钢板黏结面破坏,胶层完好。
黏结面破坏形式的分布情况如图 2‑112 所示。

2.6.4 试验分析

根据试验结果,内张钢圈整环加固试验的荷载-顶底收敛变形曲线及对性能点如图 2‑113 所示。可以看出,在加固点之后,由于钢板共同参与原管片结构的承载,结构整体刚度大幅提升且结构承载力提高。当荷载 P_1 达到 586 kN 时,结构整体刚度迅速下降,随后试验曲线进入平台段。

由上述结构破坏过程可知,从整环加固结构试验初期至 P_1 达到 564 kN 前,钢板与原混凝土管片之间黏结较好,二者共同承载,加固结构整体刚度相比未加固结构有显著提升。此阶段荷载迅速增加而结构收敛变形较小。此后钢板-混凝土界面产生较大剥离与

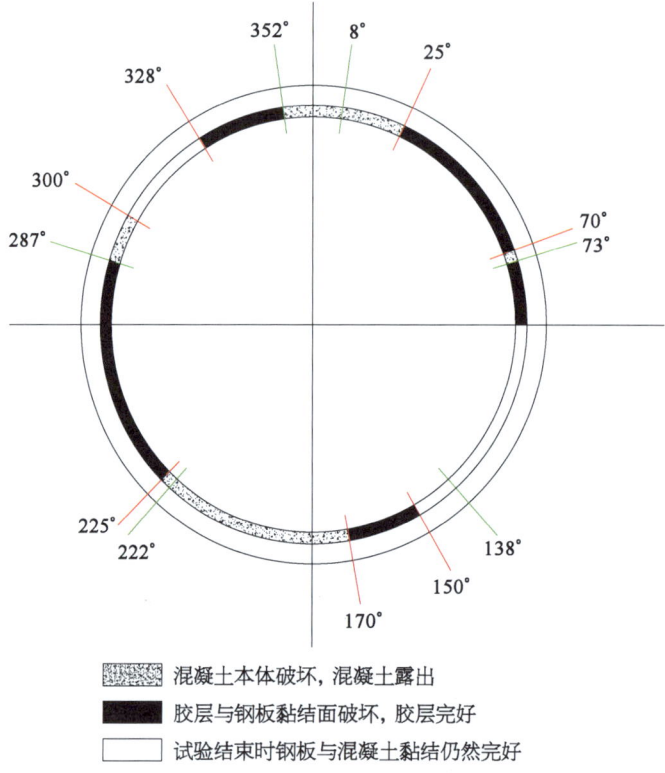

图 2‑112　黏结面破坏形式分布图

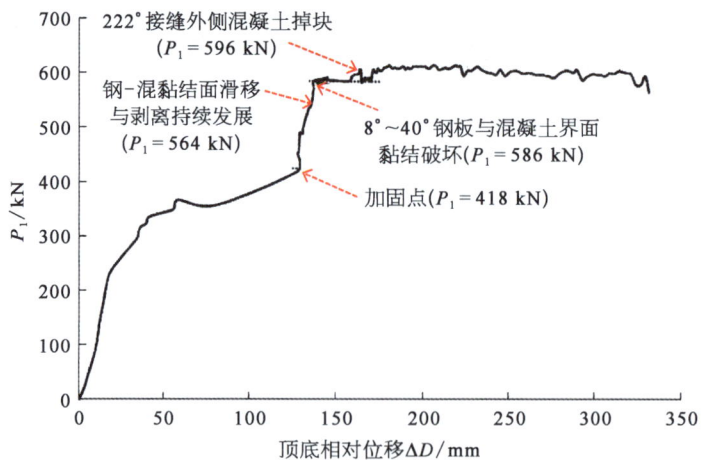

图 2‑113　荷载‑收敛变形曲线及关键性能点

滑移,直至 $P_1=586$ kN 时界面黏结失效。结合试验现象及相关测点数据,整环结构加固阶段试验的关键性能点出现在 $P_1=586$ kN 处,此时 8°～40° 位置范围内的钢板与混凝土之间发生黏结滑移破坏(图 2‑114),原先做整体受力的叠合结构整体性下降,从而导致荷载有钢板和原混凝土管片分别承担,结构刚度迅速下降。后续阶段,8° 接缝外侧受压区混凝土进一步破坏,出现部分掉块现象;73°与287°接缝处外封环氧开裂继续发展,内侧混凝土也出现少量掉块;222°接缝外侧压碎并发生大面积掉块。

图 2-114 8°～40°附近钢板与混凝土界面黏结滑移破坏

可以看出,虽然钢板与混凝土管片黏结后对结构刚度提升有十分明显的效果,可以一定程度上遏制未加固隧道结构的持续变形,但由于黏结作用受限,加固后结构变形余量并不大,故在实际内张钢圈加固工程中需要密切监测结构的变形情况,防止出现意外。

加固结构在后续加载工况作用下,界面黏结失效后,混凝土管片本体接缝处持续发生破坏,而钢板本体表面计焊缝均出现明显的破坏现象。这表明界面黏结失效过程呈现一定的脆性特征,且界面失效后钢板内衬失去加固作用,基本依靠管片本体继续承载。根据如上的内张钢圈加固结构破坏机制,界面黏结失效是绝对加固结构整体性能的关键因素,故需要增强界面的黏结作用,提高结构整体性、刚度和极限承载能力。

2.7 粘贴复合型材加固盾构隧道结构试验研究

2.7.1 试验概况

复合型材加固盾构隧道的新型结构形式具有取材方便、干扰小、周期短、安全快捷的施工性能,可满足轨道交通盾构隧道结构加固的需求,为隧道结构加固提供了新思路。为了探究复合型材加固盾构隧道衬砌结构的受力性能和叠合结构破坏机理,本节结合运营轨道交通的现状,开展了盾构隧道原型结构在上部堆载作用下的静力破坏试验。试验的研究目的主要如下:

① 通过进行复合型材加固盾构隧道整环极限承载力原型试验,得到整体结构的荷载-位移曲线和极限承载能力,直观评价复合型材的加固效果。

② 通过对足尺试验的试验现象和测量数据进行处理分析,得到该叠合结构的受力性能和破坏规律。

2.7.2 试验设计

本次足尺试验衬砌管片为上海轨道交通盾构隧道中埋衬砌管片,衬砌圆环外径为 6.2 m、内径为 5.5 m、管片厚度为 0.35 m、环宽为 1.2 m。全环分为 6 块,其中 1 个封顶块(F)、2 个邻接块(L1、L2)、2 个标准块(B1、B2)和 1 个拱底块(D),管片混凝土等级为 C55,接缝处连接螺栓为 5.8 级 M30 螺栓,为更加精细地模拟实际运营轨道交通隧道的受力情况,在隧道底部安装了道床。未加固的整环管片结构如图 2-115、图 2-116 所示。

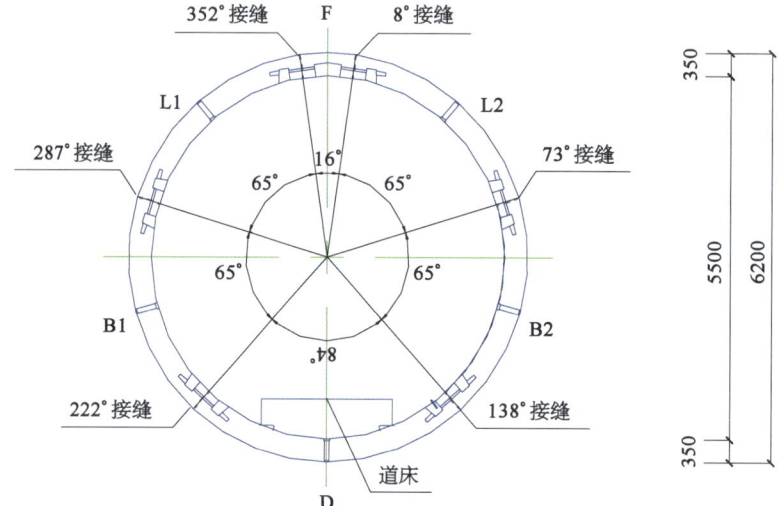

图 2-115 未加固整环管片结构示意图(单位: mm)

图 2-116 未加固整环管片结构

针对运营轨道交通的变形现状,设计加固方式如图 2-117 所示,复合型材分三段加固,其中顶部位置选用 6 根腔体加固,对应圆心角 100°范围,左右腰部位置选用 4 根腔体加固，分别对应圆心角 95°范围；腰部位置 4 根复合型材与顶部位置对应的 4 根复合型材连接处采用内插式接头连接并用结构胶密封。

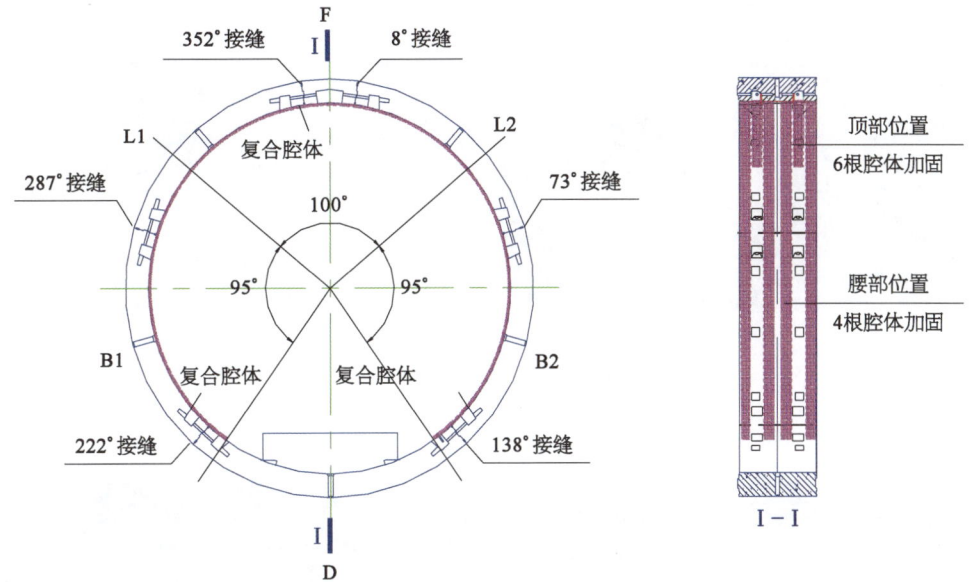

图 2-117　普通型复合型材加固隧道结构示意图

复合型材加固施工流程主要包括：隧道变形放样、复合型材安装、复合型材内注浆；施工时先将空腔复合型材与管片用结构胶黏结，并用锚栓固定，然后再进行后期注浆。整个加固施工流程如图 2-118 所示，加固工艺如图 2-119 所示。

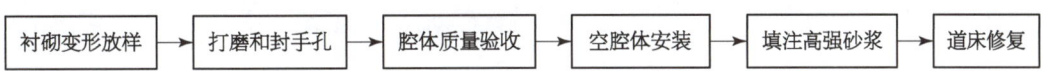

图 2-118　复合型材加固施工流程图

(a) 衬砌变形放样

(b) 打磨和封手孔

(c) 胶体质量验收

(d) 空腔体安装

(e) 填注高强度砂浆

(f) 道床修复

图 2-119　复合型材加固工艺

(1) 对加载至加固点的未加固衬砌结构的内弧面整体变形进行放样处理,得到整体结构精细的变形图,并以此为基础制作加固用复合型材构件。

(2) 腔体安装前,先对管片粘贴部位进行打磨处理,同时对接缝处充填环氧,并用快硬水泥将手孔部位封堵上,避免黏结空隙产生。

(3) 腔体制作完成后,先对腔体进行无损检测验收,验证其是否满足加固要求。

(4) 对验证合格后的复合型材构件进行现场安装,首先用结构胶将空腔体构件粘贴在隧道内侧,然后用化学锚栓进行固定,依次安装。

(5) 待粘贴固定完成且结构胶发挥强度后,从腔体一侧开始在空腔内压注高强砂浆。

(6) 注浆完成后,对道床两侧进行灌注混凝土修复处理。

2.7.3　试验结果

普通型复合型材加固盾构隧道整环足尺试验全貌如图 2-120 所示。试验过程分为两个阶段,即未加固阶段和加固阶段,用以模拟实际情况中在顶部堆载工况下该加固材料对已损伤隧道的加固。

 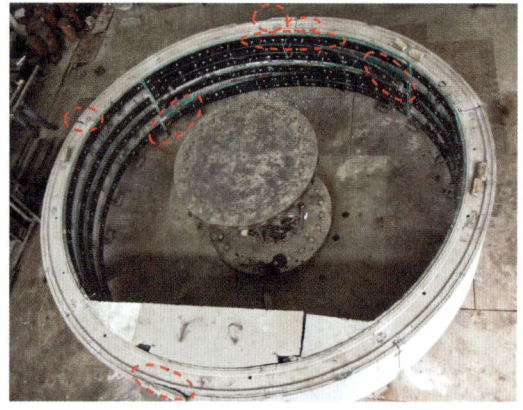

图 2-120　普通型复合型材加固整环试验布置图　　图 2-121　普通型加固方式结构破坏形态

加固试验结束后通过对结构进行整体观察,得到普通型加固方式结构的破坏形态如图 2-121 所示,主要表现为管片本体的破坏及管片与复合型材间的黏结破坏。

(1) 管片本体破坏:8°接缝内缘混凝土出现较大拉剪裂缝,外缘混凝土压碎;352°接缝外缘混凝土压碎;287°接缝螺栓拉断;拱底块外弧面 180°～184°范围混凝土压碎。

(2) 管片与复合型材黏结破坏:顶部位置 310°～50°范围发生管片与复合型材间的黏结破坏;顶部位置单独的两根复合型材因锚固不足发生弹出破坏。

加载过程中管片顶部和底部向管片中心变形,腰部向管片外部变形,整体变形呈"横鸭蛋"状。加固试验阶段,荷载 P_1 由 454.8 kN(加固点)加载至 560 kN(初始破坏点)时结构变形量基本未变化,两条变形曲线基本重合,如图 2-122 所示,当荷载 P_1 超过 560 kN 时,隧道顶部 350°～10°范围发生管片与复合型材黏结破坏,整体结构的位移迅速发展,最

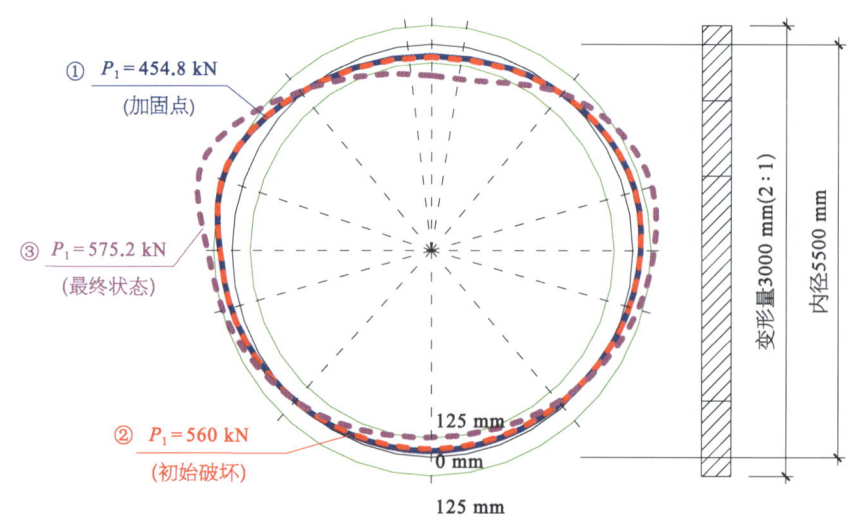

图 2-122　隧道结构整体变形玫瑰图

终顶底合位移达到 338.5 mm,结构达到承载力极限状态。为方便描述,将加固点定义为①,结构失效点定义为②,试验结束点定义为③。

试验过程中及试验结束后主要的试验现象包括管片表面裂缝、接缝破坏、管片与复合型材间黏结面破坏及化学锚栓破坏等,具体破坏形态讨论如下。

1) 管片表面裂缝

未加固阶段,在隧道变形到达加固点时管片内外均已出现裂缝。外弧面裂缝主要分布在标准块(B1、B2)与封顶块 F,裂缝沿管片宽度方向发展,封顶块附近裂缝宽度大于 2 mm,其他裂缝宽度为 0.1~0.2 mm;内弧面裂缝主要出现在拱底块 D,裂缝沿管片宽度方向发展,宽度为 0.1~0.2 mm。加固试验阶段,随着荷载的增大,已有裂缝继续发展同时不断有新增裂缝出现。外弧面新增裂缝主要集中在标准块(B1、B2)与拱底块 D,裂缝沿环宽方向发展,标准块附近裂缝宽度为 0.1~0.2 mm,拱底块 D 新增一条贯穿压裂缝,裂缝宽度大于 2 mm(图 2-123),图中红色为加固阶段新增裂缝;内弧面拱底块 D 出现贯穿裂缝,裂缝沿环宽方向发展,并延伸至端面,宽度大于 0.2 mm(图 2-124)。

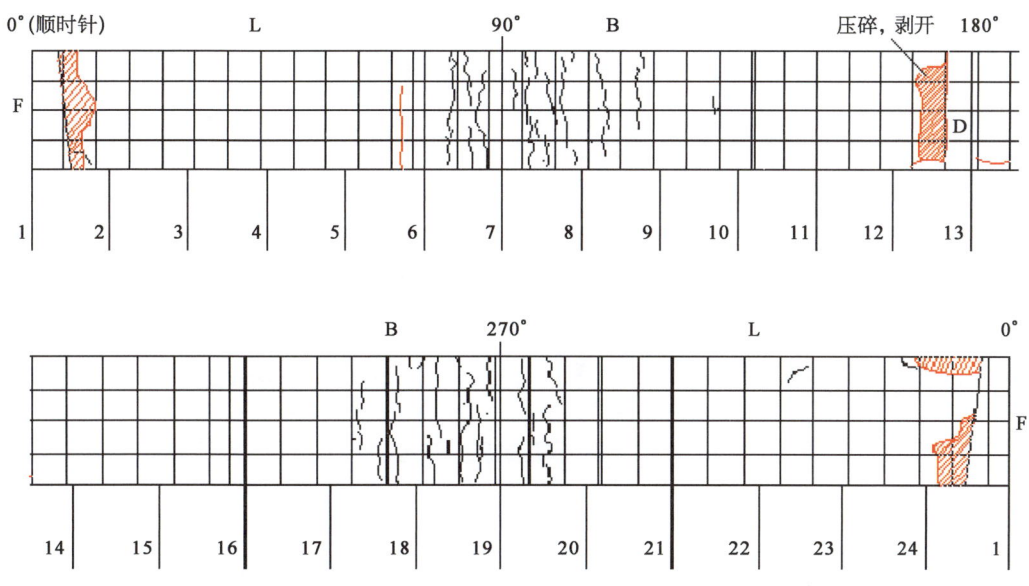

图 2-123 普通型复合型材加固整环试验管片外弧面裂缝分布

2) 接缝破坏

衬砌结构各接缝张开情况如图 2-125 所示,图中接缝以张开为正,压紧为负。从加固点至荷载 $P_1=560$ kN 前,各接缝张开量随荷载的增加缓慢发展;当荷载 $P_1=560$ kN 时,即到达黏结失效点后,352°、73°和 287°接缝张开量开始迅速发展;352°接缝内缘张开,外缘压紧,压紧量持续增加,接缝外侧混凝土压碎,出现掉块现象;73°和 287°接缝外缘张开而内缘压紧,外缘张开量发展最快,曲线迅速进入平台段,最大张开量达 50 mm,内缘压

图 2-124　普通型复合型材加固整环试验拱底块 D 端面裂缝分布

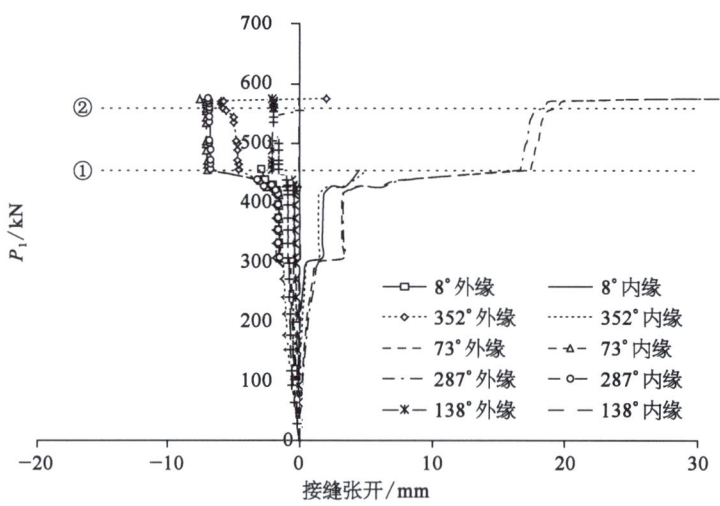

图 2-125　各接缝荷载-张开曲线

紧量同时发生突变,曲线出现拐点,接缝内侧混凝土压碎;138°与 222°接缝张开量基本无变化,试验过程中无任何破坏现象。

未加固阶段,部分接缝已发生破坏(图 2-126):8°接缝外弧面出现细小裂缝并有局部压碎;73°和 287°接缝内弧面均出现压酥现象,73°接缝附近邻接块出现沿宽度方向的贯穿裂缝;138°、222°和 352°接缝保持完好,未出现破坏现象。

试验过程中各接缝处螺栓的荷载-应变曲线如图 2-127 所示。从加固点至荷载 P_1 达到 560 kN 前,随着荷载的增加,各接缝螺栓应变缓慢发展;当荷载 P_1 达到 560 kN 时,即到达黏结失效点后,8°、73°和 287°接缝螺栓应变迅速发展,并相继达到螺栓的屈服极限。

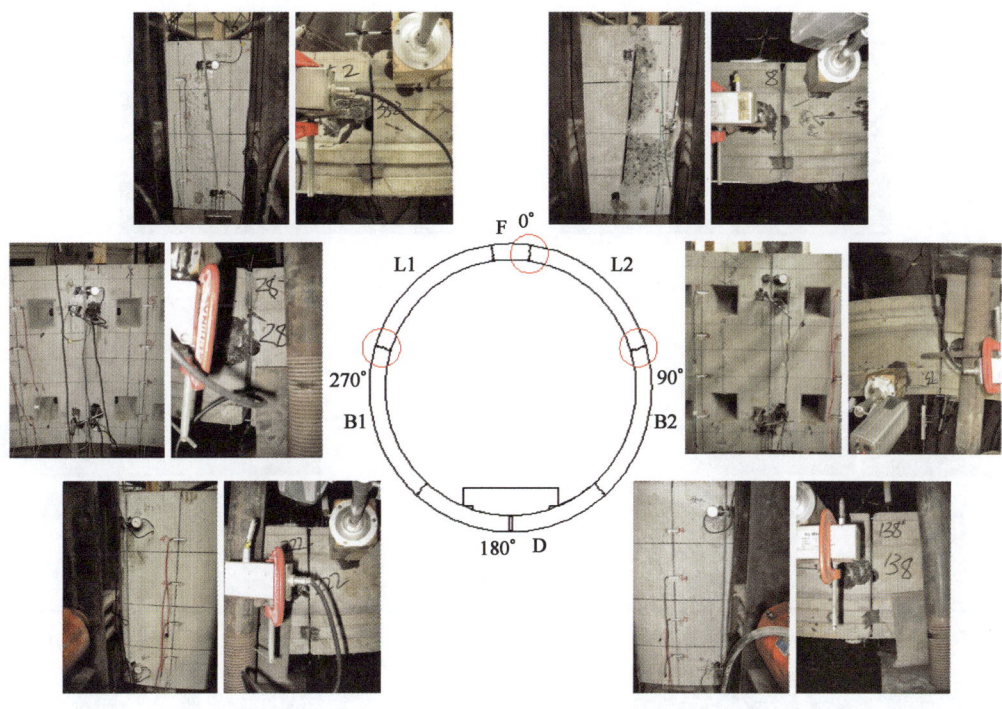

图 2‑126　普通型复合型材加固整环试验接缝破坏情况(未加固)

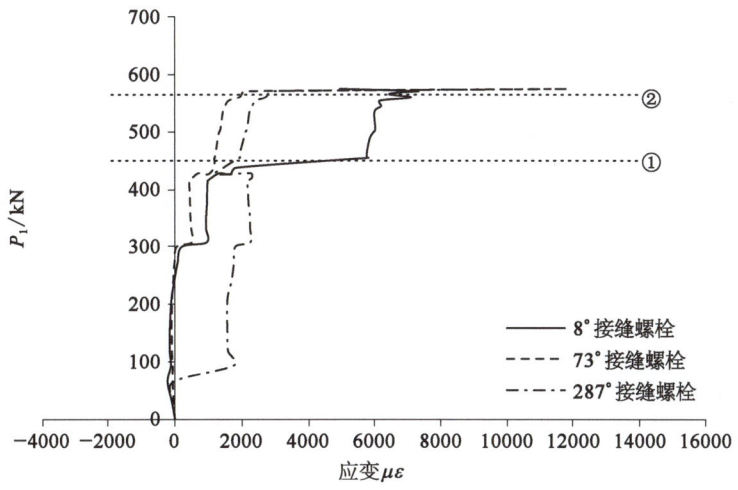

图 2‑127　8°、73°和 287°接缝螺栓荷载‑应变曲线

加固试验结束时各接缝的破坏形态如图 2‑128 所示,8°和 352°接缝外侧受压区混凝土压碎,出现了局部掉块现象,且 8°接缝内侧混凝土被拉裂;73°和 287°接缝外弧面张开量达到 50 mm 以上,内侧受压区混凝土压碎严重;整个过程中 138°和 222°接缝保持完好,未发生破坏。

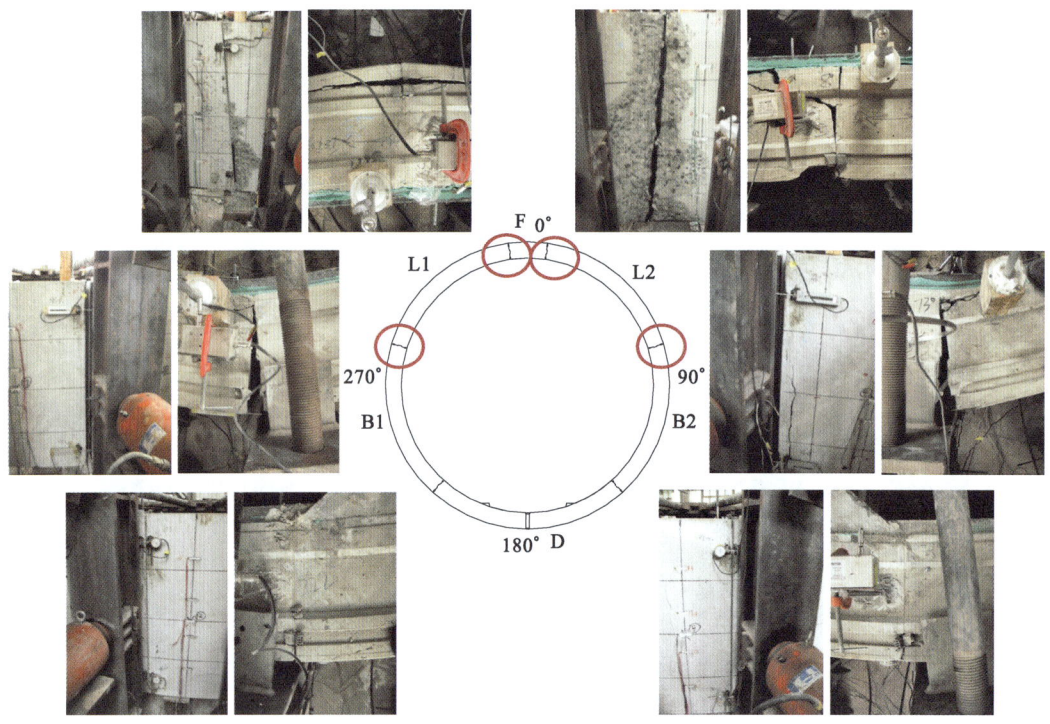

图 2‑128　普通型复合型材加固整环试验接缝破坏情况（加固后）

3) 管片与复合型材间黏结面破坏

从复合型材表面应变数据可以得到 330°～50°范围腔体受拉，70°～130°和 230°～300°范围受压。选取内弧面 28°截面和 293°截面两测点进行讨论，如图 2‑129 所示，复合型材受拉为正、受压为负。由于复合型材是后加固的，故其应变在加固点时从零开始发展，在

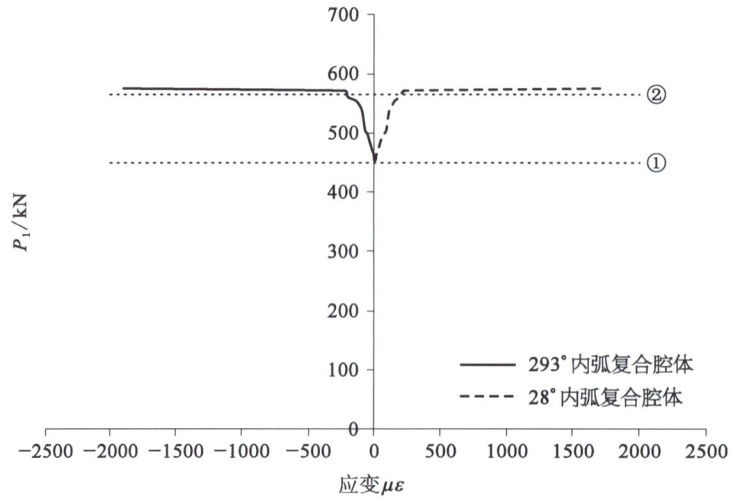

图 2‑129　复合型材表面荷载‑应变曲线

黏结失效点之前,随着荷载的增加,复合型材表面应变呈线性发展;当荷载 $P_1=560$ kN 时,即到达黏结失效点,复合型材表面应变开始剧增,曲线出现拐点,进入平台段。

加固试验阶段管片-复合型材黏结滑移曲线如图 2-130 所示,其中滑移量为正表示复合型材相对于管片逆时针转动,滑移量为负表示复合型材相对于管片顺时针转动。从加固点至荷载 P_1 达到 560 kN 前,复合型材与管片间黏结完好,相对滑移量基本为零;当荷载 P_1 达到 560 kN 时,350°~10°范围复合型材与管片间出现黏结破坏,各测点滑移量迅速增加,之后破坏范围不断增大,直至试验结束。试验结束后,观察到复合型材与混凝土间黏结破坏主要集中在 310°~50°。

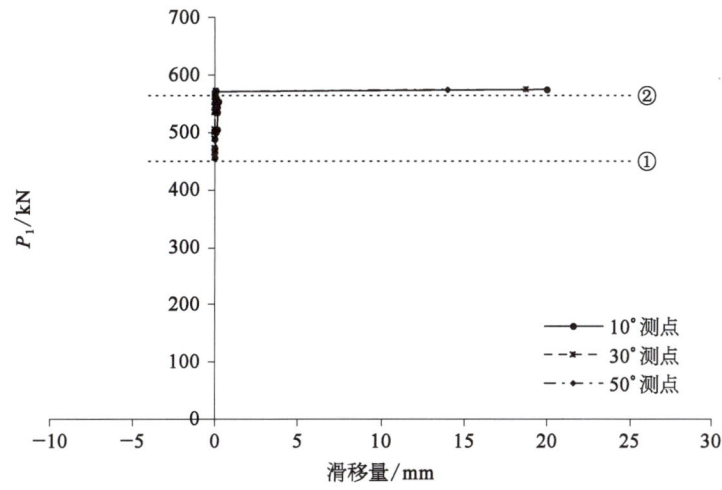

图 2-130　管片-复合型材黏结滑移曲线

管片与复合型材间的黏结破坏主要发生在圆心角 310°~50°范围内,黏结破坏方式主要表现为切向剪切滑移破坏和径向剥离破坏,由于复合型材的特殊分段成环加固方式,定义圆心角 310°~50°范围内的 6 根复合型材沿宽度方向自上而下依次为第 1 环、第 2 环、……、第 6 环*。

(1) 管片与复合型材黏结面切向滑移破坏。

整环加固的初始阶段,复合型材与管片黏结良好,没有滑移现象出现;当荷载增加到第 50 级($P_1=560$ kN)时,发现 350°~10°范围复合型材与管片黏结破坏(第 1 环),如图 2-131 所示,随后 8°附近邻接块混凝土拉剪破坏,随着荷载的增加,黏结滑移破坏持续增加,破坏由 0°位置向两边扩散。

试验结束后,观察到复合型材与混凝土黏结面滑移主要集中在 355°~50°范围,滑移量最大位置在顺时针方向 20°左右位置,最大滑移量达到 40 mm,腔体相对于管片逆时针转动,具体破坏情况如图 2-132 所示。

---

* 本节后续内容涉及 6 根复合型材都为沿宽度方向自上而下依次为第 1 环、第 2 环、……、第 6 环。

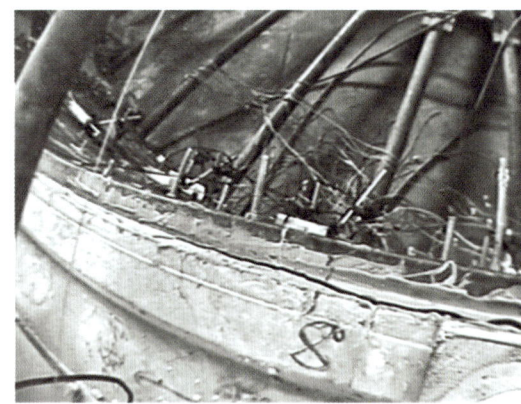 

图 2‑131　$P_1 = 560$ kN 时黏结面切向滑移破坏

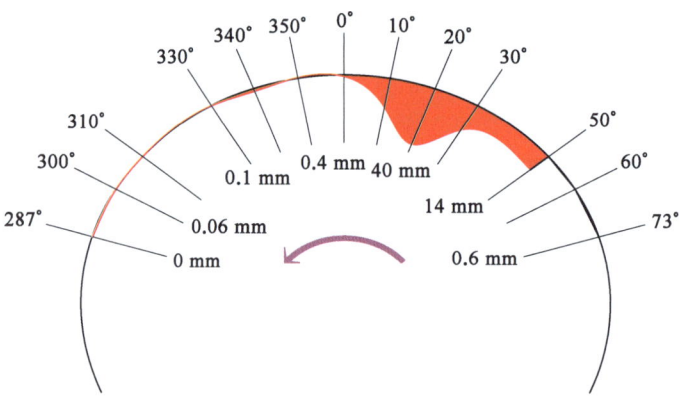

图 2‑132　卸载后管片与复合型材切向滑移破坏状态

(2) 管片与复合型材黏结面径向剥离破坏。

加载结束后,对复合型材与混凝土黏结面的剥离情况进行了统计测量,破坏主要集中在 310°~50°范围,在试验最终状态下,剥离情况如图 2‑133 所示。

第 1~4 环剥离破坏主要发生在 0°~50°范围,第 5 环和第 6 环剥离破坏主要发生在 310°~0°范围,其中第 2 环和第 5 环由于锚固不足在 54 级($P_1 = 572.5$ kN)持荷过程中,腔体相继弹出,最大剥离量达 230 mm,如图 2‑134 所示。

4) 黏结面破坏分类

通过对试验后破坏现象的观测记录,将复合型材与管片间的黏结破坏分为三类(图 2‑135)。

(1) 混凝土表层轻微破坏:破坏出现在混凝土表层,混凝土只是表面砂浆被胶粘下,此时胶与复合型材仍然黏结良好。

(2) 混凝土深度拉坏:破坏出现在混凝土深层,混凝土保护层剥落,此时胶与复合型材黏结良好。

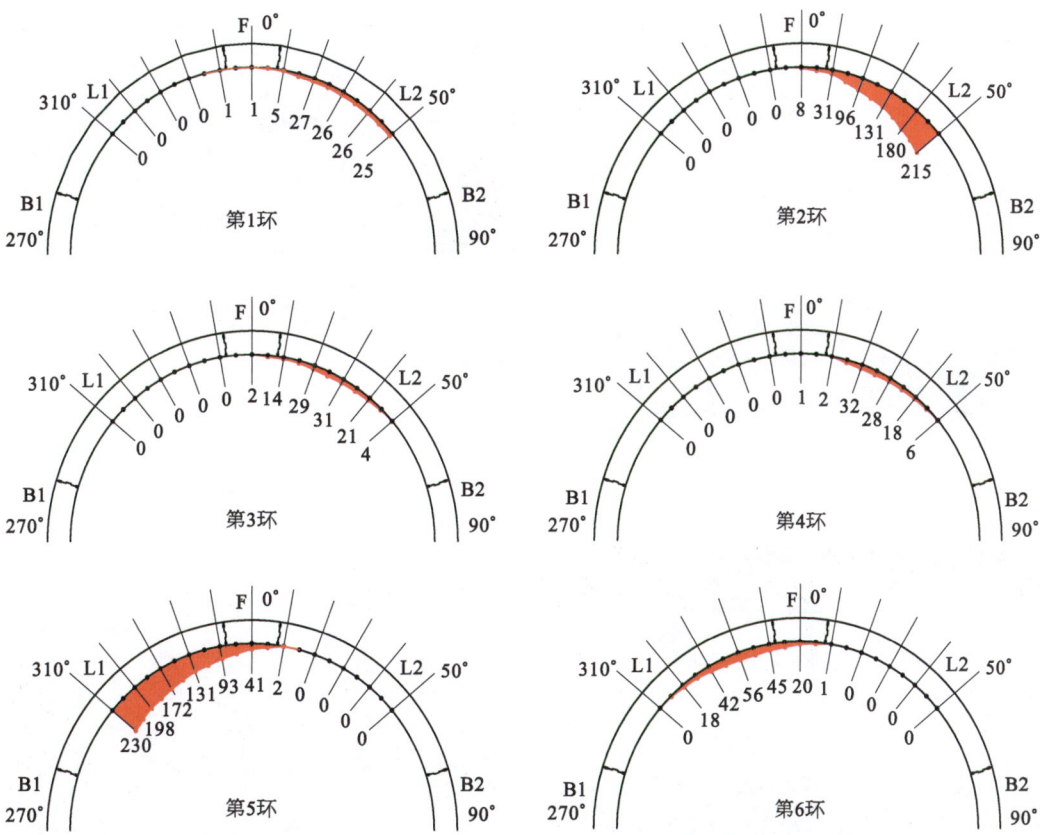

图 2-133　卸载后管片与复合型材黏结面径向剥离破坏状态(单位：mm)

图 2-134　第 2 环(左)和第 5 环(右)复合型材弹出破坏

(a) 混凝土表层轻微破坏

(b) 混凝土深度拉坏

(c) 胶与碳纤维脱开

图 2-135　复合腔与管片间黏结面破坏分类

(3) 胶与碳纤维脱开：破坏出现在胶与复合型材的黏结面，胶在管片上而复合型材表面光滑无胶。

本次复合型材与混凝土间的黏结破坏主要发生在 310°～50°范围，分别对该范围内 1～6 环复合型材的黏结破坏情况进行分类和汇总，得到每环的黏结面破坏形式分布情况如图 2-136 所示。

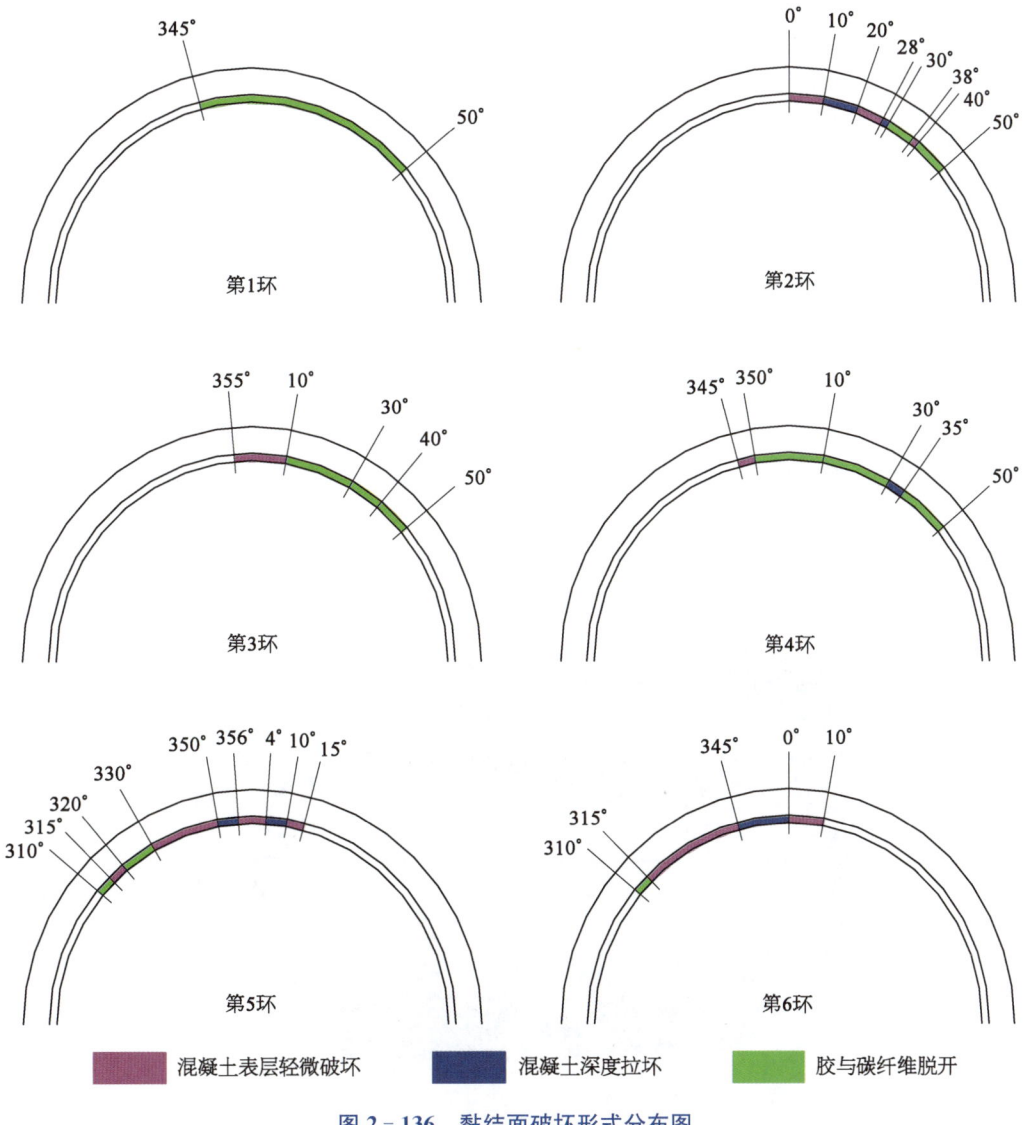

图 2-136　黏结面破坏形式分布图

2.7.4　试验分析

根据 2.7.3 节的试验数据，能够得到本试验中复合腔体加固盾构隧道结构的荷载-收敛变形曲线以及关键性能点，如图 2-137 所示。

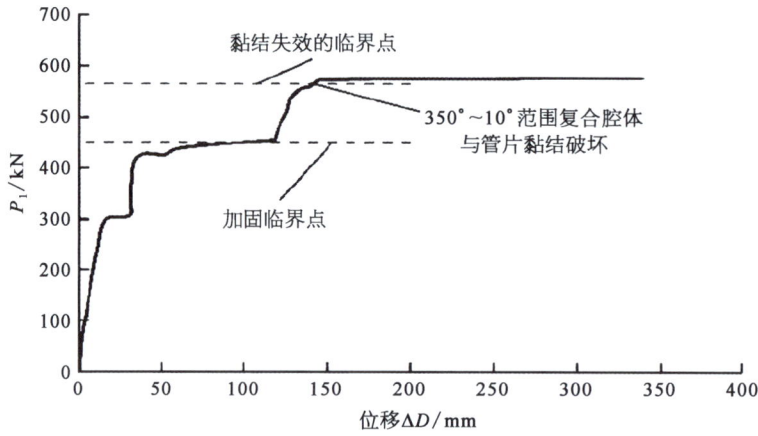

图 2‑137　复合腔体加固结构荷载‑收敛变形曲线

试验加固阶段始于加固临界点($P_1=454.8$ kN),加固前原混凝土管片结构已经进入平台段。加固后结构整体刚度显著提升,复合腔体与管片结构形成共同受力的叠合结构整体。从加固点至黏结失效破坏点,荷载迅速增长而结构变形较为缓慢。当荷载 P_1 增加至 560 kN 时,结构发生界面黏结失效,荷载‑位移曲线出现拐点而进入平台段,此时顶部位置(350°~10°)的复合腔体与混凝土管片界面发生黏结滑移破坏。此后随着荷载持续增加,结构变形迅速发展直至结构最终破坏。最终在结构完全破坏点($P_1=575.2$ kN)处,结构相继发生 352°接缝外缘混凝土压碎掉块、180°~184°拱底块混凝土压碎、287°接缝螺栓拉断而掉落、310°~50°范围内复合腔体弹出等现象(图 2‑138)。

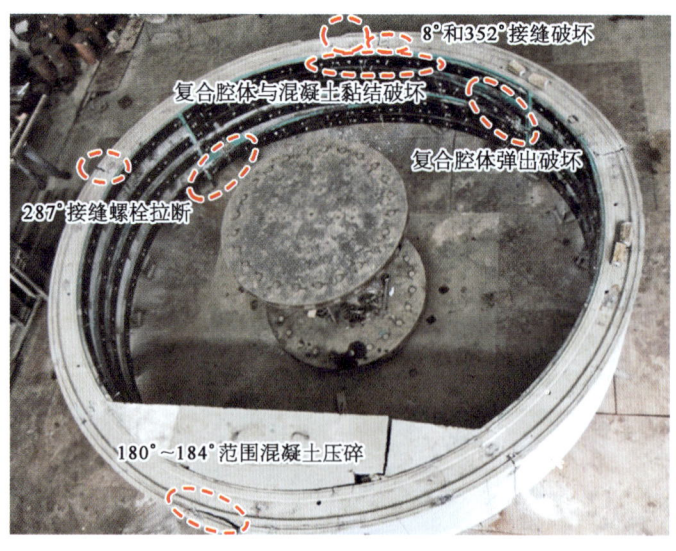

图 2‑138　复合腔体加固结构整体破坏情况

从上述结构破坏过程和加固结构性能可以看出,加固前后结构极限承载力提升了 23% 左右,验证了复合型材对管片的加固效果明显,能够有效提高结构整体刚度和强度。

界面黏结失效是复合腔体与管片间叠合失效的主要原因,位置主要集中在封顶块和邻接块位置。黏结破坏后结构仍均有一定的延性特征,收敛变形有一定的增量。加固结构破坏机理为:加固初期复合腔体与管片黏结较好而共同受力,结构刚度有较大提升;隧道界面出现黏结失效后,管片承担大部分荷载作用,结构变形迅速发展且整体刚度大幅下降。

第 3 章 盾构隧道结构服役安全分析

在不同加载工况和不同荷载水平下,隧道结构的力学性能和破坏状态不同。以量化指标将隧道结构性能水平划分为不同等级,评价隧道结构所处的力学状态,建立基于性能的盾构隧道结构评价体系,有助于找到合理的隧道运营维护及修复时机。

本章尝试对盾构隧道结构性能进行评价,并利用敏感性分析方法,探索隧道结构各性能阶段的敏感性因素,为实际工程和检修作业标准制定提供依据。

3.1 基于性能的盾构隧道结构评价

3.1.1 结构性能水平划分

结构修复与加固手段是为了恢复结构原有使用功能和承载能力。加固是恢复混凝土结构的刚性或结构物承载能力的工作,针对不同的情况采取最为适宜经济的维修加固方法,使得混凝土结构满足实际承载力的要求。因此,修复措施需根据结构的具体破坏情况对症下药。

可以依据荷载-结构位移曲线来划分盾构隧道衬砌结构性能水平,图 3-1 所示为衬砌结构在不同荷载水平作用下典型的荷载-位移曲线,其中横坐标、纵坐标分别是衬砌结构变形、衬砌结构承受的外部荷载。通过对全过程中结构刚度变化规律的分析,结合对结构塑性发展顺序和破坏机制的认识,提出五个性能水平阶段。

(1) 正常使用阶段。

正常使用情况下衬砌结构承受的荷载不应对隧道的使用功能造成较大影响,结构在基本荷载组合下满足承载力要求,且管片混凝土、截面钢筋和螺栓材料有一定的安全储备。基本荷载组合下结构的变形不超过规范限值(收敛变形小于 5‰D),接头张开量满足防水要求(张开量不超过 6 mm),管片混凝土裂缝宽度满足使用要求(裂缝宽度不超过 0.2 mm),结构整体处于弹性状态,结构刚度稳定。

(2) 稍加修补阶段。

当衬砌结构遭受意外事件(包括顶部超载和周边卸载),受到广义荷载大于设计荷载

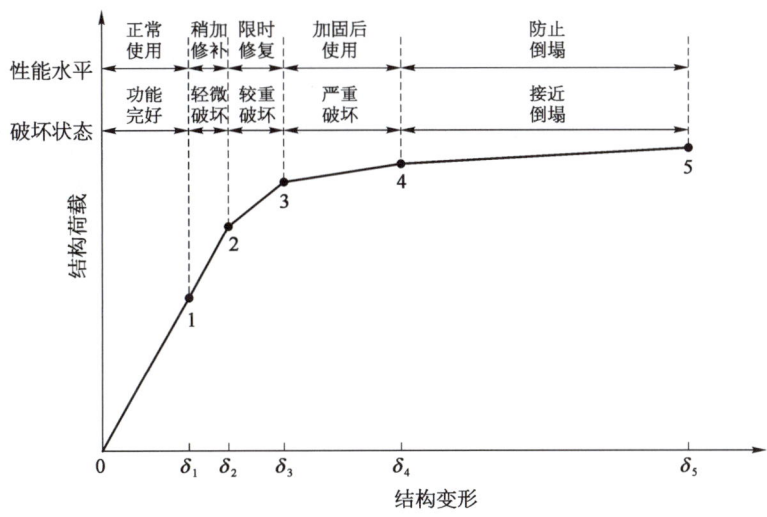

图 3-1 盾构隧道衬砌结构性能水平划分

值,衬砌结构的裂缝宽度逐渐不满足使用要求,但管片未出现接缝和压坏,截面钢筋和螺栓材料仍有安全储备,结构和接缝变形满足使用和防水要求,结构整体仍处于弹性状态,结构整体刚度基本没有退化。此阶段对衬砌裂缝稍加修补可使其满足正常使用要求。

(3) 限时修复阶段。

当作用于衬砌结构的广义荷载继续增大,衬砌结构出现首次局部损伤。表现为个别接缝核心区混凝土出现受压破坏现象,接缝抗弯刚度略微下降,接缝变形略微增加(仍满足防水要求),接缝螺栓应力显著增加但未进入塑性段。此阶段结构的整体刚度出现轻微退化,结构变形速度略微加快,虽然此时结构变形量值并不大,但由于结构已出现局部损伤,若让变形继续发展结构很快进入严重破坏阶段,因此建议立即采取修复或工程措施限制结构变形。

(4) 加固后使用阶段。

当作用于衬砌结构的广义荷载继续增大,结构出现首条接缝破坏。卸载工况下表现为个别接缝螺栓发生屈服现象,超载工况下表现为个别接缝边缘混凝土受压破碎,接缝抗弯刚度迅速降低,接缝变形迅速发展。此阶段结构整体刚度严重退化,结构变形迅速发展但结构仍能保持稳定,尽管出现一定程度的损伤,衬砌结构尚可在修复后继续使用,建议进行隧道结构加固措施。

(5) 防止倒塌阶段。

当作用于衬砌结构的广义荷载远大于设计荷载值,结构出现多条接缝破坏。卸载工况下多处接缝螺栓发生屈服现象,超载工况下多处接缝边缘混凝土受压破坏,接缝抗弯刚度急剧降低,接缝变形急剧上升,最终衬砌结构形成机构,无法继续承载。此阶段结构整体刚度基本退化为零,结构在维持外部荷载的情况下变形不断增大,通过常规修复手段让衬砌结构继续使用技术上可行,但经济性较差。

3.1.2 量化指标的确定

量化指标能够直观、定量地描述结构所处的性能水平,因此量化指标必须是易于获得、客观简单的。本节参照抗震设计理论,以变形作为量化指标,对盾构隧道衬砌结构进行性能水平划分。

隧道中变形包括结构收敛变形和接缝变形,而在实际工程中由于道床的存在,顶底变形难以获得,顶部和腰部接缝距离隧道底部较高,接缝变形也较难测量,顶底变形和接缝变形相比,腰部变形更加易于获得。为验证腰部变形作为量化指标的代表性,分别对卸载工况下数值模拟和足尺试验中衬砌结构各变形指标进行相关性分析,即验证腰部变形和顶部变形及接缝变形的相关性。

如图 3-2、图 3-3 所示,根据卸载工况数值模拟和足尺试验各变形指标的相关性分

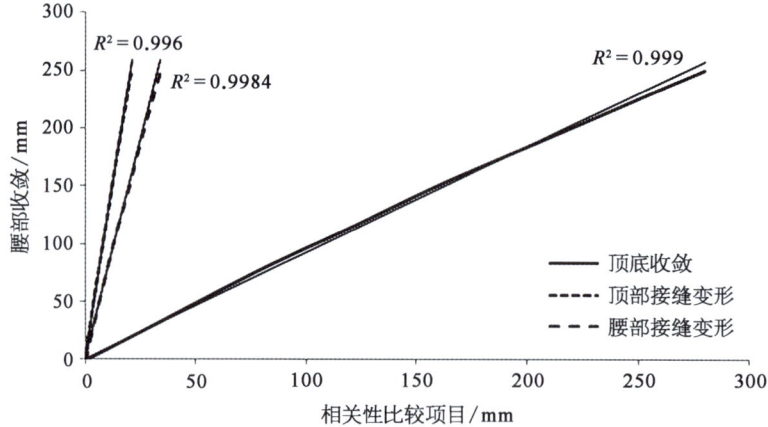

图 3-2 数值模拟各变形指标相关性分析

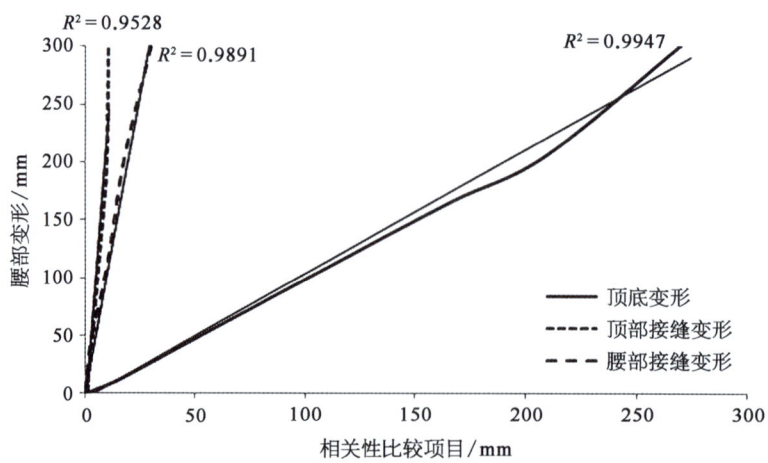

图 3-3 足尺试验各变形指标相关性分析

析结果,可以看出腰部变形和顶底变形及接缝变形有着极强的相关性,超载工况也有同样的结论,用腰部变形一个指标即可完全反映其余指标包含的信息。各变形指标相关系数汇总见表3-1。鉴于腰部变形具有代表性和易于获得的特点,因此将腰部变形作为盾构隧道性能评价的量化指标是科学可行的。

表3-1 各变形指标相关系数汇总

项　　目	腰部变形和顶底变形	腰部变形和顶部接缝变形	腰部变形和腰部接缝变形
数值模拟	0.999	0.998	0.998
足尺试验	0.997	0.976	0.994

3.2 盾构隧道结构性能影响因素分析

3.2.1 结构性能影响因素参数及其敏感性分析方法

从第2章整环足尺试验结果可知,通缝拼装盾构隧道衬砌结构的薄弱环节在于管片纵缝接头刚度,说明纵缝螺栓性能退化会影响衬砌结构的力学性能。在实际工程中,影响盾构隧道结构性能的因素可从设计、施工、运营三阶段归纳,见表3-2。

表3-2 纵缝耐久性影响因素

阶　　段	设计阶段	施工阶段	运营阶段
影响因素	螺栓强度	螺栓预紧、螺栓松弛	螺栓锈蚀、接缝混凝土腐蚀、意外事件

基于经试验验证的非线性有限元结构模型,通过单一影响因素参数分析方法探究各因素如何影响衬砌结构的受力机制和破坏过程,同时为影响因素敏感性分析提供数据来源。敏感性分析的基本思想是对于项目涉及的影响因素,根据项目评价的要求和实际需要,给出各影响因素的变化幅度,计算相应分析指标的变化值,比较得到各影响因素对于项目目标的敏感程度,从而得到各影响因素对项目目标的重要性,以便在影响因素确定时有重点地进行考虑。敏感性分析的步骤包括:确定分析目标、确定影响因素、计算和分析敏感程度、确定敏感因素。敏感性分析的最常用方法是单因素分析方法,即在分析时逐次假设一个影响因素在其可能变化范围内变化,其他影响因素固定不变。

敏感性系数 λ 为分析目标变化量 ΔR 与影响因素变化量 ΔX 的比值,按下式计算:

$$\lambda = \frac{\Delta R}{\Delta X}$$

显然,λ反映了参数敏感性曲线的割线斜率。λ愈大,表示参数变化愈容易引起分析目标的剧烈变化,该参数的危险性也愈大。实际应用中,敏感性系数较大者将作为重点控制参数。

3.2.2 结构性能敏感因素及工程措施

1) 卸载工况

3.1节将卸载工况下结构性能水平划分为五个阶段,分别为正常使用、稍加修补、限时修复、加固后使用和防止倒塌阶段。各个阶段性能由低到高分别为正常运营状态、首次局部损伤、首条接缝破坏、多条接缝破坏和极限承载状态。利用敏感性分析方法,绘制每个关键性能点状态下各影响因素变化率与结构腰部收敛变形变化率曲线,计算相应影响因素敏感性系数,得出各性能点状态下影响结构性能的最敏感因素。

卸载工况敏感性因素汇总见表3-3,从敏感性分析结果可以看出:

(1) 螺栓预紧在结构受力弹性阶段有利于限制结构收敛变形。
(2) 螺栓松弛则会导致结构弹性阶段和弹塑性阶段的收敛变形相应增加。
(3) 在结构弹塑性阶段螺栓受力明显,螺栓弹性模量显著影响着该阶段结构的收敛变形。
(4) 螺栓强度的提高使得接缝螺栓屈服时机延后,但对结构收敛变形影响微弱。
(5) 卸载工况下结构轴力较小,接缝混凝土应力较小,全过程中接缝混凝土的弹性模量对结构收敛变形影响不大。
(6) 结构塑性阶段变形基本稳定,对各影响因素均不敏感。

表3-3 卸载工况各性能水平阶段敏感性因素

性能阶段	正常使用	稍加修补	限时修复	加固后使用	防止倒塌
受力阶段	弹性阶段	弹性阶段	弹塑性阶段	弹塑性阶段	塑性阶段
收敛变形	0~16 mm	16~26 mm	26~63 mm	63~102 mm	>102 mm
敏感因素	螺栓预紧 螺栓松弛	螺栓松弛 螺栓预紧 接缝混凝土弹模	螺栓弹模 螺栓松弛	螺栓弹模 螺栓松弛	无敏感因素
设计建议	设计过程对螺栓预紧力提出要求	—	—	—	—
施工期建议	保证螺栓的预紧力,防止螺栓松弛		加强螺杆和螺帽的防锈措施		—
运营期建议	定期检查螺栓紧固情况	定期监测接缝渗漏水	立即采取注浆、卸载或其他修复措施限制结构变形	隧道加固	防止隧道倒塌

针对卸载工况下结构各性能水平阶段的敏感性因素,提出如下建议:

(1) 设计方面,在设计过程中对接缝螺栓预紧力提出量化要求。

(2) 在施工期保证接缝螺栓的预紧力满足设计要求,并在管片拼装完毕对螺栓紧固情况进行复核,防止螺栓松弛;同时加强螺杆和螺帽的防锈措施。

(3) 在隧道运营期间,针对隧道所处各性能水平阶段提出相应建议,正常使用阶段需定期检查螺栓的紧固情况,稍加修补阶段需定期监测接缝渗漏水和接缝混凝土腐蚀情况,限时修复阶段需立即采取注浆、卸载或其他修复措施限制结构变形,加固后使用阶段需对隧道进行加固措施,防止倒塌阶段对隧道进行加固措施技术上可行,但经济性不高,应采取措施防止隧道倒塌。

2) 超载工况

超载工况敏感性因素汇总如表 3-4 所示,从敏感性分析结果可以看出:

(1) 螺栓预紧和螺栓松弛主要影响结构弹性阶段收敛变形;

(2) 在首条接缝破坏,即顶部接缝外缘混凝土压碎后,接缝螺栓受力明显,此后螺栓弹性模量显著影响着结构的收敛变形;

(3) 螺栓强度的提高使得接缝螺栓屈服时机延后,但对结构收敛变形影响微弱;

(4) 超载工况下结构轴力较大,接缝混凝土压应力较大,接缝混凝土的弹性模量对首次局部损伤和首条接缝破坏期间的收敛变形影响显著。

表 3-4 超载工况各性能水平阶段敏感性因素

性能阶段	正常使用	稍加修补	限时修复	加固后使用	防止倒塌
受力阶段	弹性阶段		弹塑性阶段		塑性阶段
收敛变形	0~14 mm	14~16 mm	16~37 mm	37~56 mm	>56 mm
敏感因素	螺栓预紧 螺栓松弛	螺栓松弛 接缝混凝土弹模	接缝混凝土弹模	螺栓弹模	螺栓弹模
设计建议	设计过程对螺栓预紧力提出要求		—		—
施工期建议	保证螺栓的预紧力, 防止螺栓松弛		定期监测 接缝渗漏	加强螺杆和螺帽的防锈措施	
运营期建议	定期检查螺栓紧固情况	定期监测接缝渗漏水	采取注浆、卸载或其他修复措施限制结构变形	隧道加固	防止隧道倒塌

针对超载工况下结构各性能水平阶段的敏感性因素,提出如下建议:

(1) 设计方面,在设计过程中对接缝螺栓预紧力提出量化要求。

（2）在施工期保证接缝螺栓的预紧力满足设计要求，并在管片拼装完毕对螺栓紧固情况进行复核，防止螺栓松弛；定期监测接缝渗漏水情况，同时加强螺杆和螺帽的防锈措施。

（3）在隧道运营期间，针对隧道所处各性能水平阶段提出相应建议，正常使用阶段需定期检查螺栓的紧固情况，稍加修补阶段需定期监测接缝渗漏水和接缝混凝土腐蚀情况，限时修复阶段需立即采取注浆、卸载或其他修复措施限制结构变形，加固后使用阶段需对隧道进行加固措施，防止倒塌阶段对隧道进行加固措施技术上可行，但经济性不高，应采取措施防止隧道倒塌。

第 4 章
盾构隧道结构大变形机理及治理技术

对盾构隧道的使用者而言,需要了解引起隧道大变形的影响因素是什么,隧道是如何变形的,如何评价隧道安全状态,评价指标体系如何,如何预防、预控和治理隧道的收敛大变形,这对隧道安全保障至关重要。

本章介绍了上海轨道交通隧道收敛变形的监测管理制度和监测成果、结构安全评估体系和指标及建立的隧道结构大修评估指标和整治措施要求。两种工艺方法及四个案例,针对不同原因造成隧道横向收敛大变形,分别采取怎样的成套治理措施,可以取得怎样的治理效果。

4.1 隧道结构收敛变形现象及机理分析

4.1.1 隧道结构收敛变形现象

受限于当时的装备技术,为便于隧道结构的拼装施工,早期的隧道多采用通缝拼装方式。目前这种方式使用渐少,隧道开始大量采用通用管片错缝拼装。上海轨道交通隧道大多为通缝拼装,只有少量错缝拼装区间,个别采用双圆错缝拼装和大直径错缝拼装隧道。无论采用何种拼装方式,盾构法隧道最显著的特点是结构天然存在大量接缝,1 km 长的中等直径单圆盾构隧道其纵向和环向接缝总量约是隧道轴线长度的 20 余倍(图 4-1)。隧道接缝部位不仅是结构变形和受力的薄弱部位,同时也是渗漏水、管片破损等常见病害的高发部位。通过对上海轨道交通盾构隧道近 73 万环的检查和监测分析,发现隧道最常见、最严重的病害主要是渗漏水、管片裂缝和变形,三种病害在接缝部位表现更加明显。

引起隧道横向变形的因素很多,既有建设期的隧道施工方面的因素,也有运营期的检修养护因素。通过对运营隧道横向变形长期监测结果的理论分析,发现导致隧道产生较大横向变形的因素主要有两类:一类情况是在隧道上方进行大面积大量压载,如绿化、堆土、建筑施工等,而隧道底部的下卧地层恰恰又是相对较硬的地层,容易导致隧道发生收敛变形;另一类情况是在隧道一侧或两侧进行开挖卸载施工,如深大基坑工程活动等,也

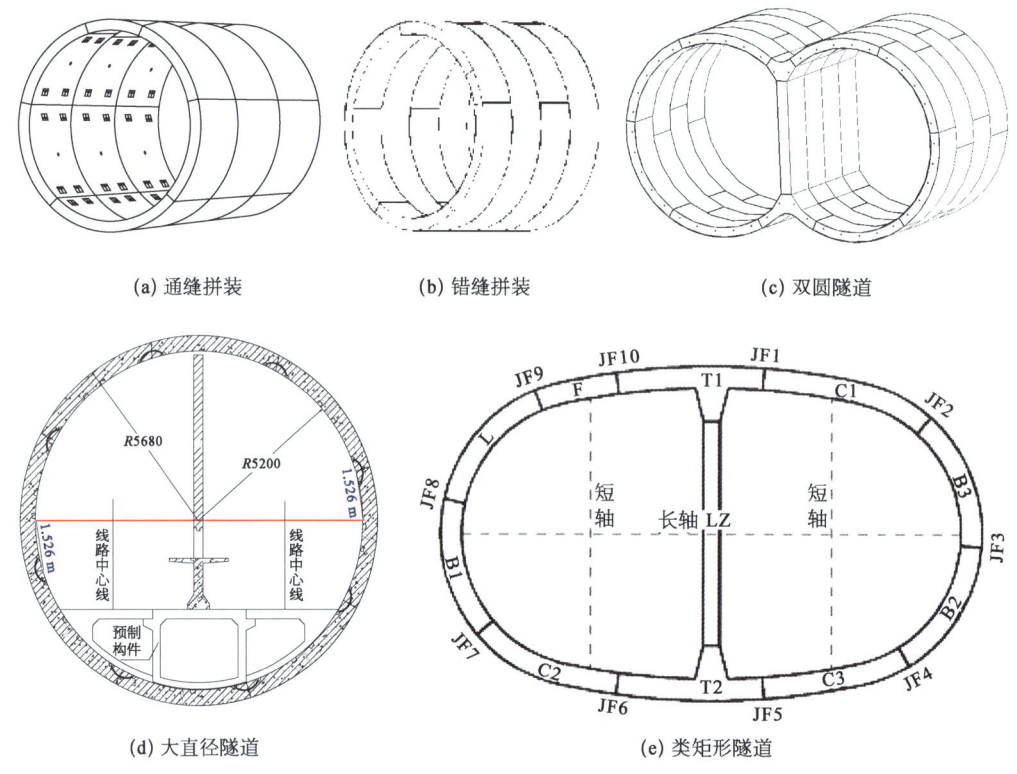

图 4-1 盾构隧道常用拼装方式

容易引起隧道的收敛变形。如果这两种情况同时发生或相继发生工况叠加，将会导致上部荷载增大和侧向应力系数降低，隧道的横向变形将形成叠加并持续增大。

如图 4-2 所示，变形后的隧道会引起新的结构渗漏水或加剧结构渗漏水等病害，而渗漏水的发生反过来影响结构收敛变形的增加，有些甚至对建筑限界带来影响，最近 10 年国内十数座城市的轨道交通隧道先后发生了大范围的横向收敛变形。

图 4-2 隧道横向收敛变形示意及病害图例

例如上海某在建轨道交通区间盾构隧道地面突发大量堆土，引起了严重的渗漏水及结构损伤病害，部分衬砌环甚至出现顶部混凝土块状脱落及螺栓断裂现象，严重威胁到结构及运营安全。图 4-3 所示为该事故案例的纵剖面图，堆土范围从 280 环至 600 环，平均堆高为 4 m,最大堆高为 7 m。堆载区域内引起隧道水平直径变化值达到 14.5 cm,在变形最大的 576 环,水平直径比设计值增加达 21.4 cm,严重威胁隧道安全。事故隧道结构受损及渗漏水的现场如图 4-4 所示。

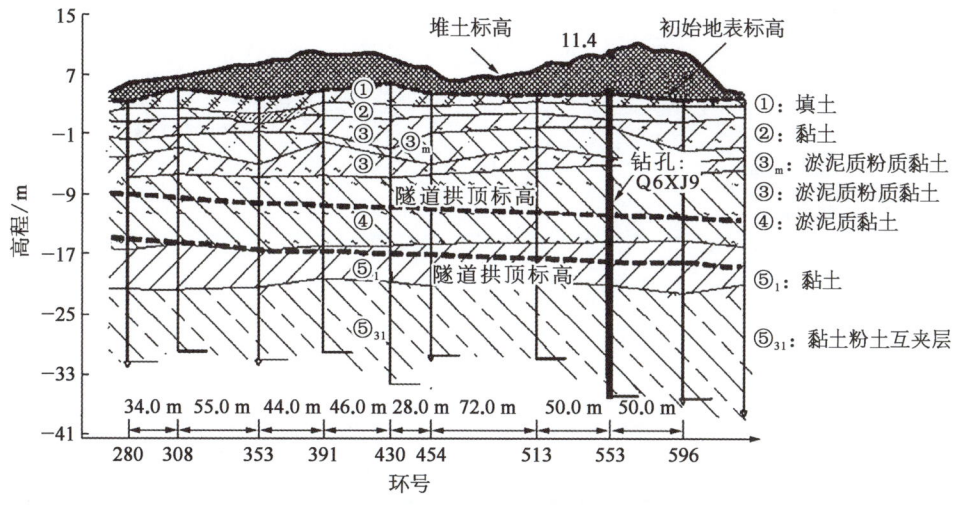

图 4-3 隧道上方堆载纵剖面示意图

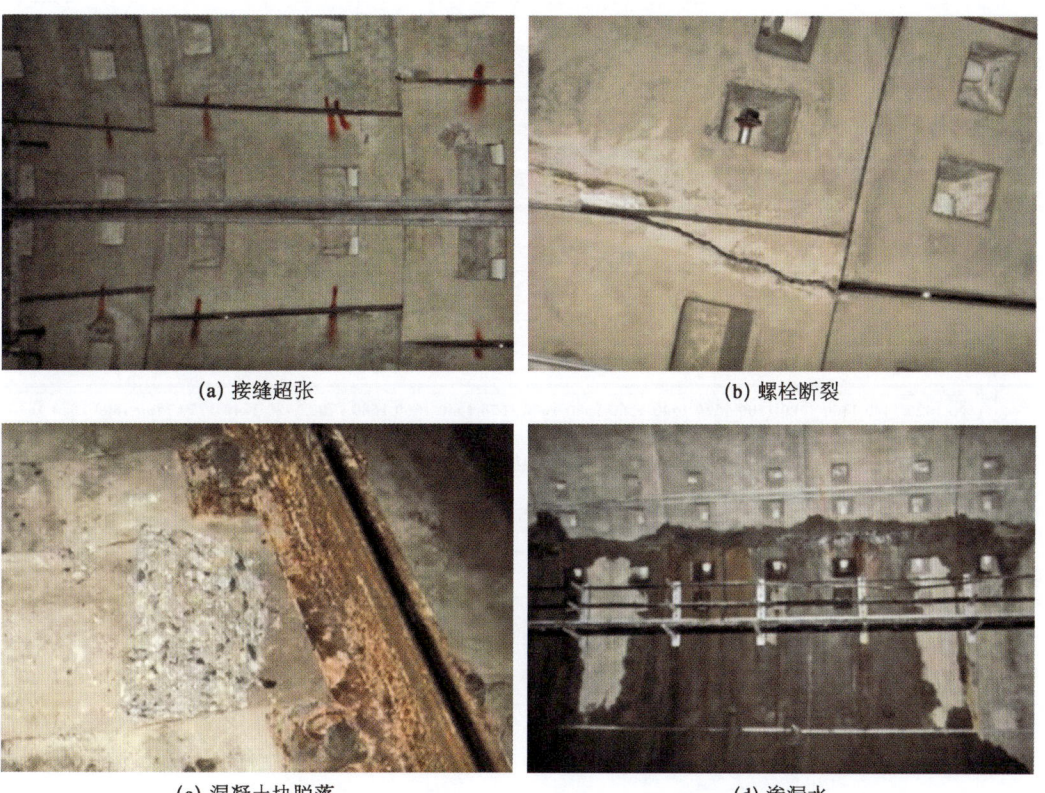

图 4-4 堆载引起隧道结构病害现场图

典型的绿化堆土工程引起的隧道收敛变形如图4-5、图4-6所示。

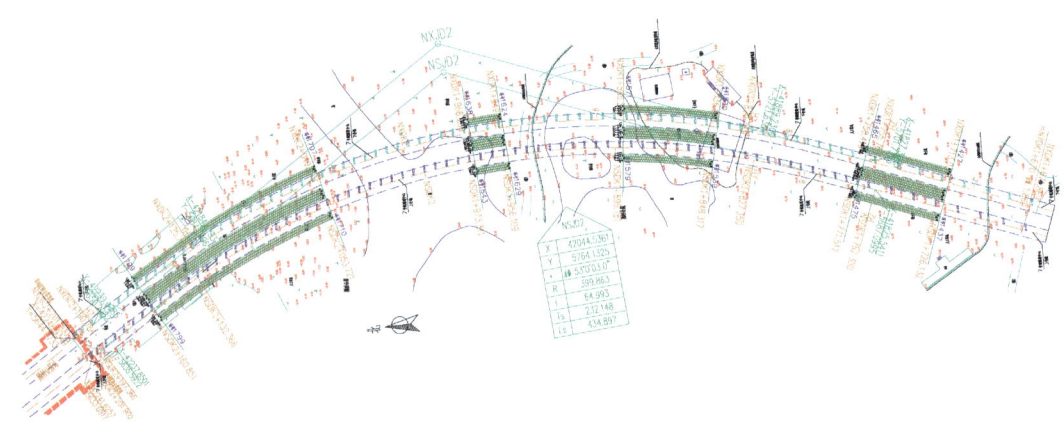

(a) 地面注浆平面布置图

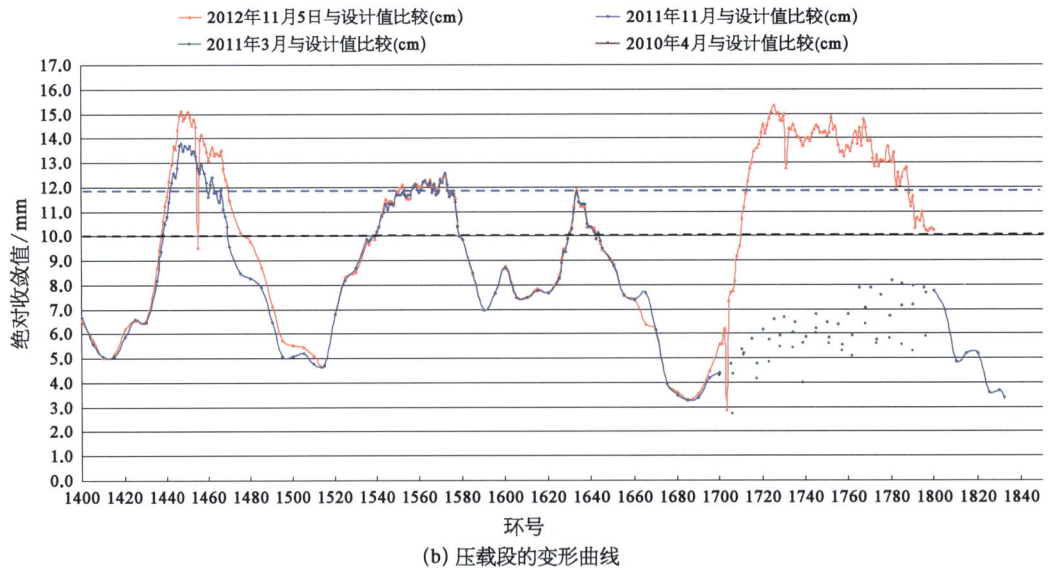

(b) 压载段的变形曲线

图4-5　7号线顾村公园隧道施工对收敛变形的影响

图4-5、图4-6所示两处堆土对运营隧道影响巨大,一是引起隧道本身病害严重,二是治理这类病害花费了很大的精力与费用。

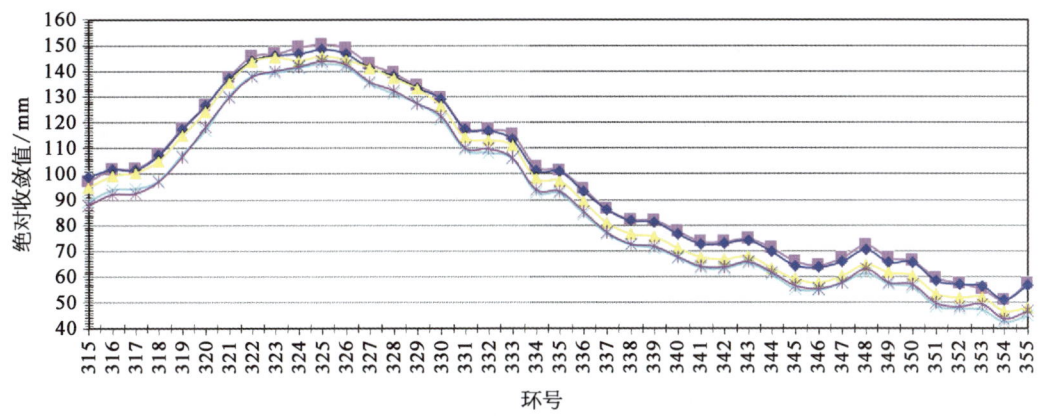

(a) 10号线新江湾地块累计收敛曲线(侧向卸载引起)

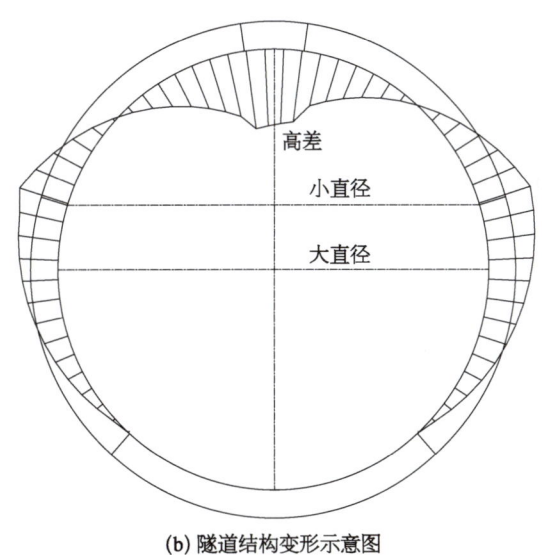

(b) 隧道结构变形示意图

图 4-6　10号线新江湾城站邻近隧道基坑工程施工对收敛变形的影响

4.1.2　隧道横向收敛变形机理分析

1) 隧道横向变形机理

引起隧道横向变形的因素很多,实际工程案例中导致隧道产生较大横向变形的通常因素主要有两种:一种情况是在隧道上方进行大面积大量压载;另一种情况是在隧道一侧或两侧进行卸载施工。此外,隧道的渗漏水也对收敛增大有促进作用。

(1) 隧道上部压载。

当隧道上方压载较小时,对地层扰动影响较小,但会引起隧道结构内力增加,隧道横向变形增大,同时会压密隧道外壁附近的侧向土体,提高了隧道侧向抗力,将阻止或减缓隧道横向变形的进一步发生。同时,也引起隧道周围产生超孔隙水压力,孔隙水压力的消散会使横向变形继续增加,直至达到平衡,隧道变形才能稳定。

当继续增加压载量,隧道结构内力继续增加,横向变形继续增大,隧道侧向抗力也会进一步增加。如果压载后隧道结构内力仍小于许可应力,结构处于稳定;如果结构内力超过结构许可应力,管片开始出现压损或发生开裂,螺栓也会因拉流失效。隧道作为一个拼装整体结构,当结构某处受力达到极限时,应力在隧道结构内部将会重新调整。随隧道上部荷载的逐渐增加,管片变形和受力以渐进性传递的方式逐步扩展,直到整体结构发生破坏。

(2) 侧向卸载情况。

当隧道顶部荷载基本不变,如果在隧道两侧进行卸载施工,则引起隧道侧向土体松动明显,导致隧道侧向土压力和抗力损失明显,将使隧道横向变形迅速增加;如果隧道侧向土压力损失过大,管片接缝处形成快速张开或受压闭合,将导致混凝土局部压碎或开裂,或螺栓失效,将迅速危及结构整体稳定,进而引起隧道垮塌。

(3) 上部压载合并侧向卸载情况。

在隧道上部压载同时又进行侧向卸载是隧道变形和受力最不利工况,此类工况的叠加将加速隧道变形和受力的发展,引起隧道破坏失稳,如图 4-7 所示。

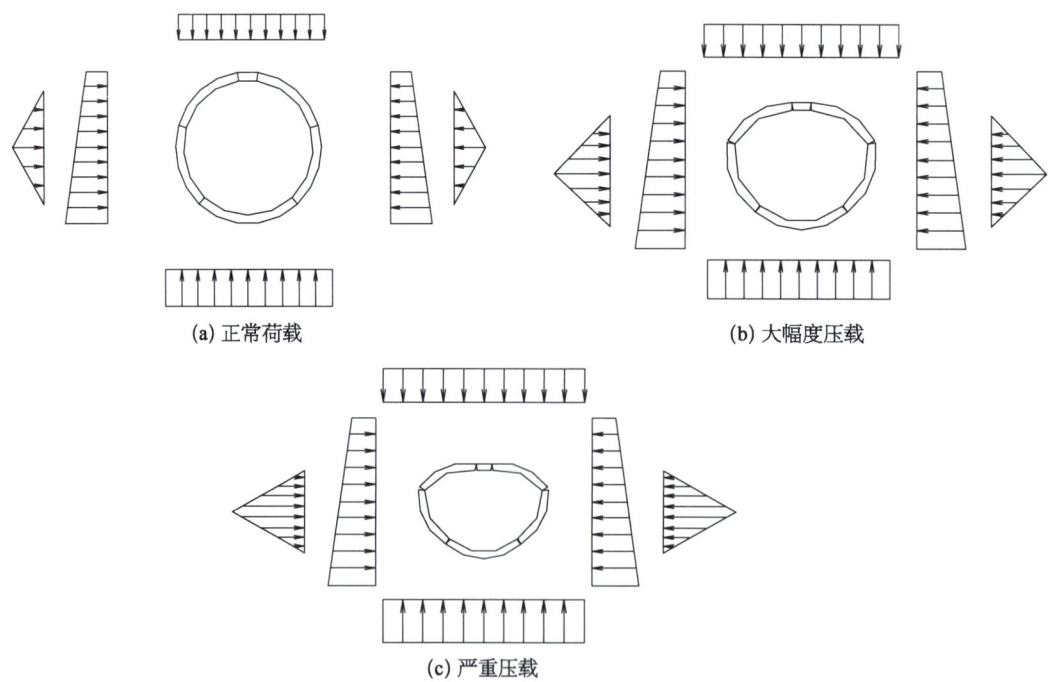

图 4-7 隧道上部压载及侧向抗力变化对隧道变形影响示意图

就隧道结构横向变形的本质而言,隧道上部荷载和水平荷载(包括土体侧向压力和土体抗力)比值增大是引起隧道横向变形增大的核心问题。因此,隧道垮塌主要取决于管片压损情况和水平抗力的损失情况。如果作用于隧道上部的垂直荷载与水平抗力比值较小时,隧道结构体系稳定,不易发生垮塌;如果比值过大,即使作用在隧道上部荷载较小也易引起隧道垮塌,但这种破坏方式的假定和破坏时横向变形量的大小都需要通过试验来验证。

隧道上部荷载大小和变化,土体侧向系数与土体抗力系数的大小与变化,决定着隧道与土层的相互作用效果,决定了隧道的稳定性。

2) 隧道横向收敛变形特征

由于隧道由管片拼装而成,沿衬砌环向刚度是不同的。按照设计要求,拼装变形和受力状态下变形之和不能超过 5‰D(D 为隧道外径),接缝张开不超过 6 mm。但实际监测发现,当接缝张开超过 4 mm,直径变化量 ΔD 一般要达到或超过 5‰D,而实际上隧道接缝变形超过 5‰D 的比例较大。工程监测资料显示,隧道横向变形几乎呈现为竖向压缩的"横鸭蛋",只有极少数隧道因特殊原因呈"竖鸭蛋"趋势。衬砌环结构受力后,顶底内侧受拉、外侧受压,两侧的内侧受压、外侧受拉。而对于通、错缝拼装隧道,由于接头刚度的差异,通缝收敛是以沿接头变形(通缝)发生的,错缝是以管片开裂而发生的。测量发现隧道的收敛变形曲线不是很光滑的,在接头部位上下部位的横向变形带有一定的突变现象,其主要原因在接头处的刚度相对较小、接缝处存在张开量或闭合的缘故。以通缝拼装结构为例,根据综合分析,隧道横向变形主要由接头变形和管片弹性变形组成,其中接头处变形占主要比例,如图 4-8 所示。

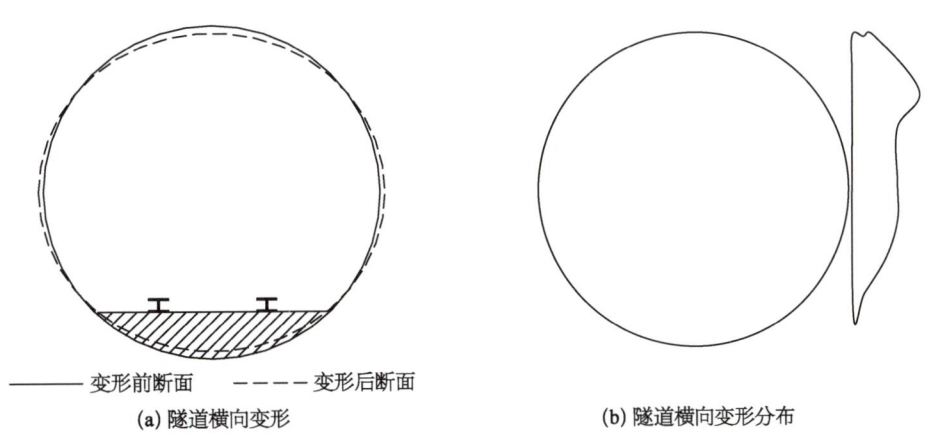

(a) 隧道横向变形　　　　　　　　　　(b) 隧道横向变形分布

图 4-8　隧道收敛变形特性

衬砌环的变形与所受内力密切相关。一般情况下,隧道顶底部外弧面处于受压状态,顶部和底部内弧面处于受拉状态,腰部外侧受拉内侧受压。隧道顶部的外弧面处在受压状态下,接头外弧面处在压紧状态,不会发生渗漏水情况,但当压应力超过接头处的混凝土强度后,管片接触处将产生破坏。纵缝间弹性防水垫在一定程度上可以起到分散接头靠近外弧面处的压应力作用。

假定隧道初始状态为管片之间是密贴压紧的,根据弹性密封垫和螺栓在管片厚度所处位置,当接缝处外弧面压紧而内弧面张开 1 mm,螺栓长度增加量约为 0.657 mm,弹性止水垫张开增量 0.157 mm。按设计要求接缝张开 4 mm 计,螺栓会拉长 2.628 mm,弹性止水垫张开增量 0.628 mm。因此,当接缝外弧面压紧而内弧面张开过大时,螺栓易拉流,而止水垫张开量却很小,虽然不会发生止水失效的问题,但却容易发生管片接头外弧面压坏现象。但当内弧面压紧而外弧面张开 1 mm 时,弹性止水垫张开 0.843 mm,螺栓仅拉长 0.357 mm;当外弧面张开 4 mm 时,螺栓拉长 1.428 mm,弹性止水垫张开 3.371 mm。根据防水要求,当外弧面张开 6 mm 时,弹性止水垫张开 5.057 mm,螺栓拉长 2.142 mm。因此,当内弧面处于压紧状态时,螺栓伸张量较小,一般不易拉流,而防水垫则易发生止水失效问题。

隧道纵向接缝的张开量主要由两部分组成:一部分是由螺栓没有拧紧引起的初始变形,另一部分则是由隧道受压后螺栓和管片产生的弹塑性变形。前述接缝张开量如全部由螺栓塑性变形引起的,螺栓的应变量已远超 1%,螺栓已处于拉流状态。此状态下隧道的横向直径与正圆相比,增量 ΔD 已超过 10 cm,接近 1.6%D,此时应严防突变。

因环境条件和地层条件差异性很大,目前国内外对运营隧道变形发展规律的认识及允许变形的控制标准还比较欠缺,没有一个统一变形控制标准,罕见以直径变化为参数来研究隧道内部应力发展规律和结构安全研究。但以隧道直径变形建立的安全控制标准有其科学性的一面,更具有直观性和易操作性,对保护运营隧道结构安全具有重要意义。

3) 隧道变形控制数值模拟

(1) 数值分析模型。

为了分析隧道压载和侧向抗力对隧道横向变形的影响,以上海通缝拼装轨道交通盾构隧道为背景,考虑隧道压载和土体侧压力系数的影响,采用荷载-结构法计算理论,利用 ABAQUS 数值模拟方法对隧道结构进行了计算分析。管片和连接螺栓采用实体单元,接缝接触面为硬接触,螺栓直径 ϕ30 mm,螺栓孔直径 ϕ42 mm,土体抗力以抗压弹簧来模拟,混凝土和螺栓采用双曲线本构模型。数值计算模型、地层抗力和荷载分布如图 4-9 所示,计算参数见表 4-1。

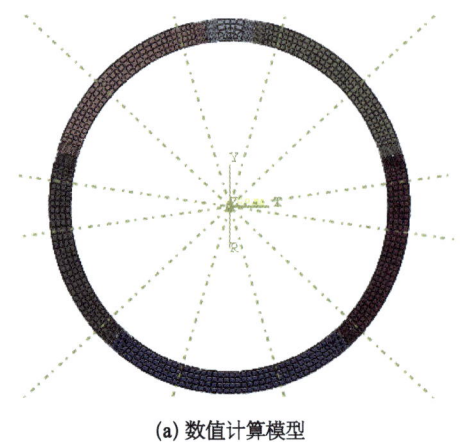
(a) 数值计算模型

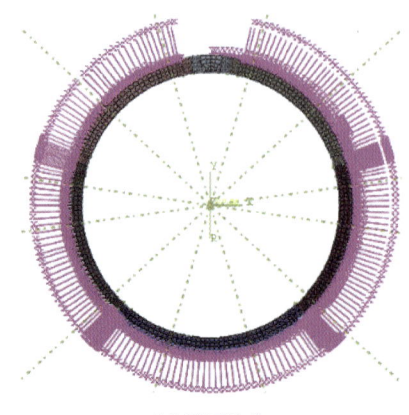
(b) 地层抗力

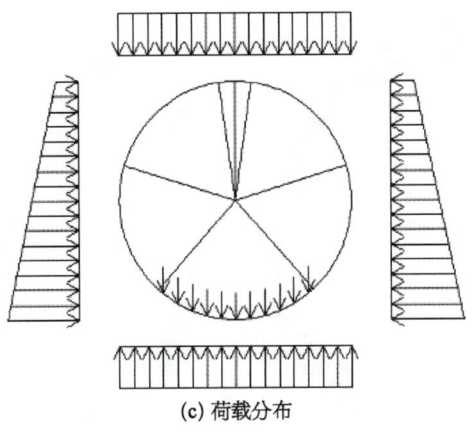

(c) 荷载分布

图 4-9 数值计算模型及荷载分布图

表 4-1 数值计算参数

材　料	第一阶段弹性模量/MPa	第二阶段弹性模量/MPa
混凝土	35 495	592
螺栓	2.06×10^5	7×10^4

(2) 计算工况。

数值计算中考虑不同压载、不同侧压力系数和土层抗力系数等，压载范围为 0～60 m，侧压力系数分别为 0.5、0.6、0.7 和 0.8，土层抗力系数分别为 $K_s = 625$ kPa/m、1 250 kPa/m、2 500 kPa/m、5 000 kPa/m、10 000 kPa/m。将压载、土体静止侧压力系数和土层抗力系数进行组合，共进行 29 种工况的计算，并考虑当接头螺栓应力达到极限状态并退出工作后的情况。

(3) 隧道横向变形分析。

在上部荷载作用下，隧道变形和混凝土受力如图 4-10 所示。

压载会引起隧道发生明显的横向变形，隧道横向变形过程中，由于通缝隧道的对称性特点，隧道结构变形和受力也对称发展。在横向变形发展过程中，接头 1 和接头 6 发生内侧张开，接头 2 和接头 5 外侧张开，接头 2 和接头 5 张开最为大，其次为接头 1 和接头 6，接头 3 和接头 4 的张开最小。由于螺栓所处位置决定了接头 1 和接头 6 处螺栓受力较大，而接头 2 和接头 5 张开附近产生较大的混凝土应力集中。

数值分析表明，隧道的横向变形特性受到压载大小、土体抗力系数和土体侧向压力系数的显著影响。在侧向压力系数一定时，隧道压载对隧道变形和受力的影响如图 4-11 所示。

在侧向压力系数一定时，土体抗力系数对隧道变形和受力的影响如图 4-12 所示。

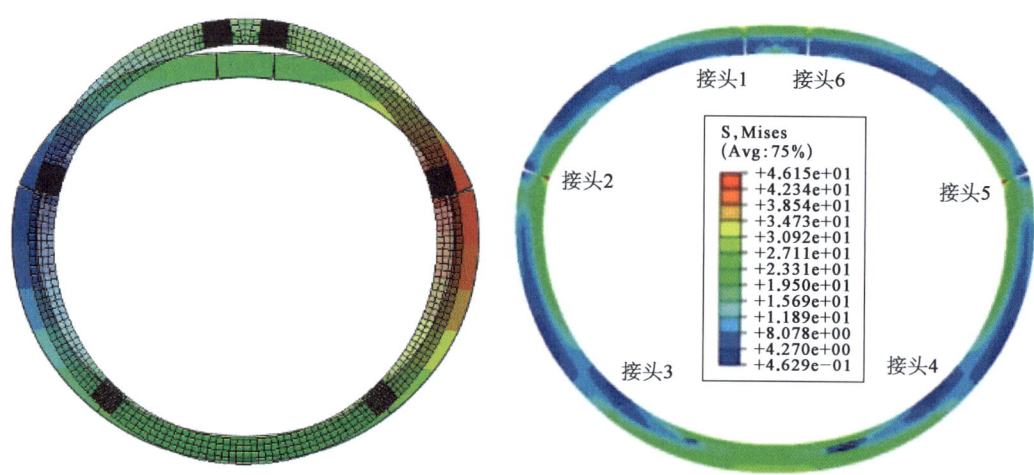

图 4‑10　压载影响下隧道横向变形和混凝土受力特征

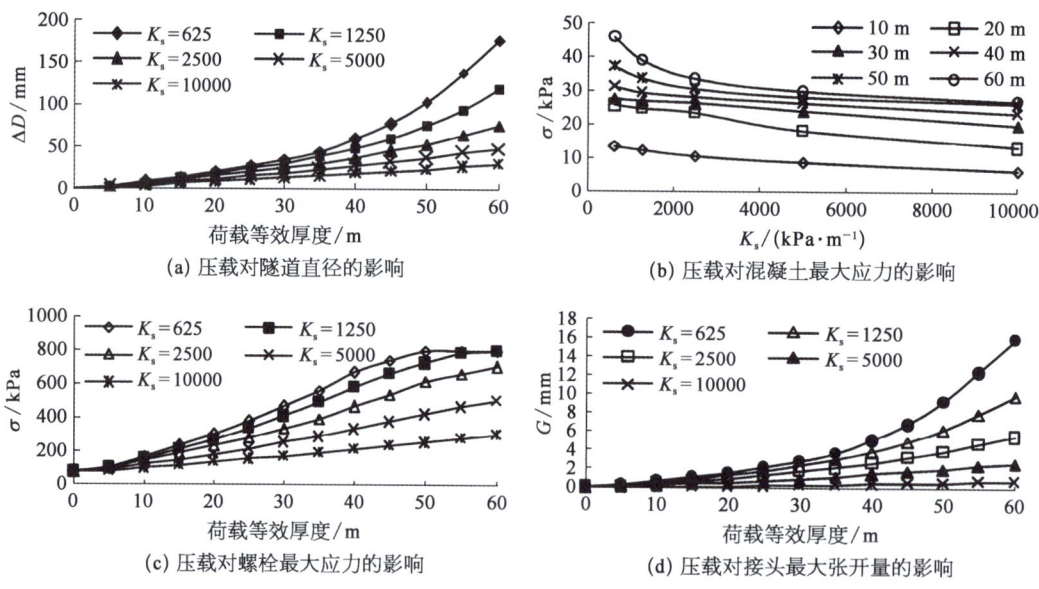

图 4‑11　侧向压力系数为 0.7 时压载对隧道变形和受力的影响

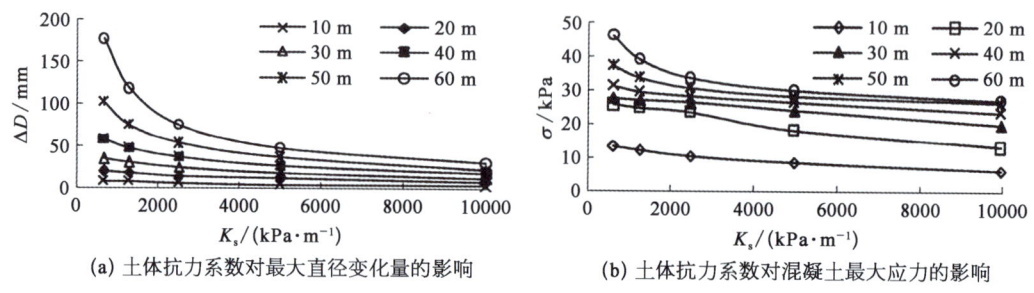

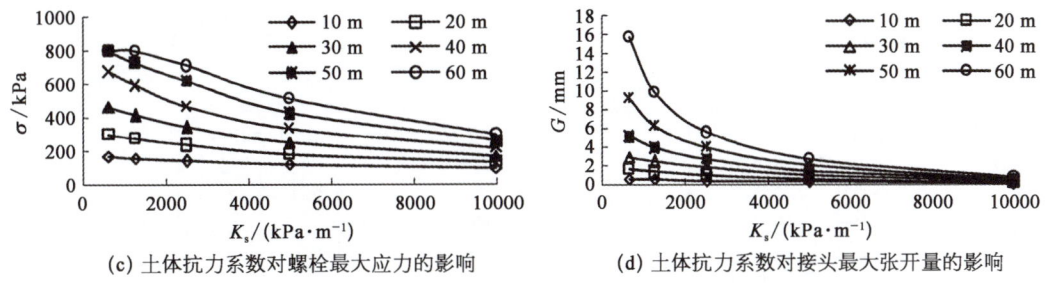

(c) 土体抗力系数对螺栓最大应力的影响　　(d) 土体抗力系数对接头最大张开量的影响

图 4-12　土体侧向压力系数为 0.7 时其抗力系数对隧道变形和受力的影响

在土体抗力系数一定时，土体侧压力系数对隧道变形和受力的影响如图 4-13 所示。

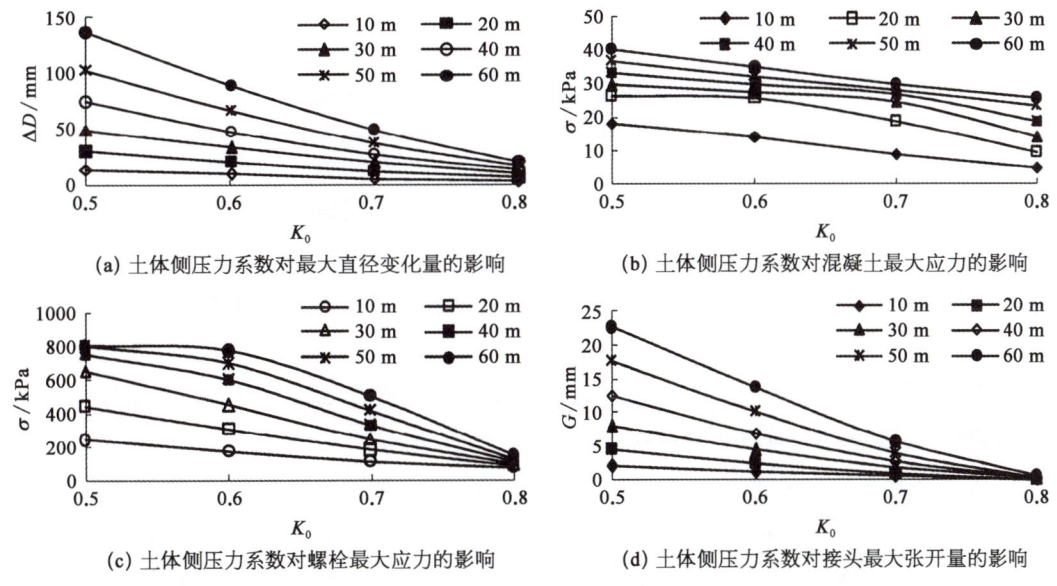

(c) 土体侧压力系数对螺栓最大应力的影响　　(d) 土体侧压力系数对接头最大张开量的影响

图 4-13　土体抗力系数为 5 000 kPa/m 时土体侧压力系数对隧道变形和受力的影响

螺栓在达到极限状态后发生断裂，螺栓断裂后隧道变形如图 4-14 所示。

由上述数值分析结果可知，在侧向压力系数保持恒定，随着隧道顶部荷载增大，隧道横向变形增大，螺栓和混凝土应力增大，接头张开出现加速增加。当隧道顶部荷载超过 10 m 埋深对应荷载水平后，土体抗力系数和侧压力系数的影响逐渐显著。

根据数值模拟结果，当隧道横向变形达到 50～60 mm($0.8\%D$～$1\%D$)时，接头 1 处的螺栓首先达到屈服，接头 2 处张开量达到设计控制标准 5 mm。当横向变形发展到 80～95 mm($1.3\%D$～$1.5\%D$)时，接头 1 处的螺栓达到极限强度，接头 2 混凝土达到强度标准值，接头 2 张开量继续增加至 7～8 mm；当横向变形继续发展到 120～150 mm ($1.9\%D$～$2.4\%D$)时，接头 2 螺栓也进入屈服，同时接头 1 的混凝土达到强度标准值，接头 2 张开量达到 15 mm；当隧道收敛变形增加到 212 mm($3.4\%D$)时，接头 2 螺栓也到达

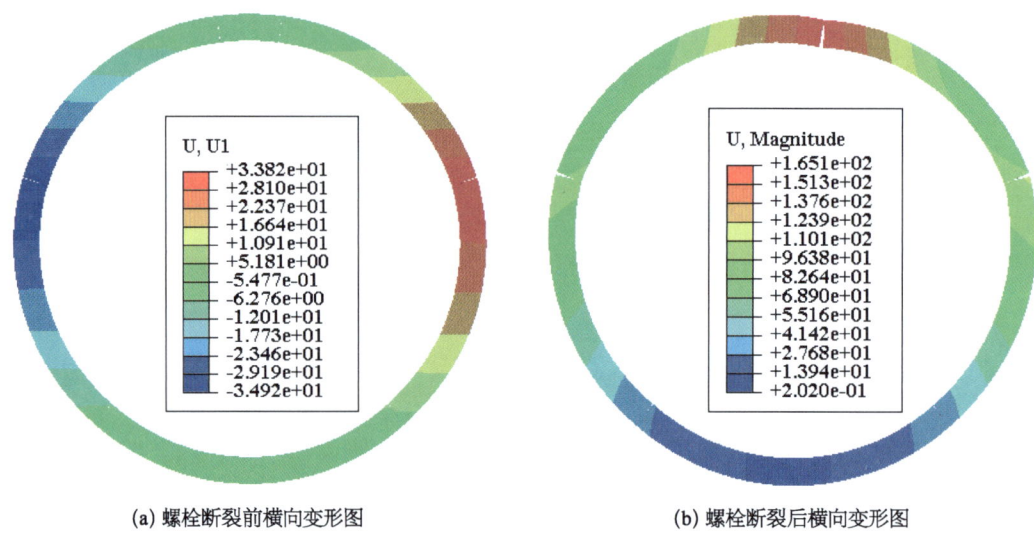

(a) 螺栓断裂前横向变形图　　　　(b) 螺栓断裂后横向变形图

图 4-14　螺栓断裂对隧道横向变形的影响

极限强度。

如果接头 1 的螺栓出现断裂，断裂瞬间，隧道收敛变形剧增 3 倍左右、接头 2 混凝土应力增加 1 倍、接头 1 的张开量增加 5~6 倍，接头 2 的张开量增加 3 倍左右、螺栓应力向接头 2 螺栓转移；隧道收敛变形进一步增加，此时螺栓应力向接头 5 螺栓转移，最后由于结构变形过大出现结构破坏。

在上部压载情况下，顶部螺栓最先受拉失效，接下来腰部混凝土首先发生压损。在螺栓断裂瞬间，隧道直径激增 3 倍左右。

从上述计算分析中得知：当覆土较浅时，隧道横向变形与上部荷载的增加呈线型增大，土层抗力系数越小，隧道横向变形越大；管片混凝土最大应力、螺栓拉力和接头张开角随隧道埋深成线性增长；横向变形随土层抗力系数提高而迅速降低，混凝土最大内力和螺栓内力随土层抗力系数的增加变化并不明显；土层抗力系数越大，接头张开越小；横向变形、混凝土内力、螺栓拉力和接头张开量随土体侧压力系数增加而明显减小。

上述分析表明，土层抗力系数、侧压力系数及压载大小相互联系，决定了隧道的稳定与否。隧道压载将不利于隧道的稳定性能，土层侧压力系数和抗力系数的增加将有利于隧道保持稳定。

4）隧道横向变形几何简易分析方法

(1) 几何简易分析方法原理。

通过数值模拟分析发现，压载大小、土体侧向系数和土体抗力系数的变化虽然会给隧道直径、混凝土和螺栓应力、接头张开带来变化，但却不会影响隧道它们之间相对空间关系。根据隧道这一变形特点，考虑到要使结构在变形过程中保持稳定，客观上要求管片之间在发生一定变形后必然保持着一个稳定的结构受力体系。由于隧道左右对称,提出了通缝拼装隧道左右对称条件下的几何简易分析方法。

该方法中考虑到隧道横向变形的对称性,因仅考虑管片之间发生相对转动和平动,可假定拱底块不动,在隧道压载影响下发生横向变形,由于管片发生刚体位移和转动,变形后隧道仍将保持左右对称的六边形,如图4-15所示,其变形渐进性发展如图4-16所示。

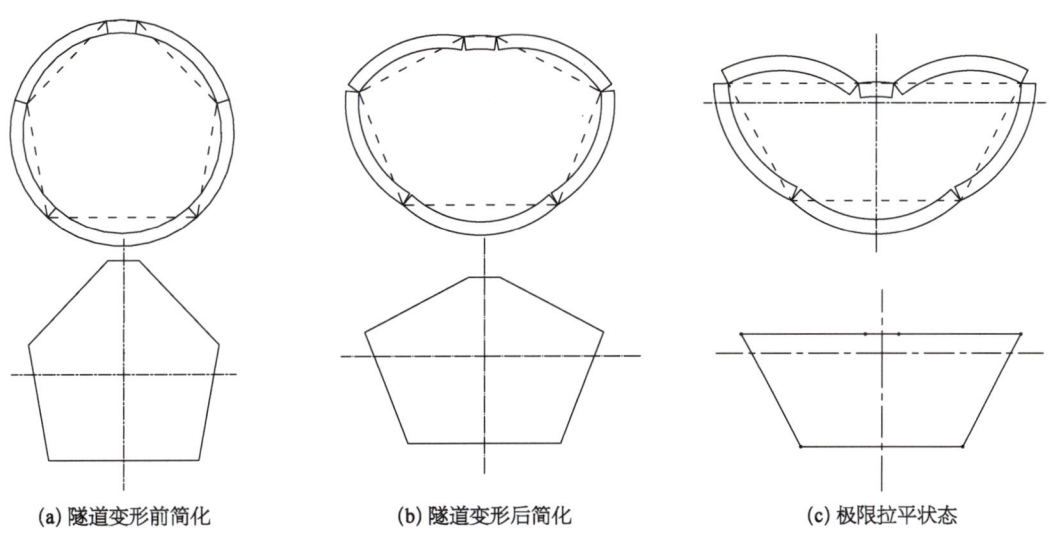

图4-15 隧道横向变形几何简化分析方法

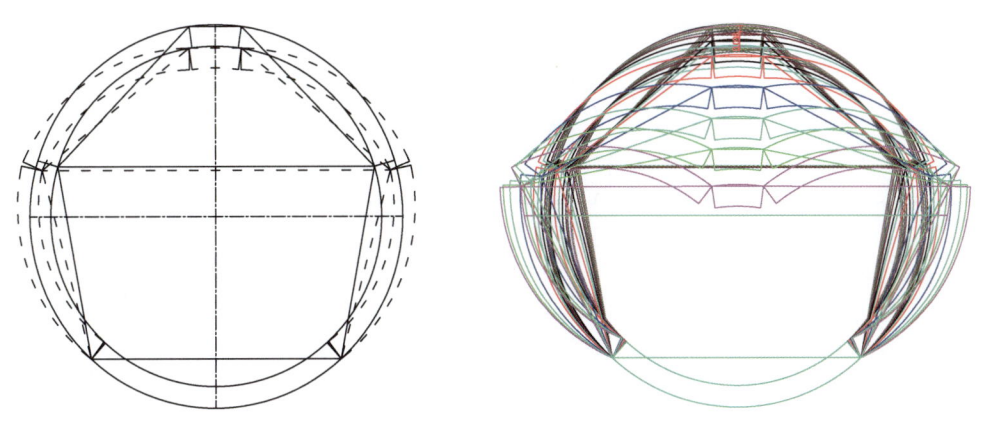

图4-16 隧道变形渐进性发展示意图

根据图4-15、图4-16所示的隧道横向变形的发展特点,以隧道封顶块发生竖向位移d(隧道垂直直径变化)为变量来分析隧道直径和接头张开量的发展规律。根据隧道各管片之间的几何关系,通过分析得到隧道各特征点的变形量与顶块位移关系见表4-2,表4-2中各变形指标如图4-17所示。

表 4-2　隧道变形与拱顶沉降的关系

隧道变形指标	计　算　公　式
θ_1	$\arccos\left(\dfrac{A^2}{6.3141A}\right) - \arccos\left(\dfrac{1.6429}{A}\right) + 45.8651°$
θ_2	$125.73° - \arccos\left(\dfrac{10.7474d - d^2 - 11.6407}{19.9337}\right)$
θ_3	$\arccos\left(\dfrac{A^2}{6.3141A}\right) + \arccos\left(\dfrac{1.6429}{A}\right) - 100.1349°$
l_1	$0.7 \cdot \cos\left[52.1349° - \arccos\left(\dfrac{A^2}{6.3141A}\right) + \arccos\left(\dfrac{1.6429}{A}\right)\right] + 0.8629$
l_2	$6.3141 \cdot \sin\left[90° + \arccos\left(\dfrac{A^2}{6.3141A}\right) - \arccos\left(\dfrac{1.6429}{A}\right)\right] + 0.8628$
l_3	$4.8016 \cdot \sin\left[\arccos\left(\dfrac{A^2}{6.3141A}\right) + \arccos\left(\dfrac{1.6429}{A}\right) - 83.7884°\right] + 4.1486$
l_4	$4.1486 - 0.7 \cdot \cos\left[\arccos\left(\dfrac{A^2}{6.3141A}\right) + \arccos\left(\dfrac{1.6429}{A}\right) - 52.1349°\right]$

注：$A = \sqrt{31.5744 - 10.7474d + d^2}$。

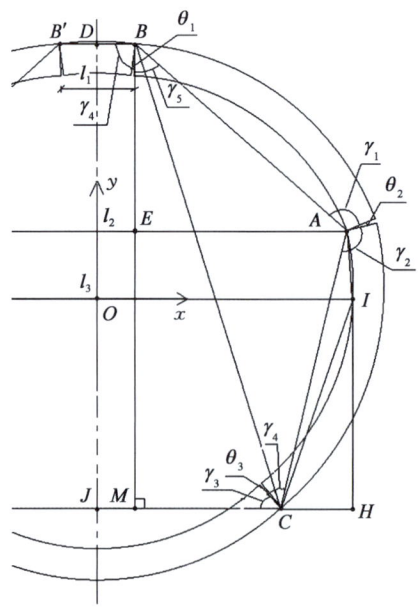

图 4-17　隧道变形指标物理意义示意图

(2) 变形发展规律。

① 隧道接头张开发展规律。

根据表 4-2 中隧道变形指标与隧道垂直直径变量之间的关系,可以得到隧道接头张开量随隧道垂直直径的变化,如图 4-18 所示。

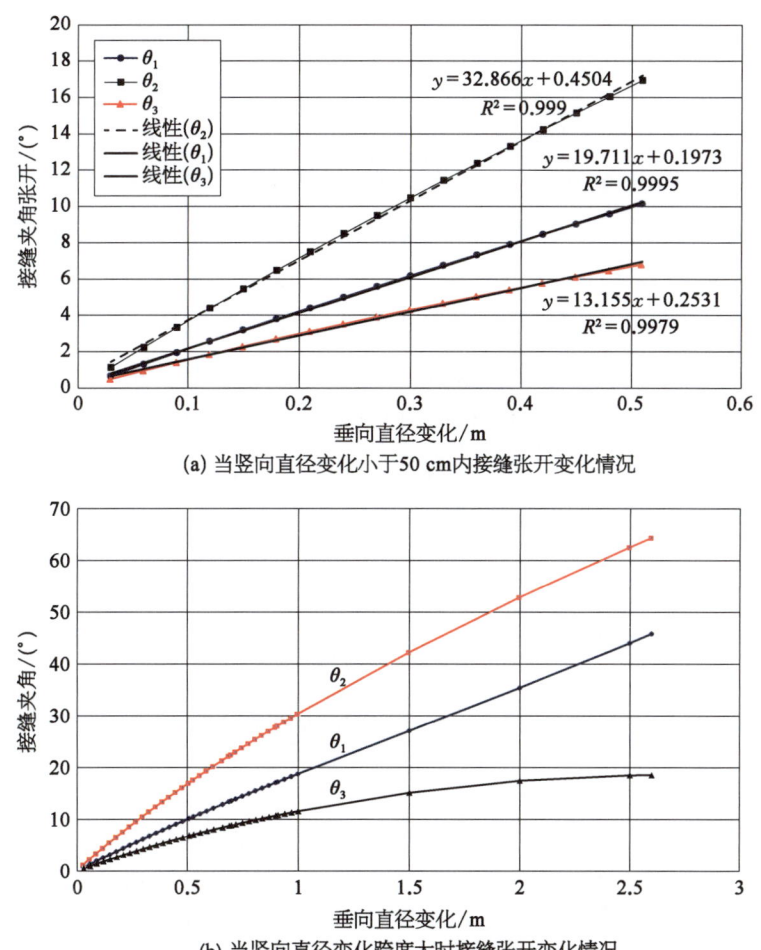

(a) 当竖向直径变化小于 50 cm 内接缝张开变化情况

(b) 当竖向直径变化跨度大时接缝张开变化情况

图 4-18　隧道接缝张开随竖向直径变化的变化规律

从图 4-18 可以看出,隧道接头张开随垂直直径的变化表现出以下规律:

a. 在隧道变形过程中,隧道腰部接头外侧张开量等于拱顶和拱底隧道接头内侧张开量之和,即 $\theta_2 = \theta_1 + \theta_3$,且在隧道变形过程中,始终满足这一关系。由此可见,在隧道变形过程中,隧道腰部接头张开量最为显著,这一规律与有限元计算模拟得到的结果相一致。

b. 在发生较小变形(垂直直径变化为 5%D 以内)时,θ_1、θ_2 和 θ_3 都随着垂直直径的变小基本呈线性增加。

c. 由于腰部接头张开量 θ_2 较大,且为外侧张开,因此容易引起防水失效,则对应的内壁受压明显,易压损。

d. 从接头变形之间的关系也可以看出,θ_1 约为 θ_2 的 60%,F2 外壁张开更为显著,因此该接头处内壁受压严重,这一规律在数值分析中也得到了验证。

e. 当隧道下压接近 3 cm 时,θ_2 张开约 1°,根据管片厚度可以得到此时管片张开量就可以达到 6 mm,也就是说,外部防水处于设计值边缘,隧道防水能力还是比较脆弱的。

② 隧道水平直径变形发展。

在隧道变形过程中,隧道横向直径随垂直直径的变化如图 4-19 所示。从图 4-19 可以看出,隧道横向变形是一个竖向直径减小横向直径增大的过程。l_2 随 d 的变化最为敏感,其次依次为 l_3、l_1 和 l_4。他们的之间关系可以采用二次抛物线近似的描述。从图中可以发现,当隧道垂直直径减小 d 约接近 0.7 m 的时候,邻接块之间的距离 l_2 达到隧道直径。当垂直直径减小 d 达到 260 cm 时,六角形顶部将拉平,从理论上讲,隧道的横向变形过程是可以逆转的(直到垂向变化达到 260 cm 时,变形不可逆转),但需要外部荷载的改变。表 4-3 定量地给出了隧道变形指标与垂直直径变化之间的关系,供工程借鉴。在 $d<25$ cm 时,与有限元计算相比,隧道变形值高度一致。

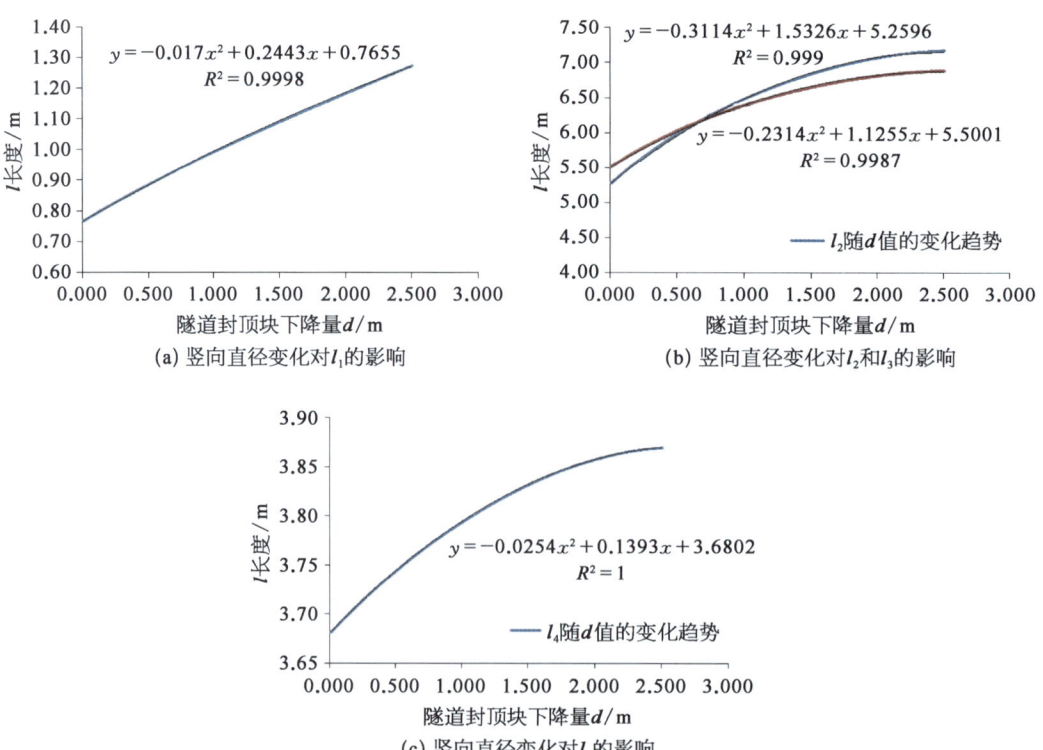

图 4-19 隧道水平直径随垂直直径变化规律

表 4-3 隧道垂直向变形与横向变形关系

	垂直直径减小/cm										
	3	6	9	12	15	18	21	24	30	35	70
ΔD/cm	3.82	7.53	11.15	14.68	16.81	17.15	24.47	27.79	34.11	39.04	69.01
θ_1/°	0.66	1.30	1.94	2.57	3.18	3.80	4.40	5.00	6.18	7.14	13.55
θ_2/°	1.13	2.24	3.33	4.40	5.45	6.48	7.50	8.51	10.47	12.06	22.37
θ_3/°	0.47	0.94	1.39	1.83	2.27	2.69	3.10	3.51	4.29	4.92	8.81

③ 几何简易分析方法的对照比较。

对比四种对隧道横向收敛变形的分析,可以发现:

a. 假设隧道管片为刚性,从几何分析角度,分析隧道各纵缝的张开量及隧道各关心点之间距离变化量之间的关系,这种假定与现场足尺整环试验结果及实测数据结果相一致,如图 4-20 所示。

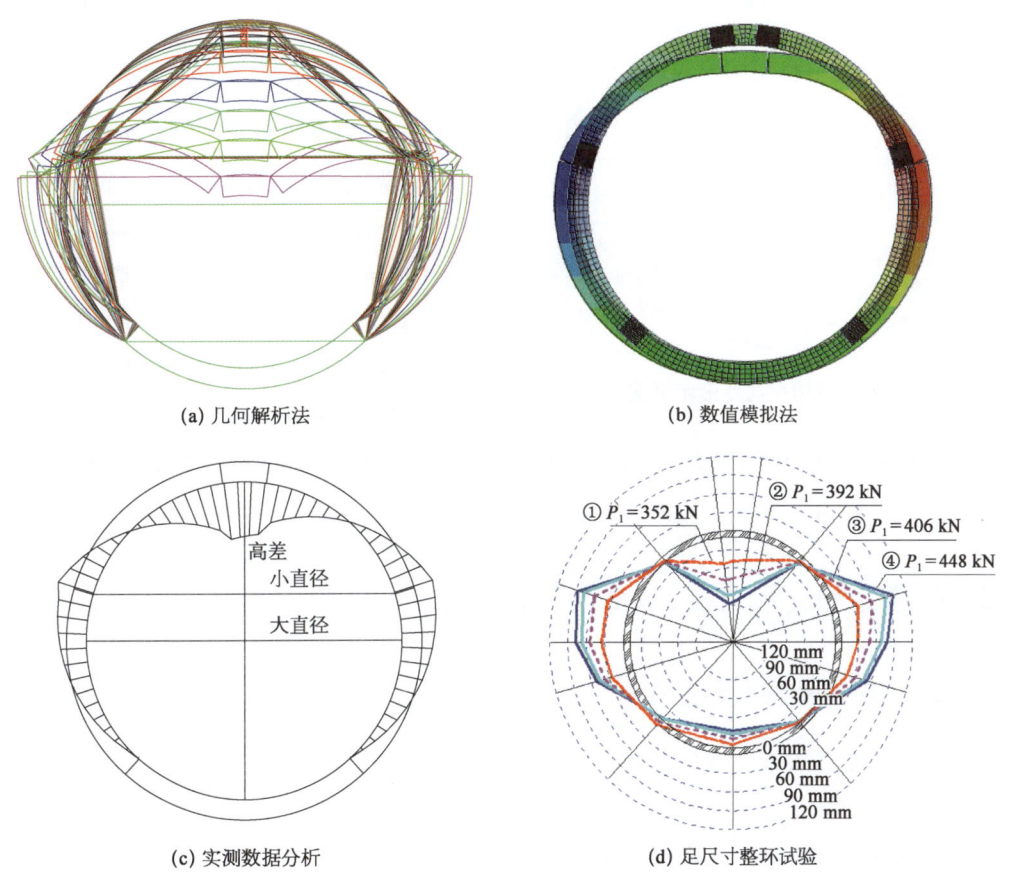

(a) 几何解析法
(b) 数值模拟法
(c) 实测数据分析
(d) 足尺寸整环试验

图 4-20 不同分析方法结果比较

b. 根据有限元计算结果，封顶块与邻接块接缝处(θ_1)内侧张开；邻接块与标准块接缝处(θ_2)外侧张开；标准块与底块接缝(θ_3)内侧张开，且以θ_2为最大，其次为θ_1和θ_3。数值模拟和解析方法都揭示了在变形比较小时，隧道水平向直径变化量和邻接块与标准块接缝处张开量呈线性关系，证明了几何分析的合理性和正确性。

5) 隧道横向变形控制原理

通过对压载条件下隧道横向大变形发展的数值模拟以及隧道变形几何简易分析，得出通缝隧道横向大变形发展规律，形成了如下隧道横向变形风险辨识：

(1) 在隧道压载条件下，隧道顶部和底部外弧面受压加剧，其接缝处的外弧面受压闭合、内弧面受拉张开；隧道顶部靠近0°线部位的内壁接缝处张开，外壁接缝处受压闭合，容易受到压损压碎；腰部以上73°方向的接缝内壁产生闭合，最易发生压损，而外壁张开量最大，最易发生渗漏水；内壁拱底块与标准块连接纵缝张开，外壁发生压损。

(2) 压损现象发生的先后顺序：腰部内壁＞顶部外壁；张开量大小排序：腰部外壁＞顶部内壁；理论上来讲，外壁受压时不易发生渗漏水，但当应力超过接头处的混凝土抗压强度时，接缝处混凝土将发生压损。

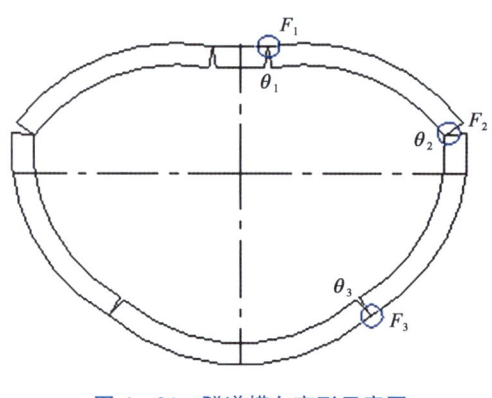

图4-21 隧道横向变形示意图

(3) 根据有限元模拟计算，压损最严重部位发生在腰部纵缝内壁处，次之在顶部纵缝外壁处，再者位于底部纵缝外壁处。

(4) 张开量最大处位于腰部外壁处，次之位于顶部纵缝内壁处，再者位于底部内壁，即：F_2外＞F_1内＞F_3内，F的物理指标如图4-21所示；在隧道发生横向变形的过程中，不同部位有不同破坏方式，同样的渗漏水现象发生在不同部位，其直接威胁是不一样的，如受压区发生了渗漏水应特别当心。

(5) 在垂直向/水平向应力比值不变的情况下，横向变形越大，隧道侧向抗力越大，会发生压碎；在垂直向/水平向应力比值增大的情况下，会较容易发生垮塌。

4.2 隧道结构变形监控、评估与整治要求

4.2.1 隧道结构变形监控

4.2.1.1 隧道收敛变形监测方法

收敛测量是轨道交通监测的一个重要的测项，按照范围及频次可分为三种：

(1) 长期监测隧道收敛监测频率为1次/年。

(2) 监护监测根据轨道交通保护范围内的项目影响等级确定人工监测及自动化监测

的选择。

（3）对隧道定期监测中出现的异常区段需要进行加密监测，具体频率需根据隧道实际情况制定，一般人工监测的频率为 2 次/周~1 次/季度。

收敛测量的可采用固定测定法、激光测距仪、全站仪全断面扫描法、激光扫描仪扫描法、倾角计等方法实施，也可采用铟钢尺直接拉取。

1）固定测定法

直径量测采用全站仪无棱镜极坐标法，测站点设置任意坐标，以任意点为后视方位，盘左位置测量 A 点和 B 点的三维坐标，然后盘右位置测量 B 点和 A 点三维坐标，取盘左坐标和盘右坐标各自计算 A、B 两点的空间直线距离，两组直线距离较差小于直径测量的中误差，则取平均值，以此作为实测管片横径，获取方法如图 4-22 所示。某区间的直径变化量如图 4-23 所示。

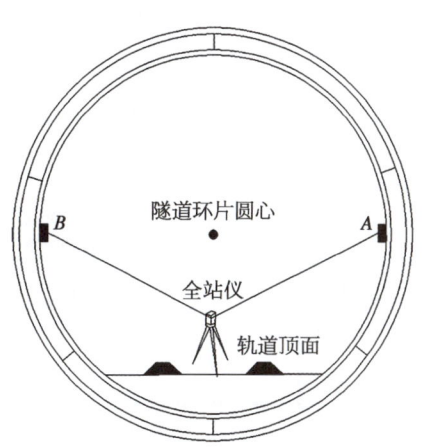

图 4-22　直径测量示意图

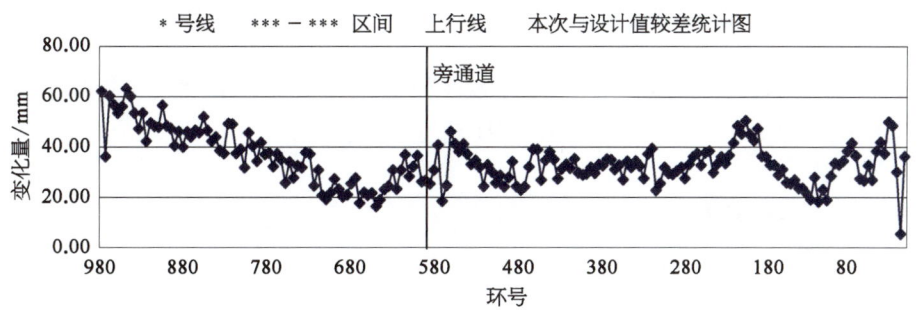

图 4-23　轨道交通某区间运营 8 年后的水平直径与设计值比较的差值

圆形隧道设计拼接形状主要包括单圆通缝、双圆隧道和大直径三种形式，需根据不同的拼接状态进行环片上的直径端点设置，具体为：

（1）各区间隧道收敛测量平均每 5 环一个断面，布设在环号逢 0 和 5 处。

（2）对于与设计比较值大于 9 cm 的断面进行逐环加密，加密至小于 9 cm 的断面；大直径盾构与设计比较值大于 9 cm 的断面逐环加密，加密至小于 9 cm 断面为止。

（3）对于年度变量大于 1 cm 的断面，前后加密至变量小于 1 cm 环。

（4）遇到旁通道两侧、进洞的第一环和出洞的最后一环均加密测量。

（5）每一环隧道收敛测量断面，仪器尽可能架设在两测点中间道床中间，以确保很好地找到监测断面其与隧道轴线垂直。

（6）收敛测量断面应做到里程、环号标记清晰、准确，隧道内长期收敛测量直径标记为田字格标记点，不清楚及破坏的及时补描，确保施工前后测点清楚。

隧道管片直径端点取左右侧对称管片中间位置，即沿环片接缝中间位置按照环片设计的几何关系分别往上或下量取固定数值至 a、b 两点，再取 ab 中点即直径一端的端点 B，画上明显的十字标记，详见图 4-24；另一侧管片壁参照此方法选择直径另一端点 B'。可使用反光片、反光棱镜以提高测量精度（图 4-25）。

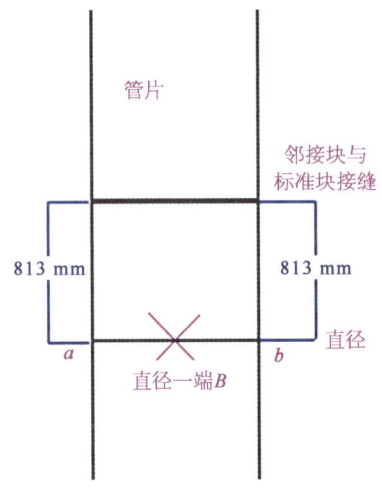

图 4-24 直径端点取点示意图

图 4-25 管片直径端点标记

（1）单圆通缝隧道测点设置。从两侧直径上方接缝中间位置 A 或 A' 向下量取 813 mm 的弦长即为水平直径一端的位置 B 和 B'，如图 4-26 所示。

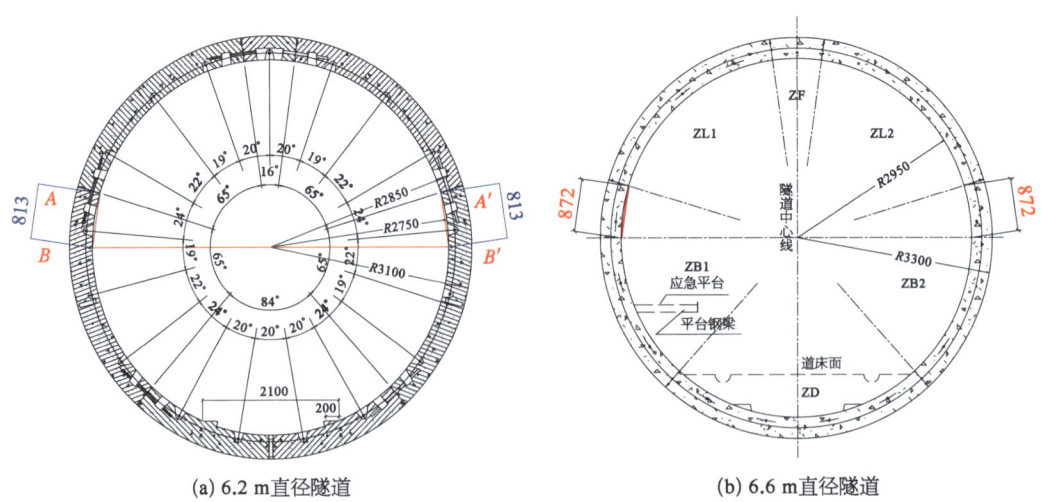

(a) 6.2 m 直径隧道　　　　　　　(b) 6.6 m 直径隧道

图 4-26 通缝拼装管片直径端点点位示意图

（2）单圆错缝隧道测点设置。内径为 5.5 m 的单圆错缝隧道，一端从接缝中间位置向下量取 1.597 m 至水平位置，另一端从离水平方向最近的接缝中间位置向上量取 0.539 m，即为水平直径的端点，如图 4-27 所示。

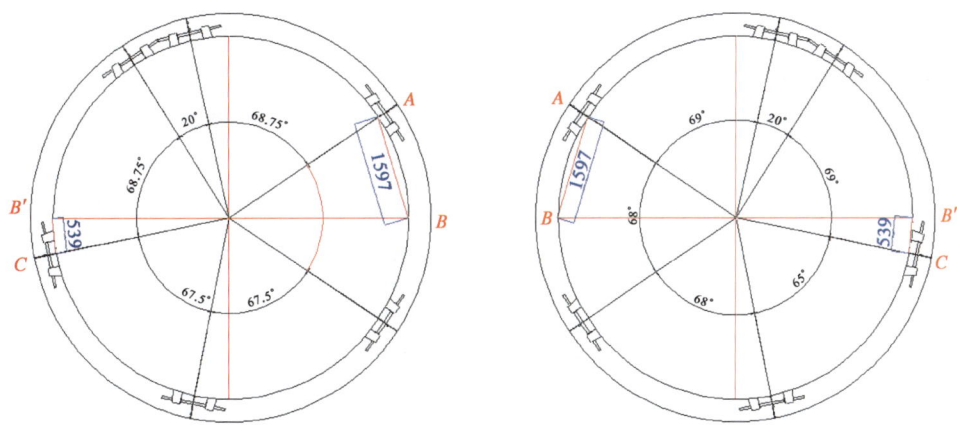

图 4-27 错缝拼装管片直径端点点位示意图

（3）双圆隧道测点设置。从 B 点往上量取 1 750 mm 的距离至 A 点，水平附近的接缝中间位置 C 往上或往下量取 306 mm 至 A'，AA' 即为水平直径，AA' 的设计理论值为 4.975 m，如图 4-28 所示。

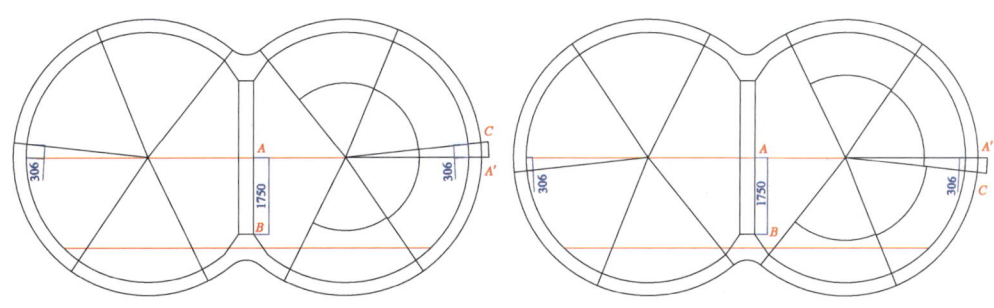

图 4-28 双圆管片特征点点位示意图

（4）大盾构隧道测点布置。A、A'、B、B' 均为环片上的点，其中 A、A' 为环片接缝处的位置，C、C'、D、D' 均为中隔墙上的点，这 8 个点均在同一横断面内。确定直径端点位置的方法：从 A 点往上量取 1.526 m 的弦长至 B 点，从 A' 点往下量取 1.520 m 的弦长至 B' 点，从逃生平台上两侧的底部 C（C'）点往上量取 1.160 m 至 D（D'）点。由于中隔墙的遮挡 BB' 无法通视，实际测量值为 BD'、DB'，则 $BB' = BD' + DB' + DD'$，设计理论值为 10.4 m，如图 4-29 所示。实际布点时，可以利用全站仪和钢卷尺共同确

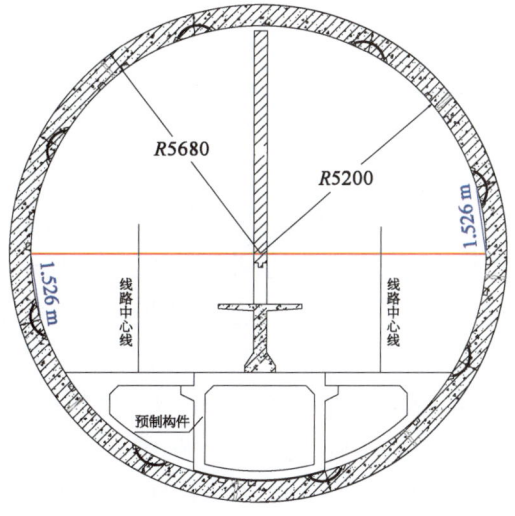

图 4-29 大盾构直径端点标记示意图

定 B、D、B'、D' 的位置。

(5) 特殊情况处理。

a. 对于有障碍物阻挡,直径端点无法布设在相应位置的点,采取水平平移的方式,避开障碍物。

b. 在平移无法解决情况下,可根据实际情况将点点位向上或向下移动 30～50 cm,对侧点则相应往下或者往上(与点方向相反)移动同等的距离。如图 4-30 所示,在直径 AB ($A'B'$)处被管线或其他设备遮挡的情况下,可根据实际情况将 B 点向上或向下移动 30～50 cm,对侧 B' 点则向相反方向,相应往下或往上移动同等的距离。

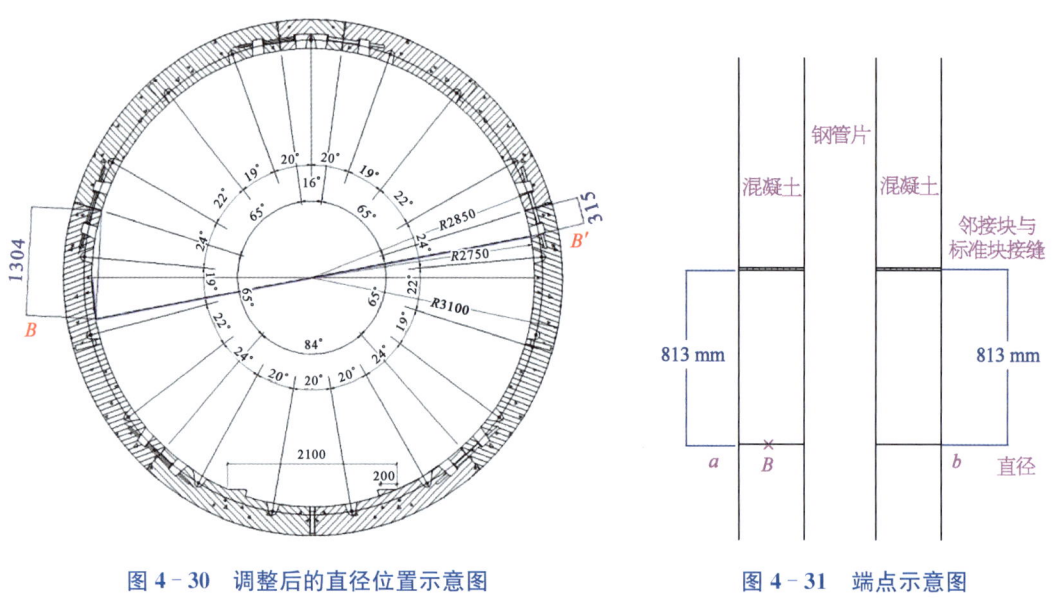

图 4-30 调整后的直径位置示意图　　图 4-31 端点示意图

c. 在有钢管片包裹的情况下,应根据实际情况从环片接缝中间处向下取 813 mm 至 a 点,由 a 点向 b 方向量取合适的距离,则为直径的一个端点 B;直径另一端点 B' 相应标出,如图 4-31 所示。

2) 全站仪全断面扫描监测

自动全站仪全断面扫描监测基于徕卡 20 世纪末推出具有马达驱动、红外测距功能的全站仪,实现标准化、快捷的外业数据采集。每个断面自动采集 80～100 点,包括管缝等结构特征点采集,现场采集如图 4-32 所示。以"多弧段最小二乘法"拟合代替"整断面椭圆模型最小二乘法"拟合,数学模型更符合管片环变形的特性,便于开发后处理软件,实现按区间自动化的粗差剔除、数据计算、数据入库、报表生成,输出成果增加了管缝错台、旋转等参数,收敛变形数据如图 4-33 所示。

3) 激光测距仪收敛监测

激光测距仪通常用来测量固定测线的长度变化。隧道内的激光测距仪通常布置在水平直径位置通常在测线一端设置激光测距仪、配套无线数据采集器模块及 DC12V 电源,

图 4-32 自动全站仪全断面扫描监测现场

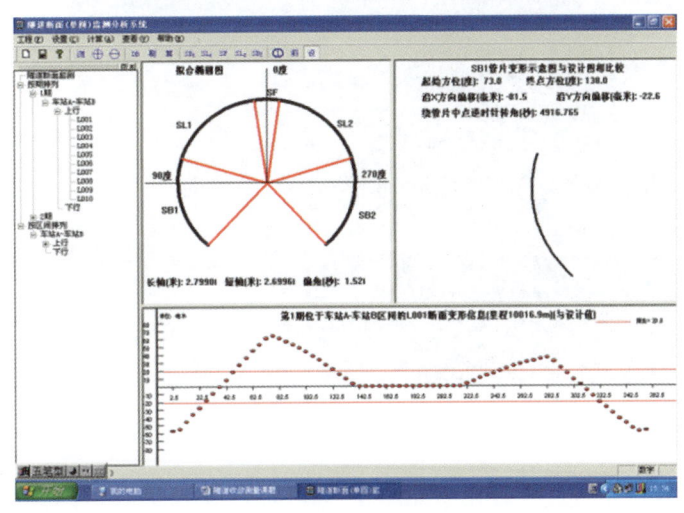

图 4-33 全断面扫描数据处理平台

调整激光测距仪测线姿态以保证激光测距仪测线方向与设计测线一致,安装好后在另一端设置对准点,以便分析运行过程中结构旋转对收敛变形的影响。监测过程中确保激光测距的测线上无遮挡物,并定期采用人工管径收敛值验证自动化管径收敛测值。

测点埋设示意和实例如图 4-34 所示。

4) 倾角计收敛监测

无线微机电系统(micro electro mechanical systems,MEMS)倾角传感器具有体积小、测角精度高、无线无源等优点,可对隧道结构变形进行实时监测,在特定算法下可实现对隧道收敛的监测。

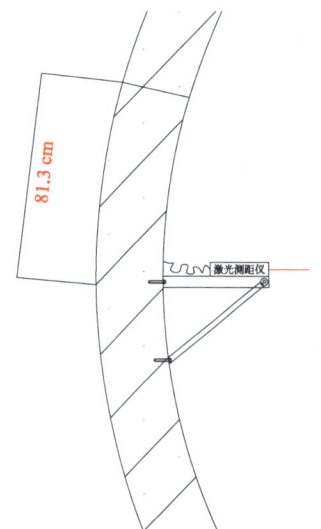

图 4-34 测距仪管径收敛自动化监测点现场安装

倾角变化换算水平收敛计算模型如图 4-35 所示,以 L 为隧道内弧面过圆心的水平点到底部接头外缘的距离,α 为 L 段垂线与水平线的夹角,D_1 为隧道未发生变形时的水平内直径,D_2 为隧道发生变形后的水平内直径,δ_D 为水平收敛的变化值,即 D_2 和 D_1 的差值,收敛计算公式如下:

$$\delta_D = L \times (\Delta\theta_1 - \Delta\theta_2) \times \cos\alpha \tag{4-1}$$

式中:δ_D——采用倾角感知方法计算的水平收敛变化值;
$\Delta\theta_1$、$\Delta\theta_2$——标准块上两安装点处的倾角变化值。

实施时,一般在标准块、邻接块对应各安装一对监测传感器并相互验证对比,如图 4-36 所示。

某注浆加固工程一个断面上安装的倾角变化、换算的收敛变化如图 4-37、图 4-38 所示。

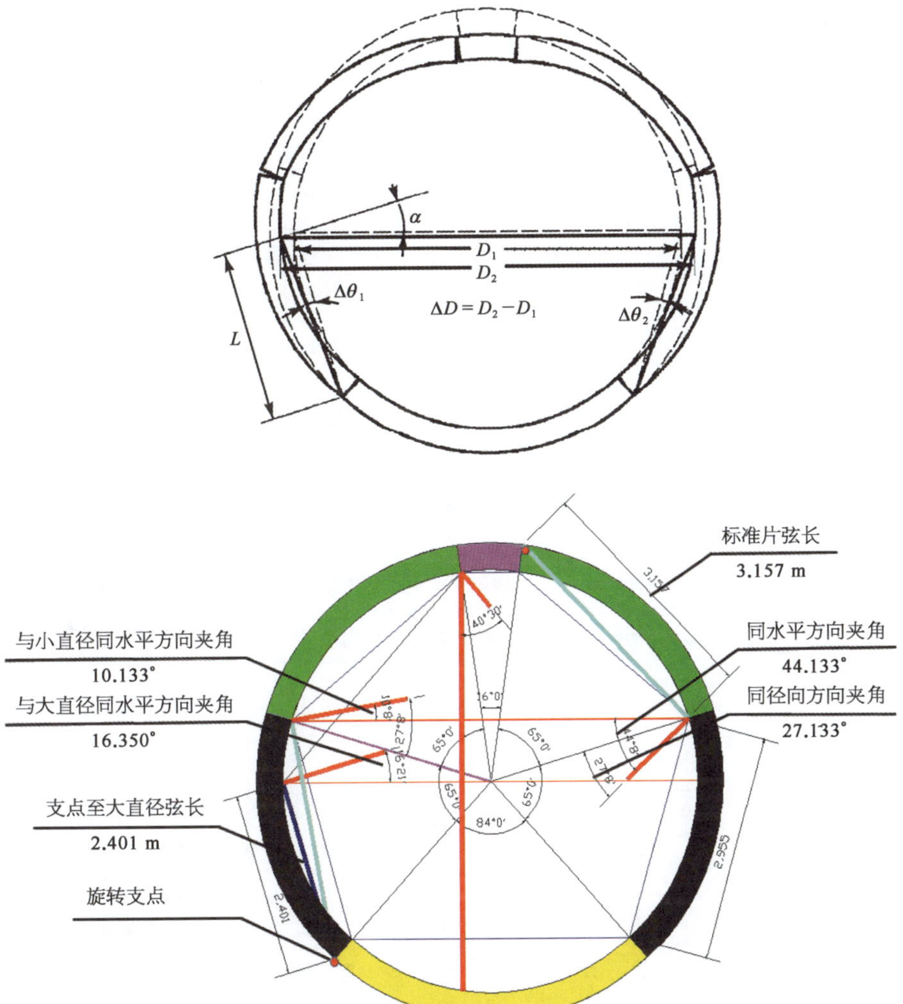

第 4 章　盾构隧道结构大变形机理及治理技术

图 4-35　倾角变化与收敛变形几何关系示意图

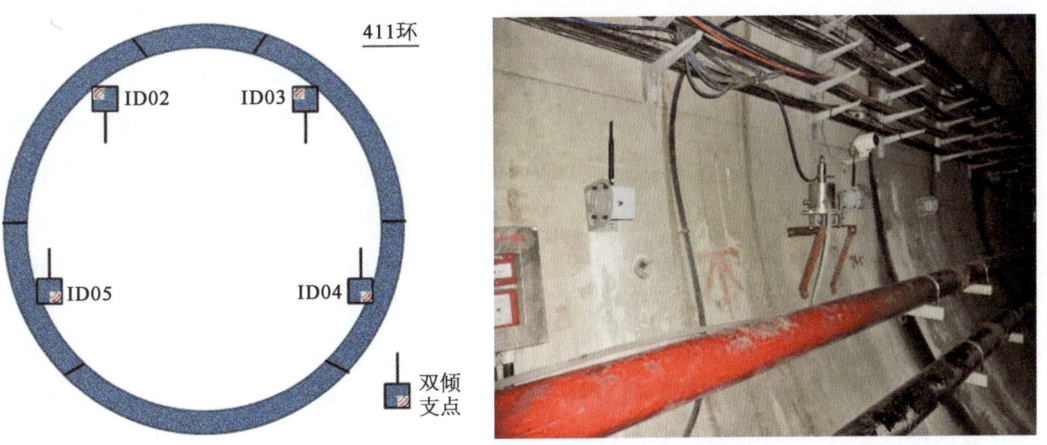

图 4-36　倾角传感器收敛测量安装示意图

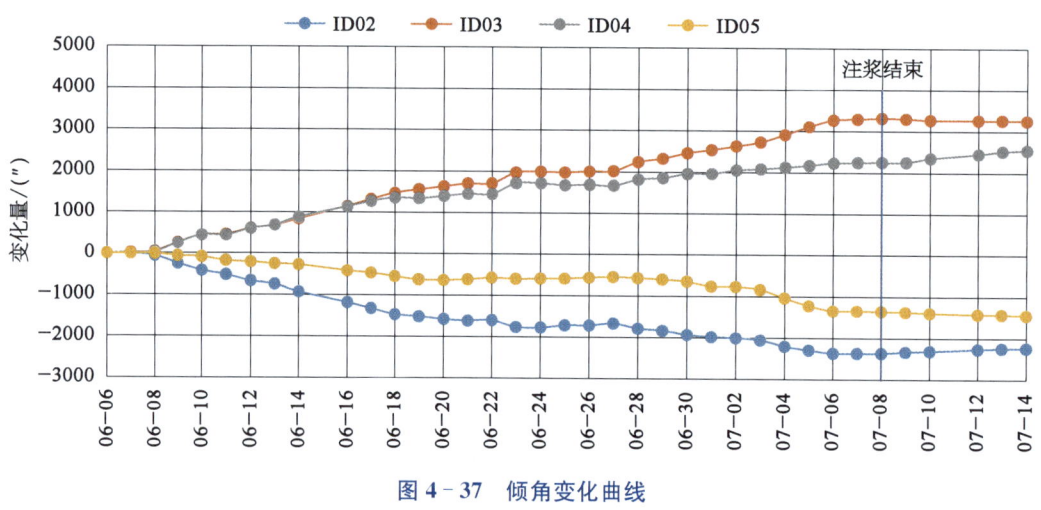

图 4-37 倾角变化曲线

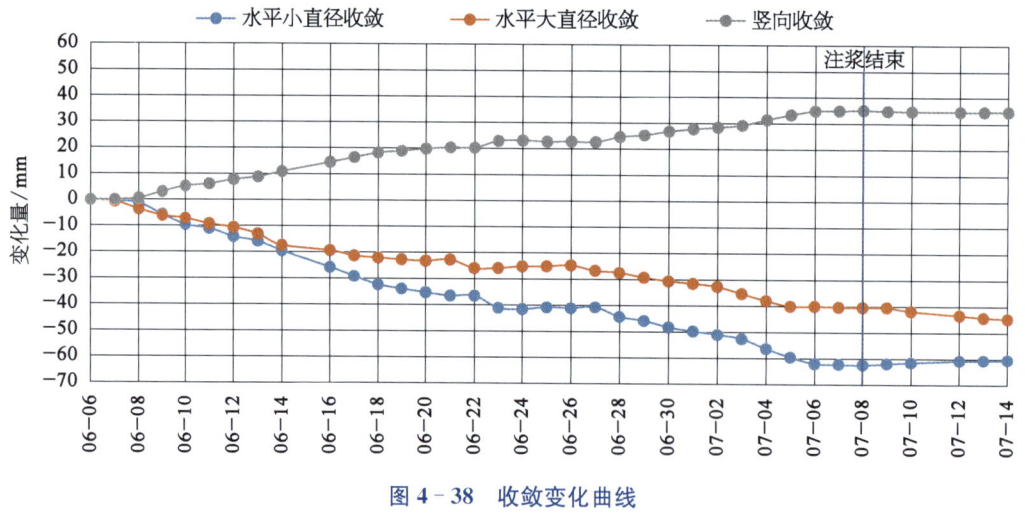

图 4-38 收敛变化曲线

5) 三维激光扫描收敛监测

激光扫描技术又称为"实景复制技术",突破了传统测量的瞄准—测量—记录的基本流程,可以全视场、精确和高效地获取测量目标的三维坐标及影像数据,具有测量效率高(100万点/s)、测量信息丰富(坐标+激光反射率)、测量精度高(毫米级)等优势。利用激光扫描采集得到的点云的几何信息,可解算结构收敛、错台等变形。移动激光扫描技术是以专用移动平台为载体,搭载激光扫描仪进行断面式扫描,获取隧道内连续的几何坐标和激光反射率信息,同步精确记录检测车的里程信息,通过软件解算获取结构变形和内壁激光影像,实现隧道病害的定量量化和定性判读,其工作原理及实物可参考图 4-39。移动检测小车可根据分辨率要求,作业速度从 0.9~5.4 km/h 选取,其作业速度越快,获得的测量数据精度越低、每环获得的监测点更少。如需对水渍等进行精确测量,应降低小车推进速度。

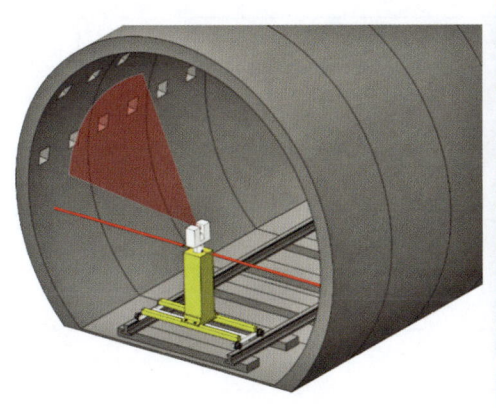

图 4-39　隧道移动扫描测量车工作原理和实物图

大量观测数据表明,隧道变形集中体现在管片拼接裂缝处,截面变形后并不完全是标准椭圆,利用分段圆弧拟合的方法对隧道截面点云进行拟合更接近真实情况。隧道分段圆弧拟合法主要利用圆心、半径、起始终止角度来对拟合后的各个圆弧的空间位置和相互关系进行描述。

由于每段隧道各圆弧的接缝处点相对位置是固定的,因此圆弧的起始角度 α 和终止角度 β 可根据实际情况预先设定,所以该隧道圆方程可写为

$$F = \begin{cases} (x-X_1)^2 + (y-Y_1)^2 = R_1^2 & (\alpha_1 < \theta < \alpha_2) \\ (x-X_2)^2 + (y-Y_2)^2 = R_2^2 & (\alpha_2 < \theta < \alpha_3) \\ (x-X_3)^2 + (y-Y_3)^2 = R_3^2 & (\alpha_3 < \theta < \alpha_4) \quad \theta = \arctan\frac{x-X_0}{y-Y_0} \\ (x-X_4)^2 + (y-Y_4)^2 = R_4^2 & (\alpha_4 < \theta < \alpha_5) \\ (x-X_5)^2 + (y-Y_5)^2 = R_5^2 & (\alpha_5 < \theta < \alpha_6) \end{cases} \quad (4-2)$$

该圆上一点到隧道圆拟合中心 $C(X_0, Y_0)$ 的距离 d 可以写为

$$d = \sqrt{(x-X_0)^2 + (y-Y_0)^2} \quad (4-3)$$

4.2.1.2　隧道结构表观病害检查方法

1) 检查频次

根据隧道结构设施情况,隧道结构设施检查分为年度检查、季度检查、双周检、周检、专项检查和特殊检查。

(1) 年度检查即年检,是指每年秋季对隧道设备定期进行全面、全方位检查的工作称为年检。年检是对本年度设备进行全面鉴定、评估并为编制次年设备维修计划提供依据。

(2) 季度检查即对结构耐久性或设施功能存在影响,但不直接影响到结构和运营安全的病害,纳入季度检查范围。盾构隧道季度检查项目内容可参见表 4-4。

表 4-4 盾构隧道季度检查项目表

检查对象	检查内容	频率	备注
混凝土管片	缺角、裂缝、掉块	1次/季度	
井接头	混凝土开裂、掉块、破损	1次/季度	
旁通道、泵站及集水井	集水井进水暗管堵塞	1次/季度	
	混凝土开裂、掉块、破损	不定期	防汛检查
中间风井	混凝土开裂、掉块、破损	1次/季度	
整体道床	道床混凝土裂缝、破损;管片与排水沟	1次/季度	

(3) 隧道区间日常检查按固定频率进行,检查结果作为预警及下一周期生产计划工作内容确定的依据。地下区间结构日常检查频率为每2周1次,对于存在砂性土区段、监测数据超标段及结构受损段的区间,检查频率为每周1次。

(4) 专项检查是指某段隧道发生突发事故或表观检查达到A级及以上或监测数据超标时,在隧道外观检查的基础上,根据病害特征针对一些重点部位采用监测、探测、取芯、耐久性检查相结合等方式所做的全面的、深度的检查。专项检查的内容和频率根据相关专题会议的要求而定。

(5) 特殊检查是指对特殊建筑物和构筑物的检查,具体为井接头、旁通道或泵站等。检查时要特别注意端头井井圈及进出洞10环管片、旁通道左右各10环管片的病害情况及旁通道薄弱部位的检查。特殊检查在周检和双周检中完成。

2) 检查方法

(1) 隧道管片展开图人工检查。

隧道内表观病害最为常见的是渗漏水现象,此外还存在一定数量管片损伤及管片错台现象,在小转弯半径及差异沉降较大的区段,可能还存在管片与道床脱开现象。对大量隧道管片进行日常检查,其病害种类多样,发生位置和分布特征多样,将主要表观病害类型分为三大类十小类进行定义并进行检查。需检查发现的表观病害相关内容参见表4-5。

根据隧道单圆通缝、错缝、双圆隧道的不同结构形式,绘制隧道全部管片的展开图,标准化结构表观形态,参见表4-6～表4-8。

由于隧道检查作业时间相对较短,不便在现场深究原因,因此隧道检查以表观检查为主,只记录现象,检查记录供事后分析研究。对渗漏水、结构损伤和其他病害规定标准化的表达图形和记录方法,根据现场观察到的实际位置和分布情况标示在隧道管片展开图中,即可获得隧道的全面表观病害特征,成果示意见表4-9。

表 4-5 需检查发现的表观病害情况

病 害		标志符号	定 义	关 注 点
渗漏水	湿迹		隧道管片内表面,呈现明显色泽变化的潮湿斑	渗漏水位置、分布、状态、面积
	渗水		水渗入管片,导致管片内表面水分浸润	
	滴漏		水量达到一定程度时,从上方滴落	
	漏泥		因渗水通道扩大或防水失效,渗水量增加,同时夹带泥沙	
结构损伤	裂缝		表层混凝土开裂	位置、长度、宽度、深度、密度、方向等及是否渗水
	缺角		管片端部混凝土缺失	缺角、掉块的位置、分布、状态
	缺损		管片纵缝两侧混凝土片状缺失	
结构形变	管片错台		管片间在环面或纵向接触面内发生相对错动的现象	错台量、分布
	管片接缝张开		顶部纵缝两侧管片未密贴,局部应力集中,出现倒 V 形空隙,即接缝张开	接头张开量、分布
	道床与管片脱开		道床与管片间存在间隙,纵向上明显存在	

表 4-6 盾构隧道病害检查记录单(单圆通缝)

编号：

线路：	区间：	上/下行：	总环数：	接缝类型：	螺栓类型：
检查日期：	出发车站：	天气：	温度：	检查人员：	

环号与里程关系：

环号	D		B		L		F		L		B		D		备注
	□	□	□	□	□	□	□	□	□	□	□	□	□	□	
	□	□	□	□	□	□	□	□	□	□	□	□	□	□	
	□	□	□	□	□	□	□	□	□	□	□	□	□	□	
	□	□	□	□	□	□	□	□	□	□	□	□	□	□	
	□	□	□	□	□	□	□	□	□	□	□	□	□	□	
	□	□	□	□	□	□	□	□	□	□	□	□	□	□	
	□	□	□	□	□	□	□	□	□	□	□	□	□	□	
	□	□	□	□	□	□	□	□	□	□	□	□	□	□	
	□	□	□	□	□	□	□	□	□	□	□	□	□	□	
	□	□	□	□	□	□	□	□	□	□	□	□	□	□	
	□	□	□	□	□	□	□	□	□	□	□	□	□	□	
	□	□	□	□	□	□	□	□	□	□	□	□	□	□	
	□	□	□	□	□	□	□	□	□	□	□	□	□	□	
	□	□	□	□	□	□	□	□	□	□	□	□	□	□	

表 4-7　盾构隧道病害检查记录单（单圆错缝）

编号：
线路：　　　　　区间：　　　　　上/下行：　　　　　检查日期：　　　　　检查人员：

环号	B	B	L	F	L	B	B	备注
								纵接头

表 4-8 盾构隧道病害检查记录单(双圆隧道)

编号:							
线路:		区间:		上/下行:		检查日期:	检查人员:

环号	B	B	B	H	Z	H	备注

表 4-9 隧道检查记录成果示意

编号：××上 D40

线路：1号线	区间：××路～××路	上/下行：上	螺栓类型：环回直螺栓 纵向弯螺栓
检查日期：090924	出发车站：双中路	天气：多云	接缝类型：通缝
环号与里程关系：SK18+666=250 环		总环数：800 温度：28度	检查人员：张三 李四 王五 赵六

环号	D	B	L	F	L	B	D	备注
								360～720 环为浮置板道床
								转弯半径 300
								裂缝宽度 5 mm
								钢管片
								钢管片洞门顶有滴水，频率 30 滴/min，P5
								钢管片台阶与钢管片接缝渗水，P6
								钢管片

(2) 自动化方法。

随着隧道总里程的增加、轨道交通运营时间的延长,隧道结构病害检查的工作量越来越大、可用于巡检的窗口时间越来越短,传统人工巡查的方式难以满足实际需求,激光扫描检测、视觉病害检测、结构无损检测等方法近年来逐渐投入使用。

① 激光扫描仪。激光扫描仪主动发射的激光不受环境光线的影响,获取的点云数据中不仅包括扫描点的三维坐标信息,还有扫描点的反射率信息,根据激光反射率信息可以生成隧道管壁的正射灰度影像。隧道管壁影像的生成主要包括隧道管壁影像坐标投影、圆柱等角正切投影、扫描数据生成 las 文件、Las 文件转换为 Raster 文件四个关键步骤。图 4-40 为隧道环片按圆柱等角正切投影示意及隧道影像提取结果,通过该方法获得的高清隧道影像可快速识别漏水、开裂及附属装置等关键信息。

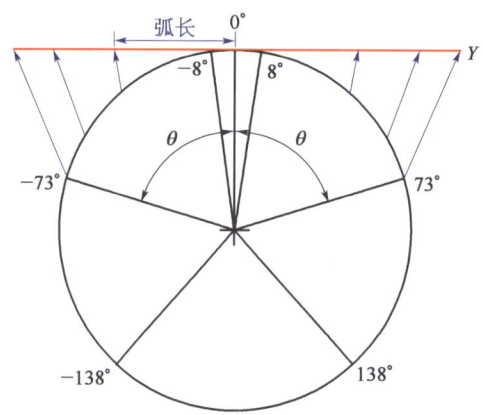

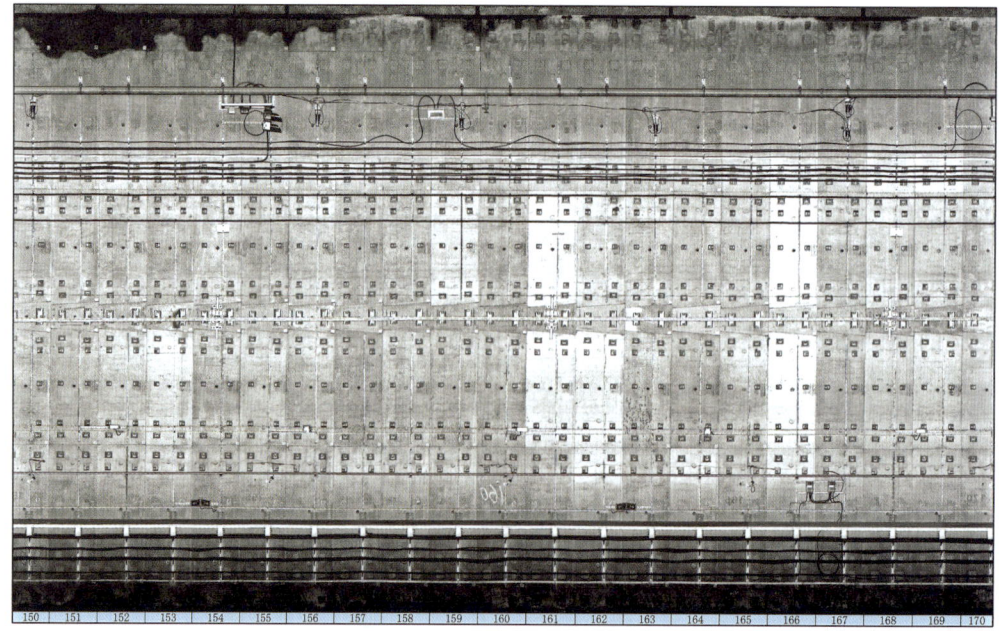

图 4-40　隧道环片按圆柱等角正切投影及影像生成示意图

② 线阵相机。基于高速相机的运营轨道交通隧道结构安全状态移动式综合检测装备,可用于隧道表观病害的现场采集、提取、识别和分析。系统包括基于工业相机、配合专业照明配光设计的隧道表观病害信息采集系统,以及根据隧道结构管片衬砌图像特征差异识别表观病害(如结构渗漏水、混凝土破损等)的配套后处理软件,是一种基于图像处理的隧道表观病害检测方法。设备现场测试工作速度达 5 km/h,工作效率较人工检测提高 200 倍以上,危险结构变形捕获率和识别率均为 100%,主要表观病害捕获率和识别率均在 95% 以上,如图 4-41 所示。

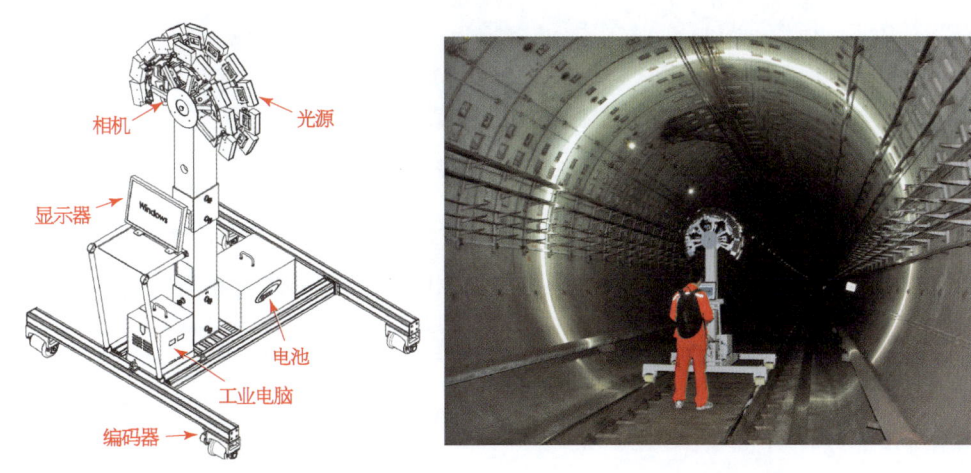

(a) 线阵相机检测装置结构图　　(b) 线阵相机检测实景

图 4-41　快速移动式轨道交通隧道结构病害检测装置

③ 探地雷达和超声波。基于阵列式超声波技术的运营轨道交通隧道结构病害检测方法,通过高分辨率数据处理与成像算法及相应软件,可建立道床脱空病害的实体模型阵列式超声波检测异常响应特征及识别准则。经现场测试验证,实现了对道床脱空病害的有效检测,检测效率相对于单点超声波提高 20 余倍,分辨率较商用算法提高了 10 余倍。图 4-42 所示为道床脱开数值模型,图 4-43 所示为道床脱开超声横波模拟检测。

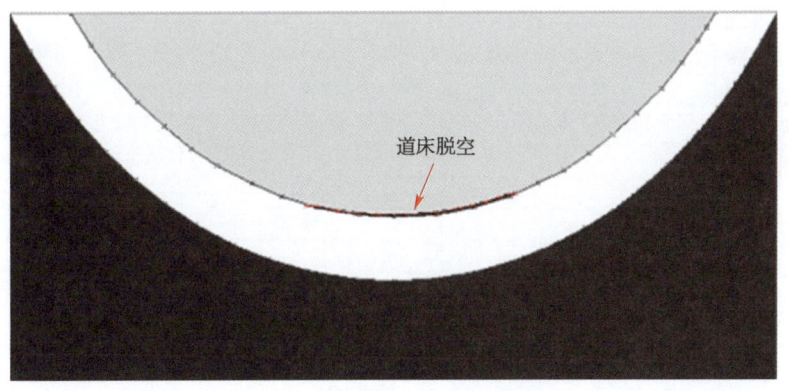

图 4-42　道床脱开数值模型

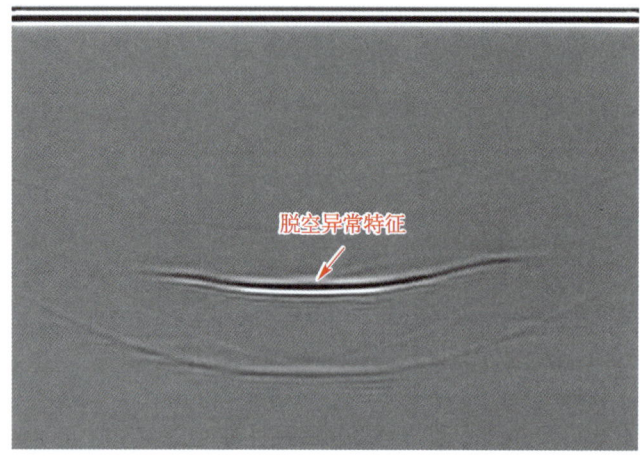

图 4‑43　道床脱开超声横波模拟检测

大、小锤组合震源激发冲击回波脉冲的检测方法,建立了基于冲击回波法检测隧道管片病害理论模型特征,可以对隧道壁后注浆层空洞和不密实病害进行相当精度的检测,具体如图 4‑44 所示。

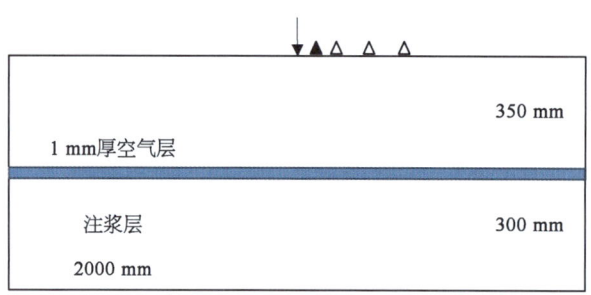

(a) 管片注浆脱空模型示意图

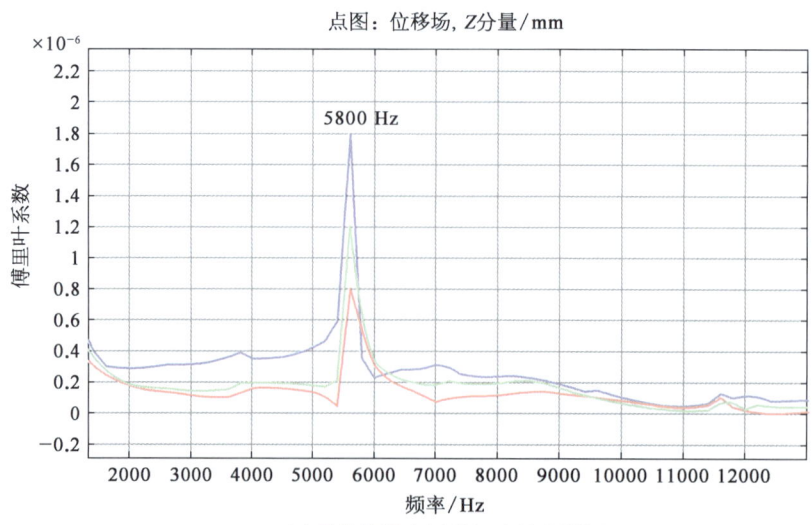

(b) 管片模型冲击回波三测点频谱图

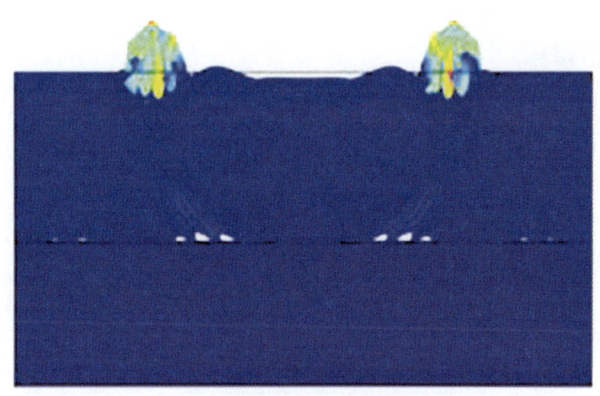

(c) 170 μs时刻超声波场传播轨迹图

图 4‑44　管片注浆脱空模型冲击回波时域信号及频谱图

4.2.2　隧道结构安全状态评估与整治要求

1) 隧道表观病害控制体系

目前隧道的预报预警主要是根据隧道病害情况进行病害的分类,根据情况分为 AA、A、BB、B、C 级病害。其中 AA 级病害需要即刻上报,并当天启动相应,其余等级的病害分类及相应启动时间见表 4‑10。

表 4‑10　检查预警指标内容

病害等级	病害内容	报警时间	响应时间
AA	涌水;严重的或有堆积的渗泥沙;隧道内成水膜状的连续渗流;线漏(每分钟 300 滴以上);顶部纤维加固件及防排水设备破损等有侵限危险的情况;顶部嵌缝条悬垂有侵限危险(或悬垂大于 20 cm);旁通道隔断门及人防门松动等有侵限危险的病害	即刻上报	当天启动
A	管片腰部渗水每 10 环大于 3 环;腰部同侧 5 环以上连续湿迹;整体道床排水沟与管片脱离;道床开裂、排水沟开裂等病害;轨枕与整体道床离缝;底部环纵缝渗水每 10 环大于 5 环;管片顶部张开可见螺栓;腰部严重压损;轻微渗泥沙(无堆积);纵缝嵌缝条翘头 10 环大于 3 环;旁通道处渗漏水	次日上报	10 工作日
BB	除 AA 级、A 级以外的日常检查发现的其他渗水;人防门防淹门门体结构病害;顶部灌浆浆液固结体悬垂;嵌缝条轻微翘头	定期上报	20 工作日
B	专项检查所发现的顶部开裂有掉块危险;掉块露筋等病害;达不到国家二级防水要求的湿迹		30 工作日
C	满足国家二级防水要求的湿迹;面积小于 0.01 m² 且不露筋的轻微病害	只检不修	

注:对于砂性土地段,任何类型的渗漏水均作为 A 级病害处理。

2）隧道结构大修整治体系

（1）大修评估指标。

隧道结构大修的评估范围宜按单个区间为单位，隧道结构及单体建筑符合表 4-11 中任意一项的应进行大修。

表 4-11 区间隧道大修评估指标

病害类型	评估指标	病害范围（单个评估范围以内）
沉降变形	累计沉降曲线曲率半径<3 000 m	单个区间
	沉降曲线斜率>0.16%	单个区间
	沉降速率>0.6 mm/月（差异沉降速率）	单个区间
收敛变形	内径5.5 m（外径6.2 m）单圆通缝：水平直径收敛>10 cm	单个区间
	内径5.5 m（外径6.2 m）单圆错缝：水平直径收敛>7 cm	单个区间
	内径5.9 m（外径6.6 m）单圆通缝：水平直径收敛>10 cm	单个区间
	内径5.9 m（外径6.6 m）单圆错缝：水平直径收敛>7 cm	单个区间
	内径10.4 m（外径11.4 m）单圆错缝：水平直径收敛>12 cm	单个区间
	双圆：水平直径收敛>5 cm	单个区间

（2）大修整治措施。

隧道纵向变形：隧道差异沉降坡度大于 0.16% 或差异沉降速率大于 0.6 mm/月，单个评估范围大于 40 m 的，应列入大修计划，宜采用双液微扰动注浆改善沉降变形。发现上述沉降后，进行测量数据的核实并进行轨道坡度调整，同时对病害采取整治措施，参见表 4-12。

表 4-12 隧道纵向沉降整治表

序号	病害描述	治理措施
1	道床与管片脱开	道床与管片之间填充水泥浆或刚性环氧浆液进行填充补强
2	渗漏水	壁后注浆结合壁内接缝注浆
3	沉降发展迅速不稳定	双液微扰动注浆

隧道横向变形：隧道水平直径收敛符合表 4-13 条件的，应启动大修程序，于隧道外部上方进行卸载、在隧道两侧同步微扰动注浆纠偏，于隧道内部存在渗漏水区域实施壁后注浆结合壁内接缝注浆堵漏施工，最终加装钢内衬或复合内衬结构。发现上述收敛后，进行测量数据的核实并对病害采取整治措施，参见表 4-13。

表 4-13 隧道横向收敛整治表

序号	病害描述	治理措施
1	地面堆载	地面卸载或换填
2	渗漏水	壁后注浆结合壁内接缝注浆
3	收敛超标	地面注浆纠偏、隧道内安装钢内衬

4.3 隧道结构横向大变形治理技术

4.3.1 微扰动注浆工艺

正常情况下，在顶底部及侧向土体荷载的共同作用下，隧道是稳定的；一旦发生垂直压力变大（隧道顶部压载等）或水平荷载变小（隧道一侧基坑开挖卸载等），衬砌环水平直径就会变大。就隧道整体稳定性而言，隧道侧向卸载比上部加载更加敏感，足尺整环加卸载试验也验证了这一点。收敛变形大小主要取决于水平向应力系数 λ 和侧向抗力系数 p_k 的变化情况，也就是取决于 λ 的降低和 p_k 的损失。软土地层的水平向应力系数 λ 系数一般为 0.65~0.75，侧向抗力 p_k（$p_k = k\delta$）视扰动严重程度而定，严重时 k 会迅速降至 0。因 $\lambda < 1.0$，客观上增加隧道顶部荷载对隧道变形不利。因此，在考虑对隧道收敛变形整治时首先需考虑卸掉一部分隧道顶部荷载，同时增加隧道侧向压力，即改善 λ 和 p_k 的取值。

如果要保持较好的衬砌环的正圆度，就必须考虑调整 $\Delta\lambda$ 及 Δp_k。因此，微扰动注浆治理收敛变形的总体思路是：在隧道单侧或者两侧实施单排或多排双液微扰动注浆，在注浆孔一定范围内迅速产生超孔隙水压力，在超孔隙水压力作用下管片会受到微小扰动，随注浆压力作用及孔隙水压力作用，从而使其发生平移、转动和变形，隧道横向收敛会减小；随着时间发展，注浆引起的周围孔隙水压力消散和土层重新固结，又会导致隧道横向收敛增加；恰当利用注浆时引起的超孔隙水压力产生挤压作用和消散过程中变形重新增大，合理安排周边注浆顺序，使注浆时横向变形的减少量大于后期孔隙水压力消散和土层固结而导致的横向变形的增加量，最终使注浆达到减小隧道收敛变形的预期目标。

而多次实施合理可控的注浆扰动可以有效改善了隧道周边土体，增强隧道侧向抗力，使隧道在注浆挤压和土层固结沉降（压力作用和土体固结作用）的作用下减小横向收敛变形及趋于稳定,将使其变形向着需要的方向发展。充分利用通缝拼装衬砌环变形具有可逆变性特点,通过对衬砌两侧相应部位的地层实施"均匀、少量、多点、多次"的有序可控注浆,使微扰动变形进行有序叠加,达到"改善衬砌环正圆度,调整隧道结构受力状态",最终实现提高衬砌环整体结构安全系数的目的。

在发生横向收敛大变形的隧道外侧,视现场施工条件,单侧或双侧布置注浆孔,一般布置2～4排。根据实际注浆效果确定注浆总量。其基本原理与竖向加固一致,通过管片侧向注入一定体积的水泥浆液,增加侧向土体刚度,提高侧向水平抗力,并依靠一定压力的水泥浆液注入,挤压侧向的隧道管片向内收敛变形,减小收敛大变形,减小接缝张开,遏制收敛变形的发展,且从一定程度上改善管片环向受力条件。

注浆孔布置及注浆范围如图4-45～图4-47所示,应注意:

(1) 平面上平行于隧道轴线单侧或双侧布置2～4排,一般最近不小于3 m,注浆孔孔距1.2 m。

(2) 每孔注浆深度对应为隧道顶到隧道底之间的土体,高度为5.2～6.2 m,视土质条件情况及隧道变形情况决定。

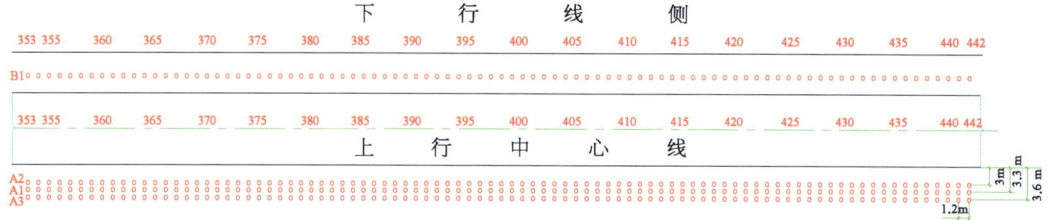

图4-45 注浆孔位示意图

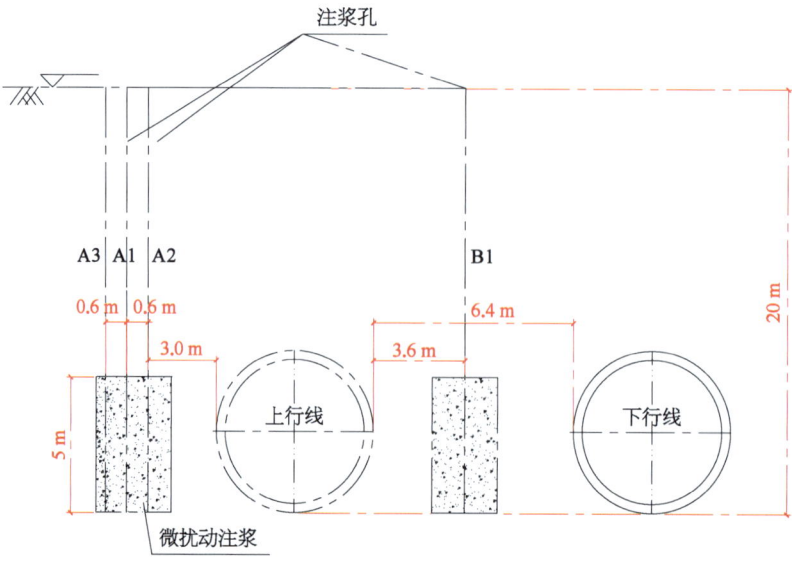

图4-46 隧道注浆孔位剖面图

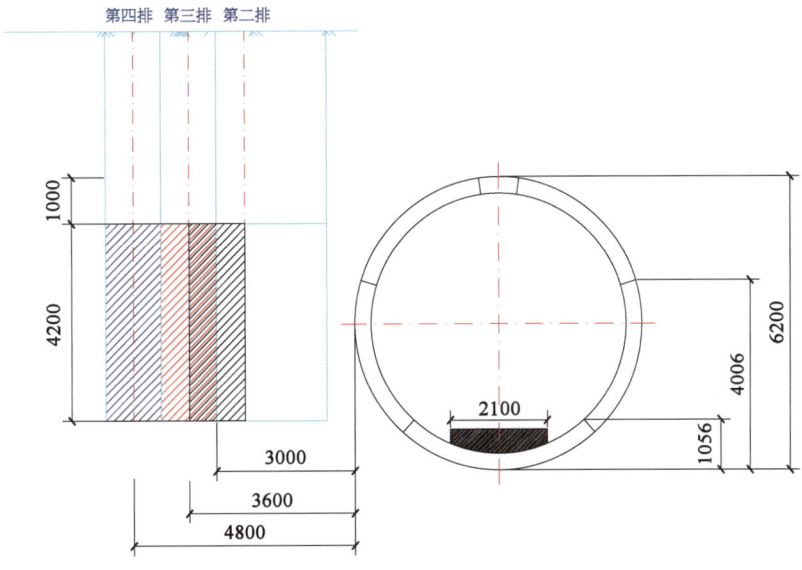

图 4‑47 注浆范围桩体剖面图(单位：mm)

在衬砌环两侧注浆时,管片会在超孔隙水压力的作用下产生向内移动和变形,封顶块向外移动变形,衬砌环整体变形变小,受力趋于合理。孔隙水压力明显存在时间通常为2～5 d,随着孔隙水压力消散,隧道变形有恢复之前的状态的趋势,通过试验可以精确掌握两次注浆时间间隔,使第二次注浆前衬砌尚存在一定的残余变形。通过择机实施沿隧道纵向跳浜注浆(避免叠加过大导致防水问题),严格控制环缝间的累计错动量,通过多次注浆扰动叠加使隧道横向变形逐渐温和变小,并使其逐步恢复至设计状态。

微扰动注浆工艺仍在改进完善中,既要充分利用微扰动产生的土层孔隙水压力对隧道产生挤压作用,同时又要避免单次位移过大而引发负面效果。在空间位置和工艺参数上,如注浆管的远近、注浆量、不同地质条件的影响、单次注浆与多次注浆效果的保持、扰动范围与扰动量及扰动规律、材料配比、施工参数等,均有不少的改进空间。

4.3.2 内张钢圈加固工艺

变形隧道的内张钢圈衬砌结构加固技术是一项系统工作,主要作业步骤如下: 先对渗漏水部位堵漏,然后加固脱开道床、处理破损管片、补强裂缝、稳定变形,最后加装钢内衬,形成一个补强的新的受力体系。其基本原理是通过对变形隧道受损部位采取环形钢板支护和向管片外围压注环氧树脂的手段,即通过内部补强和外部补强相结合的方式,使变形隧道结构的整体性和安全性得到改善和增强,提升隧道的强度和刚度,从而为隧道能够长期安全使用提供强有力的保障。

内张钢圈加固工艺技术原理为,以原有钢筋混凝土结构为基础,辅助专用机械手(图4‑48)在管片内弧安装一圈2～3 cm 的钢板形成钢圈支撑,通过近100只螺栓将钢圈与混凝土管片连接,并在其空隙内充填灌注刚性环氧浆使其连成整体,使其形成一个新的圆形受力结构体。内张钢圈加固施工最大特点就是确保运营隧道的运营不受影响,在有限的轨道交通停运时间里,利用隧道现有的轨道等条件,不改变隧道内各种运营限界要求,不改变运营电力等配合要求,在隧道内经过专门设计、特殊制作的专业设备,完成钢圈支撑加固的整个施工过程和各个辅助环节的工作。

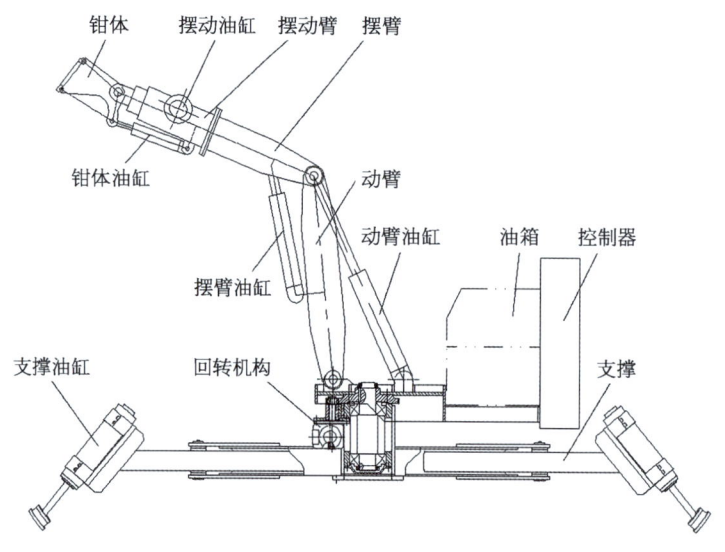

图 4-48 机械手构件图

内张钢圈加固工艺可广泛用于各种原因引起的隧道横向大收敛变形及纵向不均匀沉降变形,可应用于运营隧道和在建隧道,可有效遏制其变形恶化趋势,以提高受损隧道承载力。采取骑缝还是环内安装钢环取决于隧道受损情况和施工条件。常见在建及运营隧道加固情况及采取措施见表 4-13。

表 4-13 道管片受损加固情况汇总

受损原因	受损形式	采取主要措施	
		在建隧道	运营隧道
隧道周边其他施工	横鸭蛋变形	钢圈安装(满环环板)	钢圈安装(牛腿加环板,保留道床)
	不均匀沉降	骑环缝钢圈安装(满环板)	骑环缝钢圈安装(牛腿加环板)
隧道上方覆土超载	横鸭蛋变形	钢圈安装(满环环板)	钢圈安装(牛腿加环板,保留道床)或钢圈安装(满环环板,道床凿除)
其他施工意外直接损害隧道	隧道管片被击穿		连续钢圈安装(牛腿加环板)
旁通道冰冻管施工	隧道管片主筋部分受损	钢圈安装(满环环板)	

4.4 隧道结构横向大变形治理工程案例

4.4.1 虹桥机场停机坪收敛变形治理

1) 项目背景

该项目位于上海市虹桥机场内部停机坪，紧邻机场登机桥，项目平面如图 4-49 所示。自 2014 年开始，多次发现项目对应 2 号线区间隧道收敛数据持续增大并累计严重报警，需对该地段区域进行"微扰动"注浆加固，以保证轨道交通安全运行的百年大计。但因项目位置特殊，位于虹桥机场飞行区内部，安全管理要求高，且施工对于虹桥机场的运营将产生一定影响。经过市有关主管部门、上海申通地铁集团有限公司、上海机场（集团）有限公司多方坚持不懈的努力与协调，最终于 2017 年开始实施本项目。

2 号线隧道 2014—2017 年变形情况如图 4-50 所示，隧道内部病害情况如图 4-51 所示。

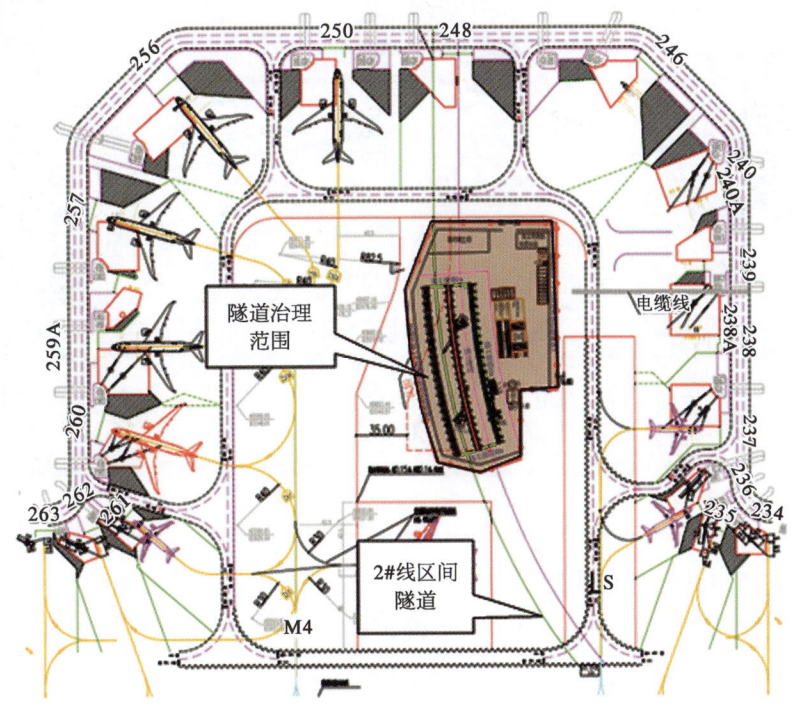

图 4-49 项目平面图

2) 实施过程

在隧道外侧，距离隧道边线 3.6 m、3.0 m 的位置各进行 2 排注浆；在两条隧道中间，距离两条隧道边线 3.6 m 的位置各进行 1 排注浆，总计 6 排（图 4-52）。同一排内按照大于做一跳二施工，相邻孔注浆间隔不少于 2 d，根据监测情况及时调整，由收敛变形最大点向两端进行，每次施工具体注浆孔位根据变形监测数据在施工前确定。从隧道底标高开始注浆，注浆

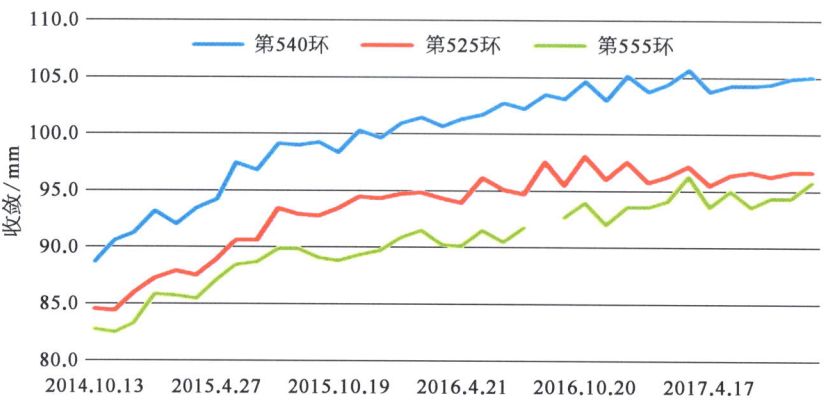

图 4-50 隧道历年变形情况

图 4-51 隧道内部病害情况

长度 5.2 m,隧道覆土深度由测量单位进行测量以保证每个孔注浆深度的精确性。

该次变形治理于 2017 年 12 月 3 日夜晚正式开始,于 2018 年 1 月 4 日夜晚完成,共计完成 537 孔注浆,注浆范围对应环号为 S476～S566、X460～X547 环。

3) 实施效果

注浆结束后,注浆范围内收敛数据绝对值降低到 6 cm 以下,其中上行线最大收敛效果 -54.8 mm(S534),下行线最大收敛效果 -60.1 mm(X500),如图 4-53 所示。

4) 总结分析

本工程施工跨冬季、跨春运、跨两节、跨两会,施工任务重、工期紧、难度大,机场飞行区安全管理要求高。经过参与各方不懈努力,克服重重困难,合理筹划,抓紧一切时间安排施工,24 h 不间断值班待命,全力保证工程优质如期完工。

第 4 章　盾构隧道结构大变形机理及治理技术

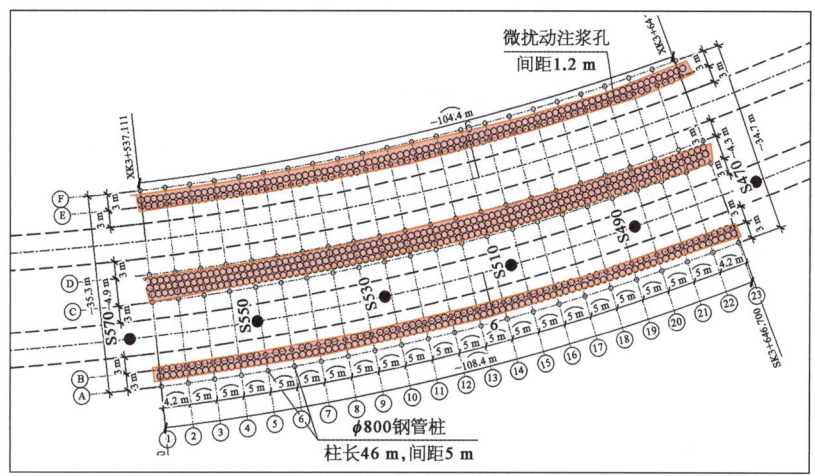

图 4-52　注浆孔位图

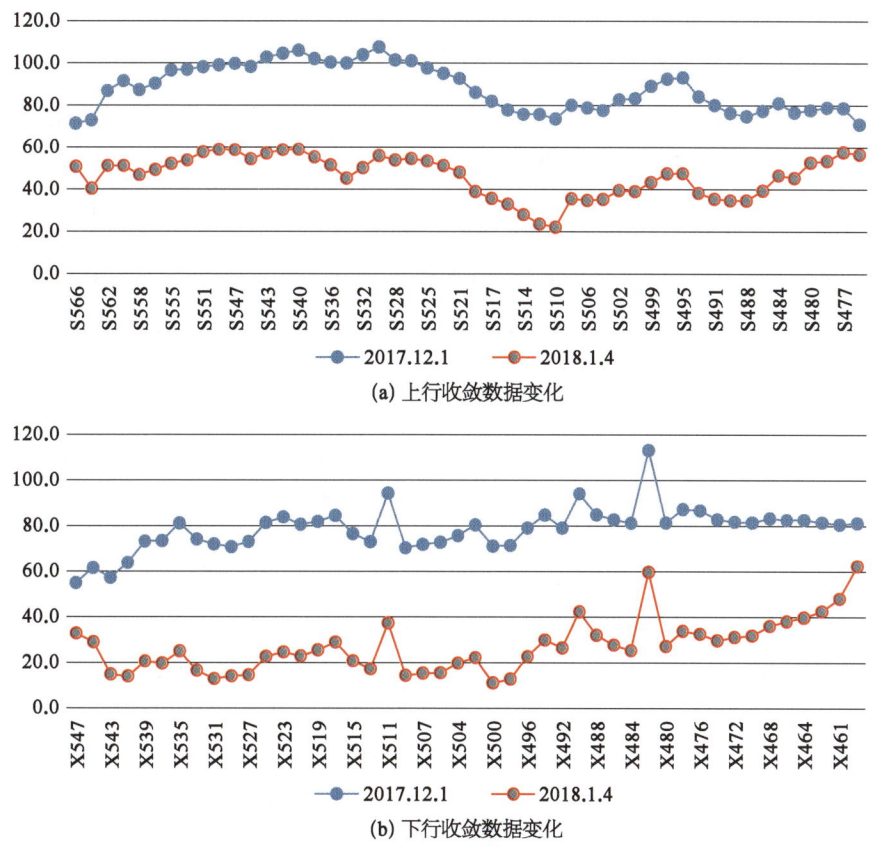

(a) 上行收敛数据变化

(b) 下行收敛数据变化

图 4-53　注浆效果图

4.4.2 龙华中路—东安路区间收敛变形治理

1) 项目背景

上海轨道交通 7 号线龙华中路站于 08 年底土建结构完成,该项目工程位于龙华中路站至东安路站区间隧道外,项目平面如图 4-54 所示。由于周边建筑施工活动和列车的长期运行振陷,造成了龙华中路站至东安路站下行区间隧道上下收敛。经过专家组认定需对地段区域进行"微扰动"注浆加固,以保证轨道交通安全运行的百年大计。

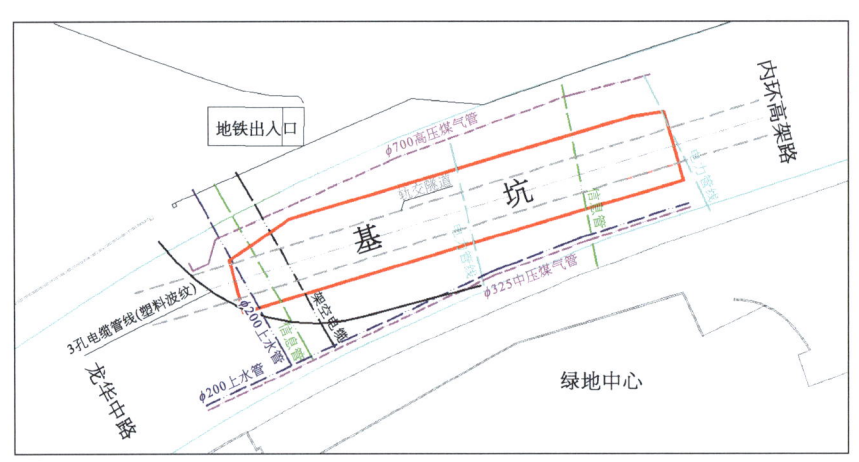

图 4-54 项目平面图

2) 实施过程

该项目治理施工于 2013 年 3 月 25 日开始。一阶段治理基坑开挖换填轻质泡沫混凝土及隧道两侧微扰动注浆,于 2013 年 6 月 25 日结束,共完成土方开挖 4 668.8 m³,轻质泡沫混凝土回填 4 150.1 m,注浆 222 孔。二阶段治理隧道内钢环加固 56 环,于 2015 年 5 月 10 日结束。图 4-55 所示为注浆孔位图。

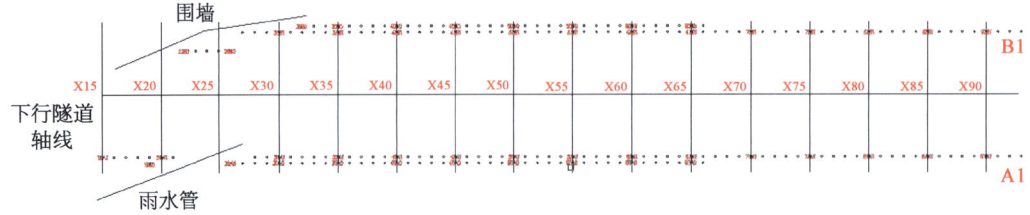

图 4-55 注浆孔位图

3) 实施效果

注浆施工于 2013 年 3 月 25 日开始施工,至 2013 年 6 月 25 日结束,其间隧道收敛最大变形为 −45.4 mm(位于 41 环处);2013 年 11 月 4 日隧道内钢环加固开始施工,至 2015 年 5 月 10 日结束,其间隧道收敛最大变形为 −44.6 mm(位于 41 环处);施工期间隧道收敛最大变形量为 7.92 mm(位于 82 环处)。图 4-56 所示为加固效果图。

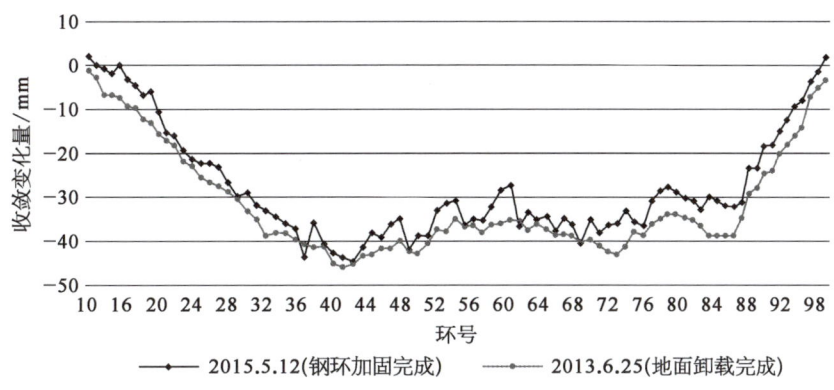

图 4-56 加固效果图

4) 总结分析

该治理工程位于运营隧道正上方,对运营隧道安全和变形控制都提出了较高要求。通过在运营隧道内布置自动化监测仪器,从而能在施工过程中全程监控隧道变形,指导施工。微扰动注浆待列车停运后施工,同时在隧道内安排专人巡视。优化微扰动注浆施工顺序,先进行最外侧一排注浆孔施工,同时纵向孔间距错开 10 m,隧道同一横断面错开 10 m。通过上述技术措施与手段,有效达到隧道收敛变形整治效果,并确保了隧道的安全运营。

4.4.3 祁华路—上海大学区间错台变形治理

1) 项目背景

该项目是 2 号线、7 号线、9 号线、10 号线、12 号线区间 453 环隧道变形整治工程中的其中之一,项目位于宝山区锦秋新天地旁边的锦秋路上。项目对应 7 号线祁华路至上海大学区间,该区间隧道收敛变形数据较大,结构受损较严重,需对该区域管片加装钢环,为了控制隧道收敛变形数据,在加装钢环之前先对该地段区域进行"微扰动"注浆加固。

2) 实施过程

该项目原设计方案注浆范围为 S905—S987、S1023—S1085 环双侧单排孔注浆,由于部分管片已经加装过钢环,且部分注浆由于地下管线等原因不具备施工条件,实际施工范围为 S905—S920、S925—S984、S1026、S1034、S1036—S1038、S1040—S1044、S1048、S1057—S1058、S1063—S1071、S1075—S1085 环。7 号线微扰动注浆实际于 2019 年 2 月 7 日开始,并于当年 3 月 18 日结束,共计完成注浆 219 孔,注浆孔位如图 4-57 所示。

3) 实施效果

注浆阶段期间人工监测数据累计变化曲线如图 4-58、图 4-59 所示,上行线收敛变化最大量为−16 mm。

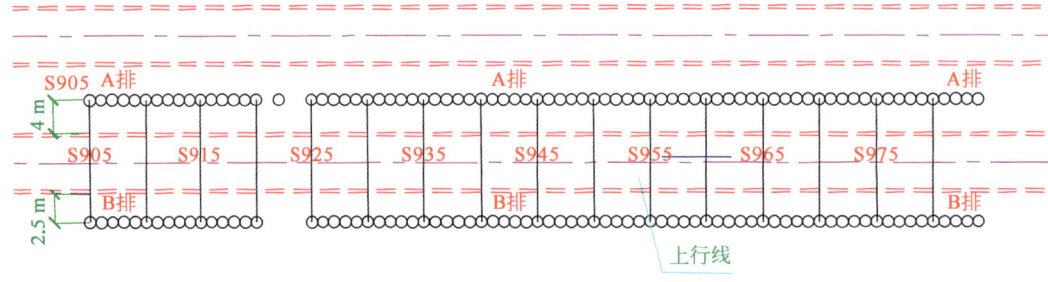

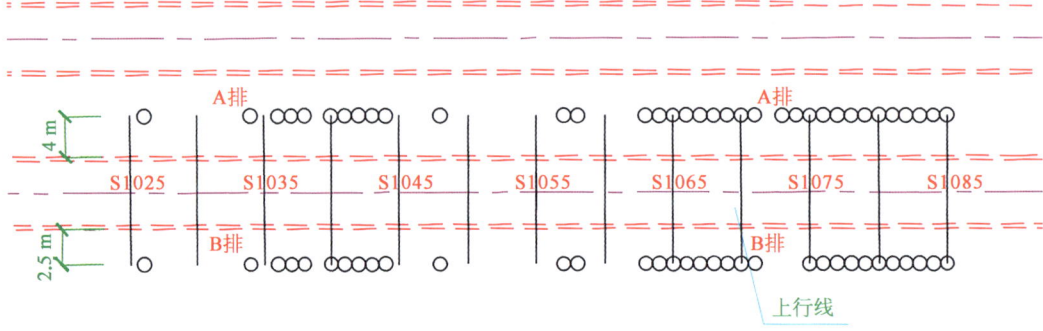

图 4-57 注浆孔位图

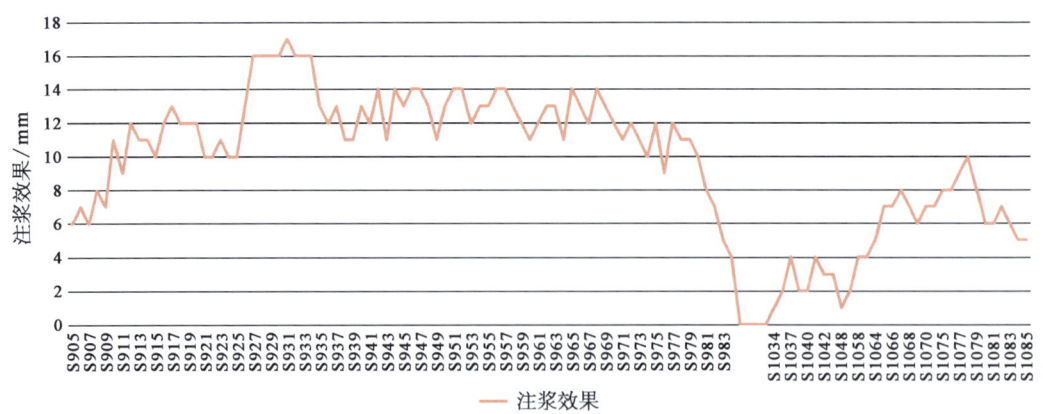

图 4-58 注浆期间隧道收敛变化曲线图

4) 总结分析

上海轨道交通 7 号线祁华路至上海大学区间隧道微扰动注浆项目为两侧单排孔注浆，共完成 219 孔。从测量数据上看，S905～S984 环注浆后普遍收敛减小 1 cm 左右。S1026～S1085 环由于注浆比较分散且加装钢环的管片较多，收敛平均达到 5 mm 左右，起到了较好的收敛控制效果。

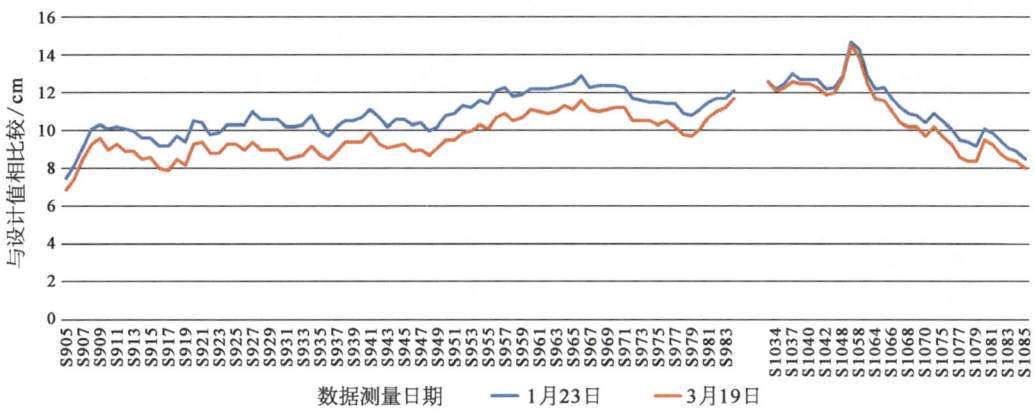

图 4-59　注浆前后隧道收敛与设计值比较变化曲线图

4.4.4　陈太路出入库线收敛变形治理

1) 项目背景

2020 年 8 月 24 日,在 15 号线初期运营前的隧道变形监测时,发现陈太路出入库线区间存在约 100 m 的明显结构病害段,最大收敛变形达 15.9 cm,漏水漏泥、管片破损病害严重,隧道存在极大危险,如图 4-60、图 4-61 所示。

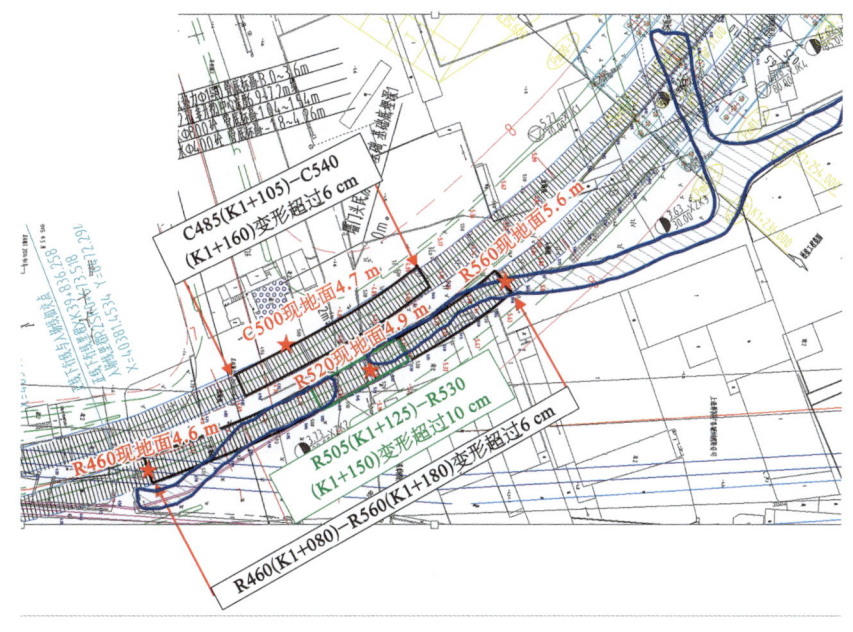

图 4-60　项目平面图

经核查,隧道病害区段对应地面上方为某市政工程路口位置,近两年实施了明浜回填、新建道路基础填高、路面铺设等施工。大面积、大体量的持续加载施工是造成下方地

图 4-61 隧道病害图

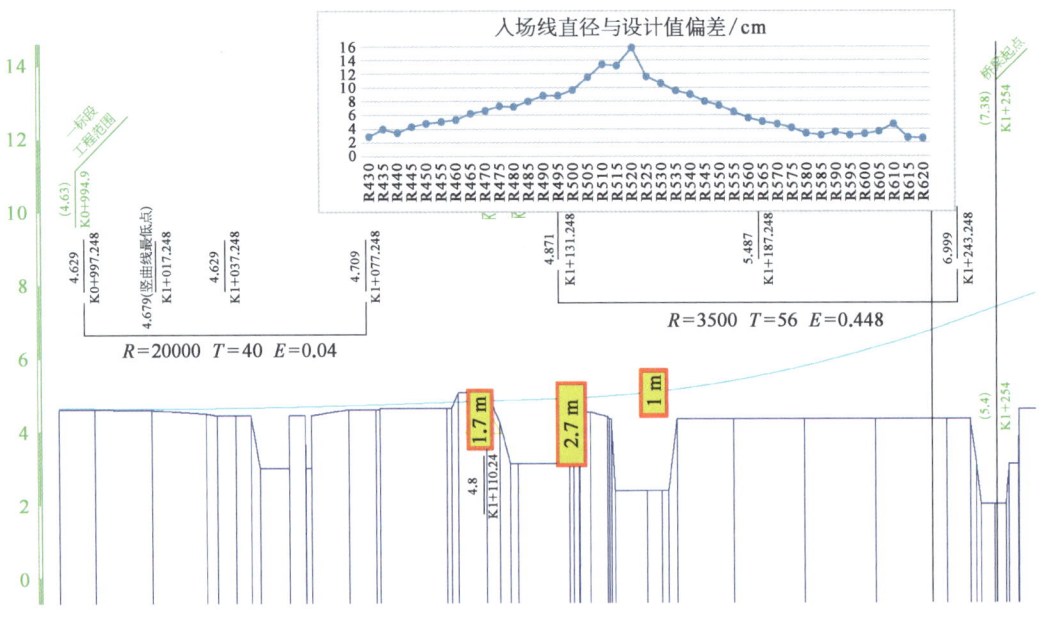

图 4-62 道路剖面图及隧道变形情况

铁隧道重大变形病害的直接原因,如图 4-62 所示。

2) 实施过程

出入场线隧道相距 5.1 m,故对 C495～C535 环外侧 4.2 m 及 3.6 m 位置进行 2 排注浆,对 R455—R560 环外侧 4.2 m、3.6 m 位置及内侧 2.4 m、2.7 m 进行 4 排注浆,总计划注浆 506 孔。该治理工程于 2020 年 8 月 25 日进场,2020 年 8 月 26 日开始注浆,截至 12 月 10 日凌晨注浆结束,累计完成注浆 353 孔次,孔位如图 4-63 所示。

3) 实施效果

根据人工数据显示,入场线最大注浆收缩量-72 mm(R525 环),绝对值变形量最大环 520 环收缩量-60 mm。出场线最大注浆收缩量-59 mm,绝对值变形量最大环 500 环收缩量-51 mm。具体如图 4-64、图 4-65 所示。

第 4 章 盾构隧道结构大变形机理及治理技术

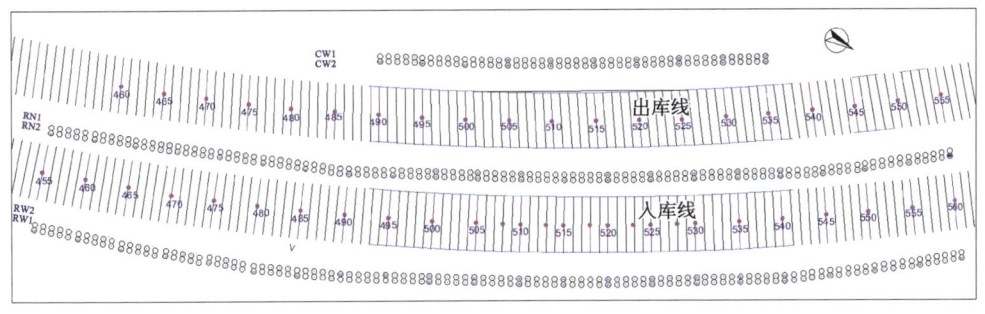

图 4-63 注浆孔位图

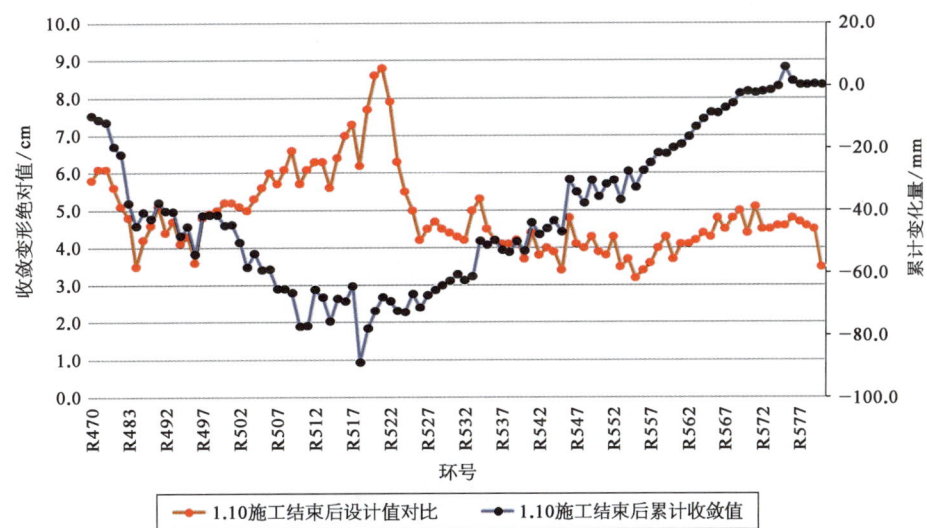

(a) 15号线锦秋路入场线隧道收敛数据曲线

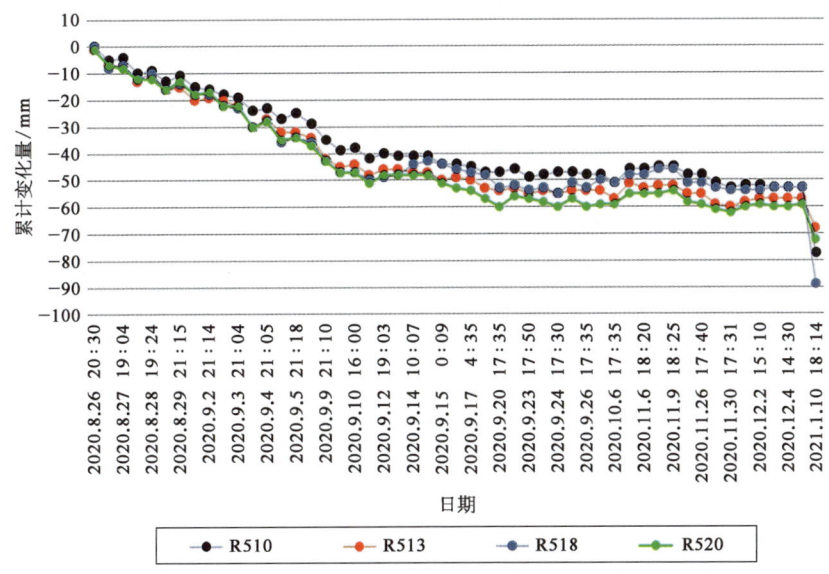

(b) 15号线锦秋路入场线隧道注浆监测收敛特征点自动化累计历时曲线

图 4-64 入场线收敛变化图

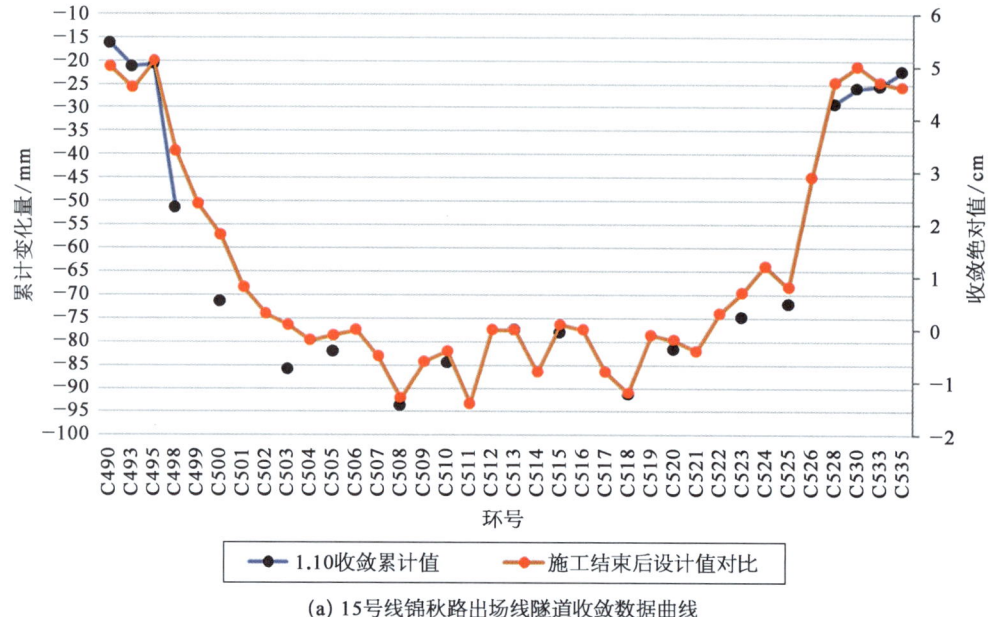

(a) 15号线锦秋路出场线隧道收敛数据曲线

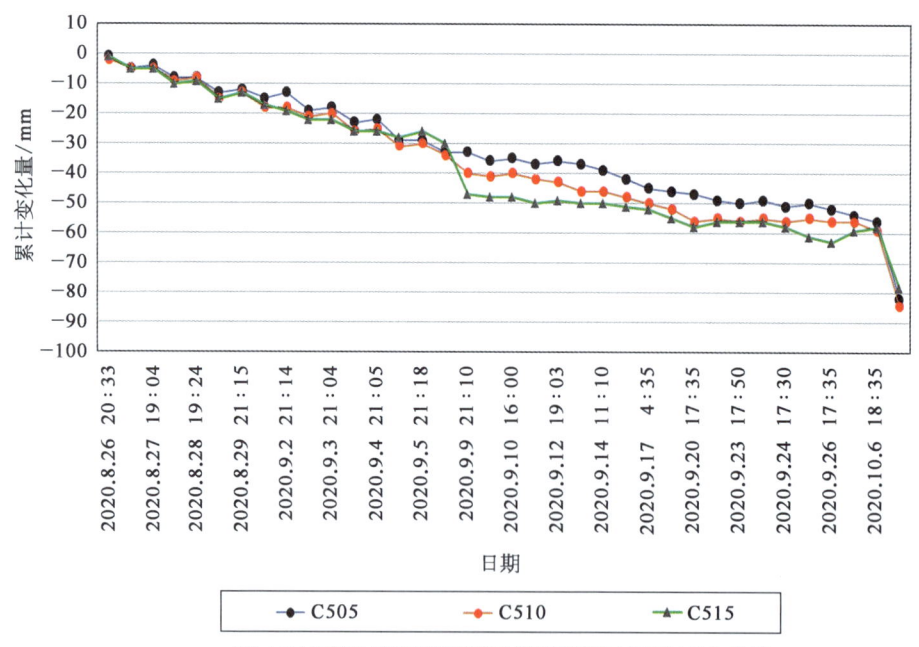

(b) 15号线锦秋路出场线隧道注浆监测特征点历时变化曲线

图 4‑65　出场线收敛变化图

4）总结分析

在前期地面荷载未卸载注浆阶段，隧道内壁后注浆及地面微扰动注浆对隧道主要影响为隧道收敛变化，在此阶段内隧道结构收敛变化较大，最大变化量−74 mm，隧道垂直位移变化相对较小，隧道结构表现为上抬，最大位移变化量＋4.1 mm。

在地面荷载卸载注浆阶段，在此阶段隧道结构收敛受到注浆以及地面卸载的影响，隧道收敛变化依然较大，此阶段收敛最大变化量—53 mm，在此阶段隧道垂直位移变化较大，隧道结构表现为上抬，最大上抬量达到+9.2 mm。

在整个隧道结构整治阶段，隧道结构收敛最大变化量—88.8 mm，隧道结构最大上抬量+10.81 mm，隧道发生轻微结构水平位移，位移方向向出场线方向位移—6.3 mm。后期随着施工的结束，隧道结构变形逐步减小。

第 5 章 展 望

一个完整的隧道检修应该覆盖隧道全生命周期和全业务链条,即从对隧道的监测检测、评估、预警、预控,直至维修治理及信息反馈,形成一个完整的隧道运维链条,发现病害并进行治理,这是一个永恒的话题。

5.1 智能感知

1) 轨道交通隧道外部构建多维度地面巡查感知体系

地面标高改变往往是直接压载的因素,及时发现至关重要。近年来,智能终端等一大批新技术应用相继被研发并应用于地面巡查巡视工作中,以及时发现加卸载施工对隧道的影响。

地面定期巡查(图 5 - 1):采用智能终端设备(固化 GPS 巡查仪),实现实时定位、发

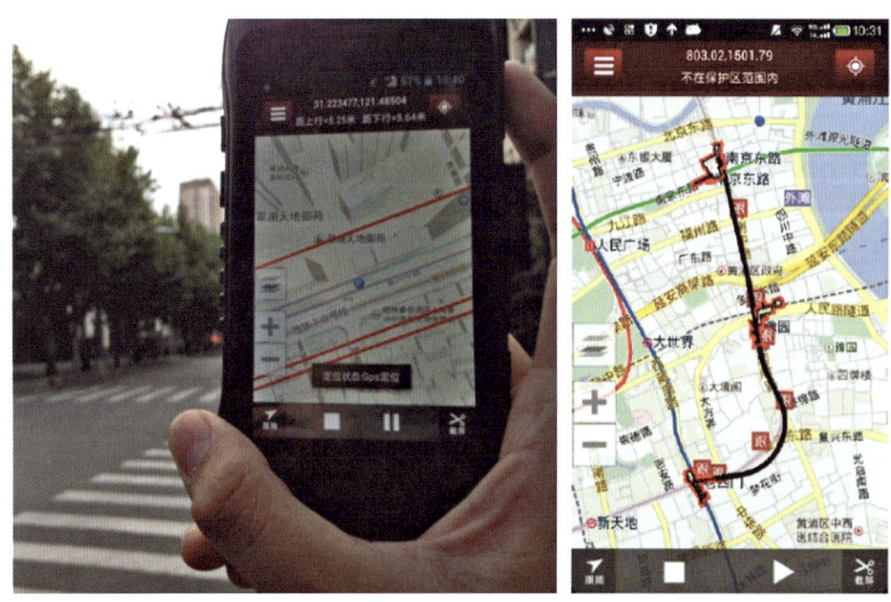

图 5 - 1 手持 GPS 终端

布任务、违规信息采集、巡查轨迹记录及上传等功能。终端设备可实时查证沿线作业与隧道空间关系及查询隧道相关状态。

地面—网格化高密度巡查：网格化是沿线巡查的有效补充——采用智能终端设备，考虑合理的巡查频率、成本与及时发现的平衡关系。目前上海社会共治，将巡察工作与全市网格化工作结合起来(图5-2)。

图5-2 上海数字网格化平台

无人机自动巡查预警(图5-3)、航空摄影(图5-4)、基于光学影像轨道交通沿线地表地物变化监测、基于SAR影像的检测地表地物变化测、智能探头监控系统等均在逐步尝试用于地面巡查，对地表变化进行感知。

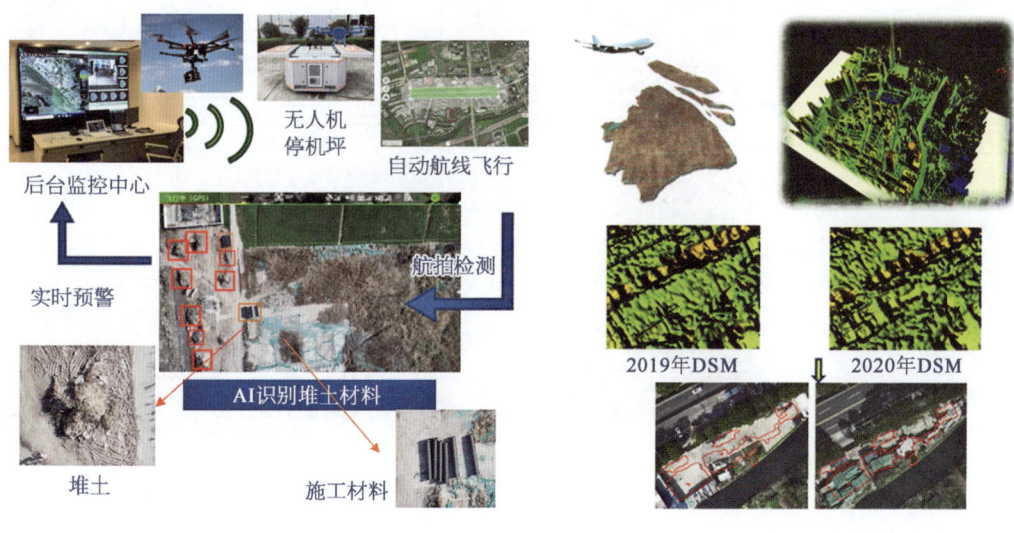

图5-3 无人机巡查　　　　　　　　　　图5-4 航空摄影

卫星影像 InSAR、大飞机航拍等技术（图 5-5）正逐渐投入使用中，在不远的将来可替代人工巡查，提高巡查发现的效率。

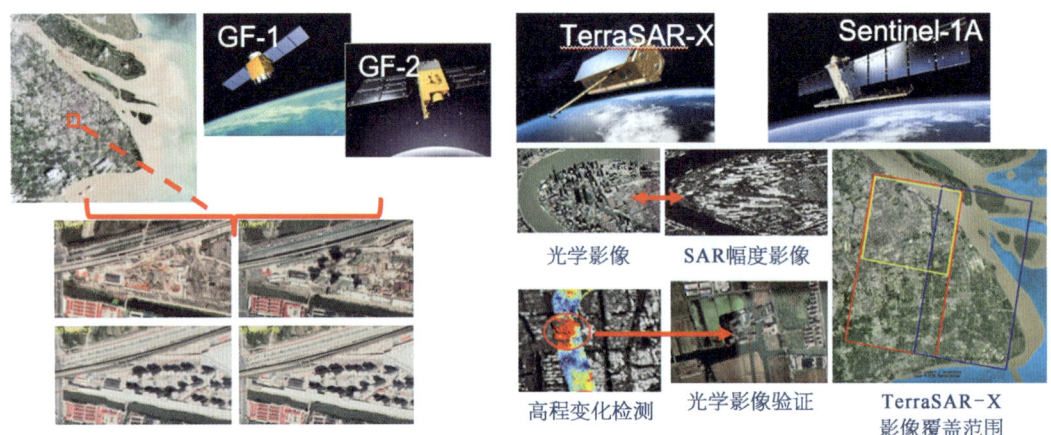

图 5-5　卫星遥感技术

2) 轨道交通隧道内部构建多元异构隧道病害信息全息感知体系

针对隧道 15 个小分类病害，通过预埋、设置、移动式、固定式监测检测等手段，构建起对隧道智能感知系统。移动式三维激光扫描（图 5-6）、基于相机群的隧道结构病害快速检测（图 5-7）、多源传感器远程监控集成（图 5-8）、基于分布式光纤和光栅的在线监测技术等新技术新装备加入隧道病害智能感知的大系统中。

图 5-6　三维激光扫描

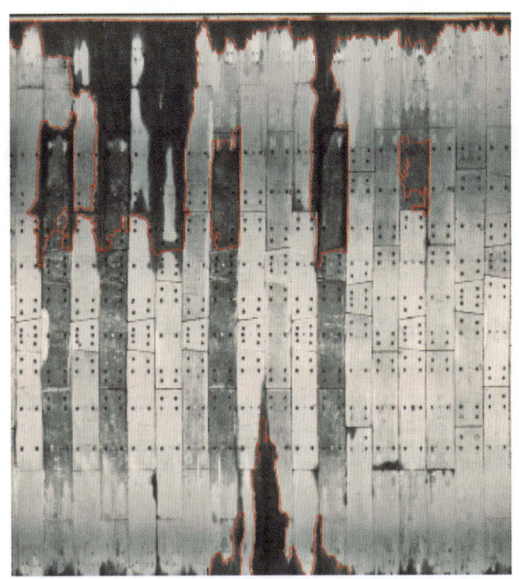

图 5-7 基于相机群的隧道结构病害快速检测

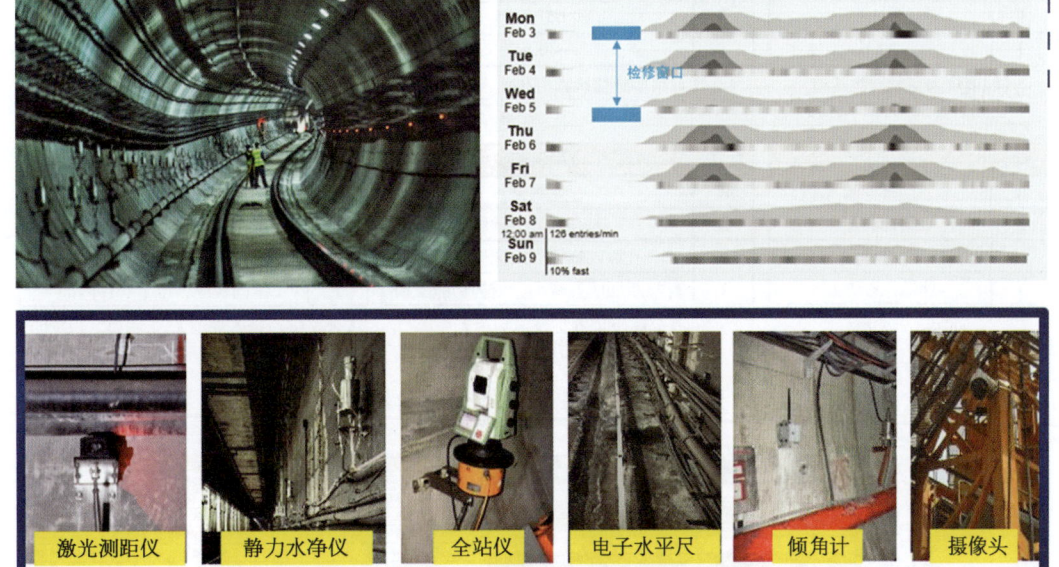

图 5-8 多源传感器远程监控集成

5.2 预警

在隧道长期使用阶段,结构安全管理工作中可以根据感知的数据信息及预测发展、关联性等,结合结构安全的相关标准(图5-9)及时预报预警。通过对隧道自身结构安全状态建立隧道安全评价指标体系、构建隧道服役安全评价标准、构建不同因素的计算预测模型，最终实现超标时的预报、预警与预控（发布指令）（图5-10）。

等级	曲率半径(m)
Ⅳ	>15000
Ⅲ	4700~15000
Ⅱ	1000~4700
Ⅰ	<1000

《地铁隧道保护条例》：
郑永来、刘庭金

等级	错台(mm)
Ⅳ	<4
Ⅲ	4~8
Ⅱ	8~13
Ⅰ	>13

王如路

等级	裂缝长度(m)
Ⅳ	<3
Ⅲ	3~5
Ⅱ	5~10
Ⅰ	>10

中国/日本铁路隧道衬砌裂缝分级

等级	沉降、收敛速度(mm/年)
Ⅳ	<5
Ⅲ	5~10
Ⅱ	10~20
Ⅰ	>20

《公路隧道养护技术规范》：
王如路

等级	渗漏速度
Ⅳ	湿渍
Ⅲ	渗水(滴水)
Ⅱ	流水
Ⅰ	喷水

《公路隧道养护技术规范》：
邹育麟

等级	裂缝宽度(mm)
Ⅳ	<0.2
Ⅲ	0.2~1
Ⅱ	1~3
Ⅰ	>3

《铁路工务技术手册》 美国隧道手册、
邹育麟

等级	横向收敛(%D)
Ⅳ	<0.5
Ⅲ	0.5~1.0
Ⅱ	1~1.6
Ⅰ	>1.6

《城市轨道交通盾构隧道结构病害检测技术规程》

等级	混凝土强度(q_1/q)
Ⅳ	0.85~1
Ⅲ	0.75~0.85
Ⅱ	0.65~0.75
Ⅰ	<0.65

《铁路桥隧建筑物劣化评定标准》

等级	管片破损(mm²)
Ⅳ	0<20
Ⅲ	20~100
Ⅱ	100~200
Ⅰ	>200

张冬梅、林盼达

等级	渗漏位置
Ⅳ	顶部渗漏
Ⅲ	腰部渗漏
Ⅱ	底部渗漏
Ⅰ	伴随泥砂渗漏

刘印、张明海

等级	螺栓锈蚀
Ⅳ	无锈蚀
Ⅲ	表面局部锈蚀
Ⅱ	孔蚀或螺栓表面全周生锈
Ⅰ	螺栓断面明显减小，结构功能受损

《公路隧道养护技术规范》
《公路旧桥承载能力鉴定方法(试行)》

等级	裂缝状态
Ⅳ	网状裂缝，位于管片边角
Ⅲ	环向、斜向裂缝，位于管片边角
Ⅱ	环向、斜向裂缝，位于管片内部
Ⅰ	纵向裂缝，位于管片内部

《公路隧道技术规范》 张明海、卢颖明

图5-9 构建隧道服役安全评价标准

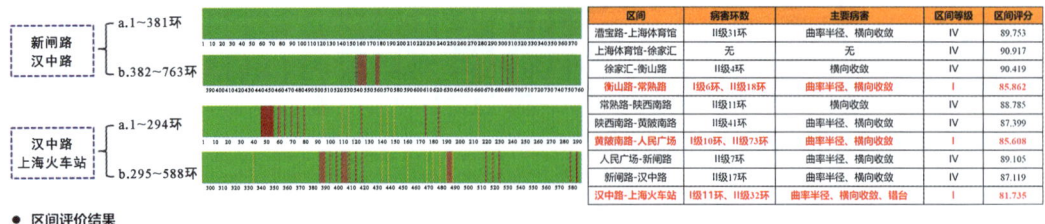

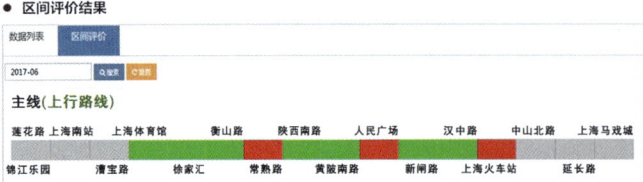

图5-10 超标时的预报、预警与预控

对于隧道外部作业项目的风险进行智能评估,根据隧道和项目特点进行分级、分类,并对项目实施隧道影响的风险进行预判。在研究基于云图的施工过程风险识别评估,对外部作业项目的全过程数据自动采集、划分风险等级(图 5‑11),并对施工过程中的结构变形数据进行分析机智能 AI 预测,在发生风险时能够智能预警、信息推送及风险预控(图 5‑12)。

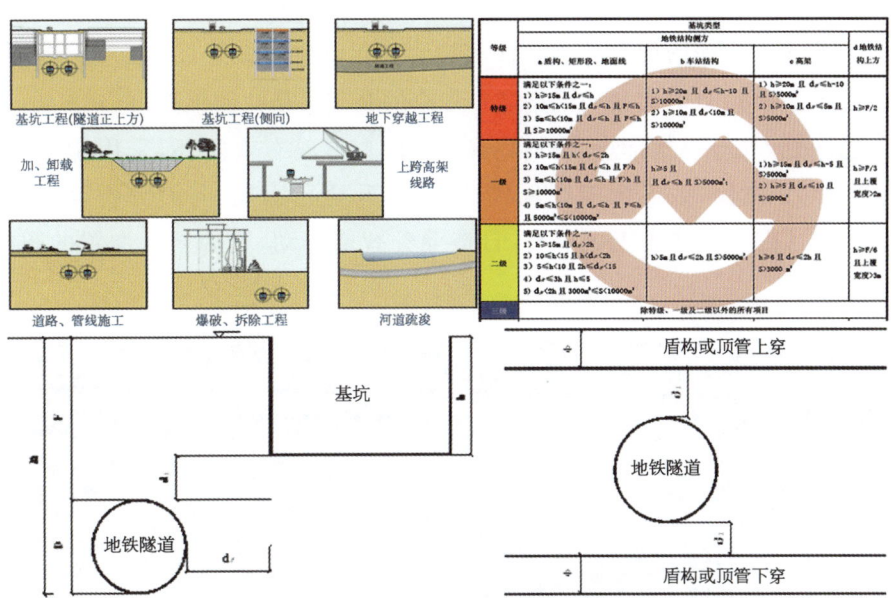

图 5‑11　外部作业项目分级

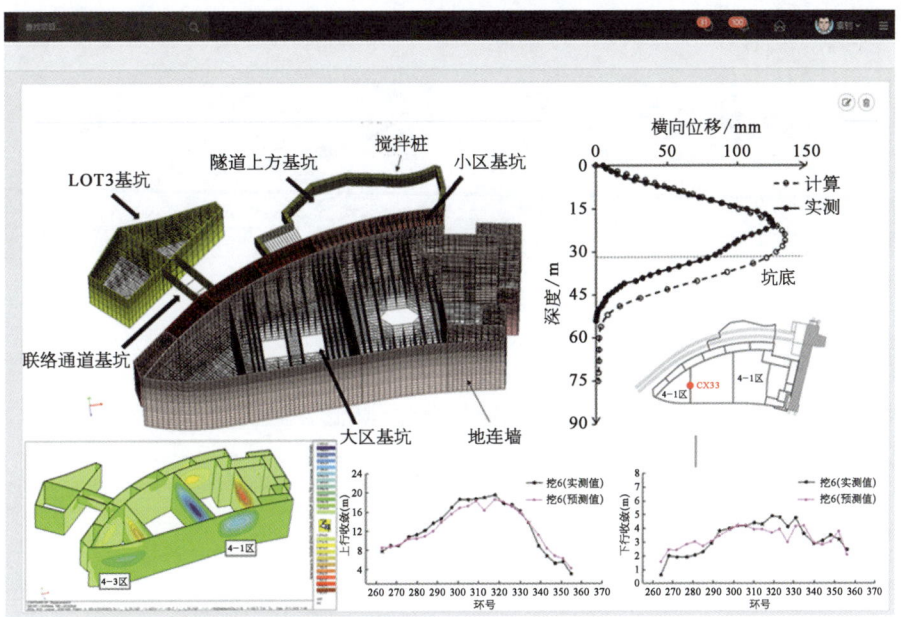

图 5‑12　结构变形数据进行分析机智能 AI 预测

目前行业内正在研究基于知识图谱的结构安全状态评估方法，构件隧道结构与变形的知识图谱，基于大数据和类似工程关联性的变形预测，AI 寻踪各因素的关联，以期实现结构风险的预测和评估。

5.3 维修

今后的隧道大变形治理应体现智能维修方面。维修的高度自动化、机械化是提高效率、降低劳动强度、保障大规模网络隧道安全的基础。从智能感知、自动报警、自动化维修，直至信息反馈至结构信息大平台（图 5-13），形成有效闭环，采用物联网、云计算、大数据、知识图谱、人工智能等现代技术，提升全息感知、实时分析、科学决策和精准执行能力，提升自动化作业水平，打造业务智能联动、资源智能配置的智能运维系统。

图 5-13 智慧运维大平台

智能感知—自动预警—自动化作业，形成高效可控的隧道检修体系，保障隧道安全、提高运维效率，提高作业机械化、自动化及智能化，降低维护成本。智慧运维新技术展望如图 5-14 所示。

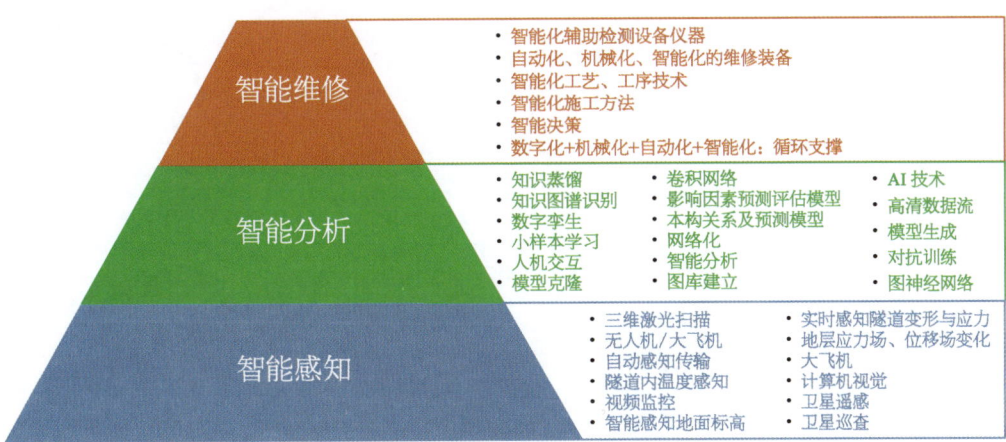

图 5-14 智慧运维新技术展望

参考文献

[1] Klappers C, Gruebl F, Ostermeier B. Structural analyses of segmental lining-coupled beam and spring analyses versus 3D – FEM calculations with shell elements[J]. Tunnelling and Underground Space Technology, 2006, 21(3): 254 – 255.

[2] Galván A, Peña F, Moreno-Martínez J Y. Effect of TBM advance in the structural response of segmental tunnel lining[J]. International Journal of Geomechanics, 2017, 17(9): 04017056.

[3] Blom C B M, Van der Horst E J, Jovanovic P S. Three-dimensional structural analyses of the shield-driven "Green Heart" tunnel of the high-speed line south[J]. Tunnelling and Underground Space Technology, 1999, 14(2): 217 – 224.

[4] Schreyer J, Winselmann D. Suitability tests for the lining for the 4th Elbe tunnel tube-Results of large-scale tests[J]. Tunnel, 2000, 1(2000): 34 – 44.

[5] Luttikholt A, Vervuurt A, Uijl J. Ultimate limit state analysis of a segmented tunnel lining[M]. 2008.

[6] Molins C, Arnau O. Experimental and analytical study of the structural response of segmental tunnel linings based on an in situ loading test. Part 1: Test configuration and execution[J]. Tunnelling and Underground Space Technology, 2011, 26(6): 764.

[7] 朱瑶宏,张宸,柳献,等.错缝拼装通用环管片环缝抗剪性能试验研究[J].铁道科学与工程学报,2017,14(2): 315 – 324.

[8] 刘钊.复杂工况条件下错缝拼装盾构管片变形性能试验与仿真分析研究[D].北京:中国铁道科学研究院,2017.

[9] Moselhi O, Shehab-Eldeen T. Classification of Defects in Sewer Pipes Using Neural Networks[J]. Journal of Infrastructure Systems, 2000, 6(3): 97 – 104.

[10] W Guo, L Soibelman, J H Garrett Jr. Automated defect detection for sewer pipeline inspection and condition assessment[J]. Automation in Construction,

2009,18(5):587-596.

[11] Kojima Y, Asakura T, Yoshikawa K, et al. Tunnel deformation behavior due to ground surface excavation above the tunnel[J]. Journal of the Society of Materials Science Japan,2003,52(8):958-965.

[12] Kimura S, Kitani T, Koizumi A. Development of performance-based tunnel evaluation methodology and performance evaluation of existing railway tunnels[J]. Journal of Transportation Technologies,2012,2(2):113.

[13] Seki S, Kaise S, Morisaki Y, et al. Model experiments for examining heaving phenomenon in tunnels[J]. Tunnelling and Underground Space Technology,2008,23(2):128-138.

[14] Arnau O, Molins C. Experimental and analytical study of the structural response of segmental tunnel linings based on an in situ loading test. Part 2:Numerical simulation[J]. Tunnelling and Underground Space Technology,2011,26(6):764-777.

[15] Blom CBM. Design philosophy of concrete linings for tunnels in soft soils[D]. Delft:Delft University of Technology 2002.

[16] 王岩,黄宏伟.地铁区间隧道安全评估的层次-模糊综合评判法[J].地下空间,2004(3):301-305,422.

[17] 袁勇,刘涛,柳献.运营越江隧道服役现状调查与检测评估[J].东南大学学报(自然科学版),2006(S2):83-89.

[18] 刘涛.既有盾构隧道结构性能评价研究[D].上海:同济大学,2008.

[19] 王如路.上海软土地铁隧道变形影响因素及变形特征分析[J].地下工程与隧道,2009(1):1-6,52.

[20] 封坤,何川,苏宗贤.南京长江隧道原型管片结构破坏试验研究[J].西南交通大学学报,2011,46(4):564-571.

[21] 鲁亮,孙越峰,柳献,等.地铁盾构隧道足尺整环结构极限承载能力试验研究[J].结构工程师,2012,28(6):134-139,180.

[22] 王如路,张冬梅.超载作用下软土盾构隧道横向变形机理及控制指标研究[J].岩土工程学报,2013,35(6):1092-1101.

[23] 王如路,刘建航.上海地铁监护实践[J].地下工程与隧道,2004(1):27-32,35,57.

[24] 张冬梅,黄宏伟,杨峻.衬砌局部渗流对软土隧道地表长期沉降的影响研究[J].岩土工程学报,2005(12):1430-1436.

[25] 包鹤立.衬砌局部渗漏条件下软土盾构隧道的长期性态研究[D].上海:同济大学,2008.

[26] 莫一婷.盾构隧道衬砌接头的构造与耐久性的研究[D].上海:同济大学,2007.

[27] 郑永来,韩文星,童琪华,等.软土地铁隧道纵向不均匀沉降导致的管片接头环缝开裂研究[J].岩石力学与工程学报,2005(24):4552-4558.

[28] 韩士钊.盾构隧道管片裂缝产生原因分析及处理措施[J].西部探矿工程,2010,22(3):151-153.

[29] 林楠,黄宏伟.地铁结构安全评估指标体系的初步研究[J].现代隧道技术,2008,45(S1):82-85.

[30] 刘海京,夏才初,朱合华,等.隧道病害研究现状与进展[J].地下空间与工程学报,2007(5):947-953.

[31] 刘峰.软土地区地铁隧道长期沉降及对地铁安全的影响[D].南京:南京大学,2013.

[32] 叶耀东,朱合华,王如路.软土地铁运营隧道病害现状及成因分析[J].地下空间与工程学报,2007(1):157-160,166.

[33] 刘建航,王如路,汪小兵.上海轨交运营隧道检修制度和沉降治理技术难题对策[J].地下工程与隧道,2013(1):1-6,56.

[34] 王平让,黄宏伟,薛亚东.基于图像局部网格特征的隧道衬砌裂缝自动识别[J].岩石力学与工程学报,2012,31(5):991-999.

[35] 王飞,黄宏伟,张冬梅,等.基于BOTDA光纤传感技术的盾构隧道变形感知方法[J].岩石力学与工程学报,2013,32(9):1901-1908.

[36] 黄宏伟,孙燚,薛亚东.基于机器视觉的隧道衬砌表面病害检测技术研究进展[C]//2014中国隧道与地下工程大会(CTUC)暨中国土木工程学会隧道及地下工程分会第十八届年会论文集.2014:24-36.

[37] 王平让,黄宏伟,薛亚东.隧道衬砌裂缝自动检测性能影响因素模型试验研究[J].岩石力学与工程学报,2012,31(8):1705-1714.